Jens Söring

RÜCKKEHR
INS LEBEN

Jens Söring

RÜCKKEHR INS LEBEN

Mein
erstes Jahr in
Freiheit nach
33 Jahren Haft

C. Bertelsmann

Sollte diese Publikation Links auf Webseiten Dritter enthalten,
so übernehmen wir für deren Inhalte keine Haftung,
da wir uns diese nicht zu eigen machen, sondern lediglich
auf deren Stand zum Zeitpunkt der Erstveröffentlichung verweisen.

Penguin Random House Verlagsgruppe FSC® N001967

1. Auflage
Copyright © 2021 C. Bertelsmann
in der Penguin Random House Verlagsgruppe GmbH,
Neumarkter Str. 28, 81673 München
Umschlaggestaltung: Büro Jorge Schmidt
unter Verwendung eines Fotos von Peter Hönnemann
Satz: Leingärtner, Nabburg
Druck und Bindung: GGP Media GmbH, Pößneck
Printed in Germany
ISBN 978-3-570-10434-7
www.cbertelsmann.de

Für meine Gastfamilie,
die mich ins Leben zurückgeführt hat

Dieses Buch ist meine sehr persönliche Darstellung der damaligen Ereignisse, ihrer Folgen und der Zeit nach meiner Haftentlassung. Ich weiß, dass ich unschuldig bin, und zahlreiche Experten und Gutachten unterstützen meine Sichtweise. Man mag mich Doppelmörder nennen dürfen, aber jeder, der sich die Zeit nimmt, sich mit dem Fall zu beschäftigen, wird meines Erachtens zu dem Schluss gelangen, dass das nicht wahr ist. Ich enthalte mich hier jeder Mutmaßung über die Tat. Es ist meine Sicht der Dinge. In diesem Buch geht es um etwas ganz anderes, nämlich um meine Erfahrungen im ersten Jahr in Freiheit.

1

Ich besitze eine Brille, einen grauen Jogginganzug, ein Paar weiße
Turnschuhe, braune Stiefel ohne Schnürsenkel, 53 Dollar in bar
und meine Freiheit. Ich bin ein reicher Mann.

* * *

Als ich auf den Wecker schaue, zeigt er 9.23 Uhr. In diesem Augenblick wach zu werden, ist die erste freie Entscheidung meines
neuen Lebens. Noch bis gestern rissen mich an jedem Tag die
Trillerpfeifen der Wärter in aller Früh aus dem Schlaf, wenn die
morgendliche Zählung begann. Der gellende Ton der Pfeifen
bohrte sich durchs Ohr direkt ins Gehirn und drehte sich dort in
Kreisen. Darauf folgte der Schrei *Aufwachen! Aufstehen! Licht an!*
Beide Füße auf den Boden!
   Die Häftlinge rollten aus ihren harten Knastpritschen. Unter
den 64 Mann in jedem Trakt gab es immer einige, die gegen die
schweren Zellentüren aus Metall traten, um gegen den Lärm mit
noch mehr Lärm zu protestieren. Andere gaben durch die
Schlitze in den Türen lauthals kund, wie gnadenlos sie die Ehe-
frauen der Wärter vögeln wollten.
   In den leeren Gängen hallten die Geräusche zwischen grauem
Beton und Stahl wider und wider. Wie für die 64 Männer gab es
hinter den dicken Mauern auch für sie kein Entkommen. Die

einzelnen Pfiffe, Flüche, Tritte und Schreie verschmolzen zu einer dichten Lärmwolke, die den gesamten Trakt ausfüllte und in jeden Spalt kroch. Es war, als ob ich direkt aus dem Schlaf in die Hölle geworfen würde. Jeden Morgen, 33 Jahre, 6 Monate und 25 Tage lang.

Und nun, an meinem ersten Morgen in Freiheit, weckt mich die Stille. Absolute Stille. Nichts ist zu hören. Der warme Holzboden, das weiche Bett und die dicke Daunendecke schlucken jedes Geräusch. Ich hebe den Kopf und blicke um mich. Weiße saubere Wände. Zwei Regale voller Bücher. Ein Schreibtisch aus Glas. Ein Hundekörbchen in der Ecke. Fenster ohne Gitter, mit Blick auf die ersten Sonnenstrahlen hinter den Bäumen. Ich schließe die Augen und spüre, wie die Stille in meinen Körper hineinfließt. Meine Arme entspannen sich, mein Rücken sinkt in die Matratze, meine Beine werden schwer und reglos bis in die Zehenspitzen. Zum ersten Mal nach mehr als drei Jahrzehnten fühle ich mich geborgen und sicher und döse wieder ein wenig ein.

Für Häftling Nr. 179212 war eine solche Szene reine Fantasie, ein unerreichbarer Wunschtraum. Nun ist dieser Traum Wirklichkeit geworden. Ich habe eine ganze Nacht lang friedlich geschlafen und bin erholt und ruhig aufgewacht. Das ist alles wahr, vollkommen wahr. Und zugleich vollkommen unfassbar.

Ich höre ein sanftes Klopfen an der Tür. Sofort spannen sich alle meine Muskeln an, mein Puls schnellt in die Höhe. Ein Geräusch an der Tür, egal wie zart, bedeutet, dass Wärter im nächsten Moment die Zelle für eine Durchsuchung stürmen werden. Ich bereite mich darauf vor, dass die schwere Metalltür gleich mit großem Krach aufgerissen wird. Doch dann passiert gar nichts. Stattdessen, nach einer Pause, wieder ein sanftes Klopfen, dumpf und hölzern, nicht metallisch wie bei einer Zellentür. Das Klopfen klingt nicht bedrohlich, sondern weich, natürlich und warm. Ich bin nicht mehr im Gefängnis. Mein Verstand weiß das, aber mein Körper weiß es noch nicht. Für ihn bin ich immer noch in der permanenten Gefahrenzone.

Jetzt wird zum dritten Mal geklopft, immer noch zart, beinahe zaghaft. Es dauert tatsächlich einige Sekunden, bis ich mir verstandesmäßig erarbeiten kann, in welcher Situation ich mich befinde. Vermutlich wartet irgendjemand auf der anderen Seite der Tür, kommt aber nicht in den Raum, solange ich nicht antworte. Ich habe eine Privatsphäre. Und ich habe die Macht zu entscheiden, wen ich in mein Zimmer lasse. 33 Jahre lang, seit 1986, hatte ich nicht den kleinsten Winkel, in den ich mich unbemerkt verkriechen konnte, und keinerlei Entscheidungsgewalt, nicht das geringste Mitspracherecht über meinen Alltag.

In dieser fremdbestimmten Welt des Gefängnisses verbrachte ich mein gesamtes erwachsenes Leben. Mit 19 Jahren wurde ich verhaftet, mit 53 wurde ich entlassen. Und jetzt plötzlich gibt mir jemand auf der anderen Seite einer Tür zu verstehen, dass ich selber entscheiden kann, wer in mein Zimmer kommt.

Nun höre ich ein viertes Klopfen an der Tür. Ich rufe »Hallo.« Vermutlich gibt es für solche Situationen gewisse soziale Spielregeln, aber ich kenne sie nicht. Eine Stimme ruft zurück, es sei neun Uhr dreißig, um zehn gebe es Frühstück, ich könne nun ins Badezimmer gehen. Als ich das Wort »Badezimmer« höre, muss ich breit grinsen. Gestern Abend habe ich das Badezimmer in dieser Wohnung schon gesehen, es ist etwa doppelt so groß wie meine Gefängniszelle. Und das Klo hat eine Klobrille. Das Erstaunlichste aber ist, dass ich die Badezimmertür hinter mir schließen kann. Diesen Luxus hatte ich im Gefängnis so gut wie nie, fast immer lag der Zellenmitbewohner auf der Pritsche neben dem Klo und bohrte in der Nase, während ich pinkelte.

Die Vorfreude auf das riesige Badezimmer treibt mich aus dem Bett, ich gehe zur Tür und bleibe kurz stehen, um den Augenblick bewusst zu genießen. Gleich werde ich die Tür zu meinem Zimmer öffnen. Nicht irgendein Wärter, von außen, sondern ich selber, von innen. Ich greife nach der Klinke und drücke sie nach unten. »Ich komme raus«, rufe ich, als müsste ich jemanden warnen oder mich ein letztes Mal versichern, dass ich nichts Verbotenes tue. Als niemand protestiert, ziehe ich die Tür zu mir und lasse sie aufschwingen. Vor mir liegt die Zukunft, vor mir liegt die ganze Welt.

2

Zum Auftakt meines ersten Tages in der Freiheit gönne ich mir eine lange, warme, private Dusche und versuche, mich an die stark vibrierende elektrische Zahnbürste zu gewöhnen. Dann muss ich mich anziehen, aber ich weiß nicht, was. Meine Knastklamotten, mit denen ich gestern in Deutschland ankam, sind nach der langen Reise schmutzig und ich will sie – da bin ich wild entschlossen – ohnehin nie wieder auf meinem Körper spüren.

Die Familie, die mich aufgenommen hat, hat mir einige Kleidungsstücke besorgt, obwohl ich noch vom Gefängnis aus darum gebeten hatte, mir nichts zu kaufen. Ich wollte mir meine Kleidung unbedingt selbst aussuchen, weil ich es kaum erwarten konnte, eigene Entscheidungen zu treffen. Glücklicherweise hat sich die Familie über meine Bitte hinweggesetzt und vorsichtshalber einige schlichte weiße T-Shirts und einen dunkelblauen Pullover in mein Zimmer gelegt. Zudem hat eine Amerikanerin aus meinem dortigen Unterstützerkreis zwei riesige Pakete mit Kleidung an meine neue deutsche Adresse geschickt, noch während ich in Auslieferungshaft war. Eines der beiden Pakete ist bereits vor mir in Hamburg angekommen, und so kann ich nun auch ohne Einkaufsbummel im Weihnachtstrubel zum ersten Mal in meinem Leben frei entscheiden, was ich den Rest des Tages tragen werde.

Als Jugendlicher besuchte ich eine religiöse Schule in Atlanta im US-Bundesstaat Georgia, in der eine Uniformpflicht galt, und an der University of Virginia trugen damals alle Studenten so selbstverständlich identische Polohemden, Jeans und Turnschuhe, als ob es dafür eine Vorschrift gäbe. Die Uniformen in den britischen und amerikanischen Strafvollzugsanstalten bestanden dann meist aus hellblauen Hemden und Jeans; nur zwei Mal, 1999 und 2019, wurde ich in Gefängnissen untergebracht, in denen ich Overalls tragen musste, wie man sie aus dem Fernsehen kennt. Seit meiner Kindheit hatte ich also nicht mehr die Wahl gehabt zwischen dem gestreiften oder karierten Hemd, den engen oder weiten Jeans, den hellen oder dunklen Schuhen.

Ich probiere die geschenkten Klamotten meiner amerikanischen Freundin zuerst. Sie hat mich in der Abschiebehaft besucht und darum meine aktuelle Kleidergröße schätzen können. Trotzdem sind die meisten Sachen viel zu weit geschnitten, vermutlich weil Männer im *land of the free* ihre Bewegungsfreiheit sogar bei der Kleiderwahl verteidigen und es gerne bequem haben. Trotzdem finde ich ein Paar Jeans, das mit der Hilfe eines Gürtels auf der Hüfte gehalten werden kann, und mehrere Pullover, in denen ich zwar versinke, die mir aber zu Hause auf dem Sofa ganz sicher gute Dienste leisten werden.

Der dunkelblaue Wollpullover mit rundem Halsausschnitt von meiner Gastfamilie sitzt perfekt. Ich schaue in den Spiegel und sehe dort zum ersten Mal seit meiner Jugend einen Menschen, den ich tatsächlich als mich selbst identifizieren kann. Kleidung hat mir noch nie viel bedeutet, aber in diesem Moment erfahre ich am eigenen Leib, wie sie einem helfen kann, in kürzester Zeit ein buchstäblich selbstbewussterer Mensch zu werden. Ich ziehe den Pullover wieder aus und lege ihn vorsichtig in meinen Schrank zurück, um ihn nicht schmutzig zu machen.

Letztendlich fällt die erste echte Kleiderwahl meines Lebens nicht schwer. Noch immer stehen Reporter vor der Tür, und ich will die Wohnung erst mal nicht verlassen. Also ziehe ich die weit geschnittenen Jeans, ein weißes T-Shirt und einen gemütlichen grauen Pullover mit Rollkragen an, der vorne am Hals einen Reißverschluss hat. An den Füßen trage ich flauschige Hausschuhe. Die dringend benötigten Unterhosen würden erst im zweiten Paket aus Amerika ankommen, das hängt seit Tagen beim Zoll in Frankfurt fest. Meine Freunde in Deutschland hatten wohl Hemmungen, für einen Unbekannten Unterwäsche zu kaufen, und so bietet ein Mitglied meiner Gastfamilie an, noch schnell welche zu besorgen. Ich nehme das Angebot dankend an und bitte darum, mir möglichst weite Boxershorts zu kaufen, so wie ich sie aus den USA kenne. Weil es die Deutschen im Gegensatz zu den Amerikanern aber offenbar auch untenrum gerne körperbetont haben, sind echte Boxershorts in der näheren Umgebung der Wohnung nur in einem homosexuellen Erotik-Shop, und zwar in Form eines Weihnachtsscherzartikels, zu bekommen. Und so trage ich am ersten Tag in Freiheit dunkelblaue Boxershorts mit kleinen Weihnachtsmännern in fragwürdigen Kostümierungen.

Zum Frühstück kommen meine engsten Freunde aus ihren Hotels, in denen sie die Nacht verbracht haben, wobei die Begrüßung so überschwänglich ausfällt, als hätten wir uns nicht gerade erst gestern Abend noch gesehen. Alle scheinen über Nacht Angst bekommen zu haben, dass meine Heimkehr nur ein sehr realistischer und besonders schöner Traum gewesen sein könnte, so erleichtert und glücklich fallen sie mir in die Arme. Als sich jeder persönlich davon überzeugt hat, dass ich tatsächlich hier bin, setzen wir uns zusammen an den großen Tisch im Wohnzimmer.

Eine Freundin hat eine riesige Auswahl verschiedener Brötchen vom Bäcker mitgebracht. Dazu gibt es Käse, Schinken, unglaubliche Mengen an Obst und fünf Sorten laktosefreie Nussnougatcreme. Wie jeder meiner Freunde weiß, spreche ich seit Jahrzehnten über Nutella, weil ich den Geschmack mit glücklichen

15

Kindheitserinnerungen an Deutschland verbinde. Auch frisches Obst und Gemüse waren ein ständiges Thema bei Gefängnisbesuchen, darum bekomme ich zu meinem ersten Frühstück einen Obstkorb mit vermutlich jeder Frucht, die im Dezember in Hamburg frisch aufzutreiben ist.

Am Anfang meiner Haftzeit gab es in den Gefängnisspeisesälen noch reichlich Obst und Gemüse. Doch im Laufe der Jahrzehnte wuchs der Druck auf die Institutionen, Geld einzusparen, und das ließ sich am einfachsten erreichen, indem man weniger, aber dafür hochkalorisches und billiges Essen auftischte. So wurden Erbsen und Apfelsinen zur Seltenheit, während Kartoffeln und Nudeln bei fast jeder Mahlzeit serviert wurden.

Im letzten Jahr meiner Haft kam einmal das Gerücht auf, zum Mittagessen bekäme jeder Gefangene zwei Lauchzwiebeln. Noch bevor unser Trakt zum Speisesaal gerufen wurde, waren erste Tauschgeschäfte bereits in die Wege geleitet. Als die Wärter endlich die große Eingangstür öffneten, schoben sich 64 erwachsene Männer gegenseitig aus dem Weg, um die Ersten zu sein, die ihre zwei Lauchzwiebeln bekommen würden.

Jetzt, am Frühstückstisch in Hamburg, darf ich verschiedene Sorten Obst probieren, sogar Kiwis liegen im Korb. Ohne Anleitung durch meine Freunde wüsste ich gar nicht, wie man sie isst. Erst als ich einen Bissen des süß-säuerlichen Fruchtfleisches schmecke, erinnere ich mich, dass ich in den 1980er-Jahren tatsächlich schon einmal eine Kiwi gegessen haben muss.

Beim Probieren der verschiedenen Delikatessen auf dem Frühstückstisch merke ich, dass ich schneller satt werde als alle anderen. Meine Freunde haben erwartet, dass ich wie ein Kriegsheimkehrer über das Essen herfallen würde, aber offensichtlich hat sich mein Magen an die kleinen Portionen im Gefängnisspeisesaal gewöhnt. Obwohl mein Appetit beim Anblick all der Köstlichkeiten fast grenzenlos ist, schaffe ich es darum nur, ein Brötchen mit Nutella, etwas Käse und ein paar Stücke Obst zu essen.

Nach dem Frühstück besprechen wir, wie ich mit den Pressefotografen vor der Haustür umgehen soll. Wir entscheiden gemeinsam, dass ich das Haus vorerst nicht verlasse, damit keine privaten Fotos von mir veröffentlicht werden. Zwar wäre meine Bewegungsfreiheit vorübergehend eingeschränkt, doch das würde mir sogar helfen, die vielen neuen Eindrücke in Ruhe zu verarbeiten.

Wenn einem so lange jegliches Leben verwehrt war, kann die plötzliche Freiheit einen immensen Druck mit sich bringen, all die entgangenen Erfahrungen schnellstmöglich nachzuholen. Die Aussicht darauf, nicht nach draußen zu gehen und die kommenden Tage erst einmal in der Wohnung zu verbringen, scheint mir darum insgeheim als regelrechte Erleichterung. Hier, in den sicheren vier Wänden, kann ich meine ersten kleinen Schritte machen, mich selber ausprobieren, bevor ich durch die Haustür in die große, fremde Welt gehe.

Wie unsicher mich selbst trivialste neue Erlebnisse machen, merke ich bei der Begegnung mit Winnifred, dem kleinen Bullterrier der Familie, die mich aufgenommen hat. Winni ist ein Menschenfreund, sie hat mich bei meiner Ankunft schwanzwedelnd und schnüffelnd noch vor der Haustür begrüßt. Als ich gestern Abend mit dem Taxi am Haus ankam, war sie zufällig auf dem Weg zu ihrem Pinkelplatz, und ehe ich michs versah, hielt ich ihre Leine in der Hand. Unter den Blicken der Reporter führte ich Winni ins Haus und die Treppe hoch, vermutlich zum Dank leckte sie mir daraufhin hingebungsvoll meine Unterarme. Statt mich darüber zu freuen, dass mich dieses liebe Tier ohne jeden Vorbehalt in sein kleines Hundeherz schloss, bekam ich erst einmal Angst. Winnis raue Zunge auf meiner Haut ließ mich fürchten, dass sie mich in jedem Moment beißen könnte.

Jahrzehntelang erlebte ich Hunde hauptsächlich als Bestandteil des Gefängnisapparats, der mir meine Freiheit nahm. Fast jeden Tag sah ich Wach-, Drogen- und Handy-Spürhunde auf dem

Weg zu irgendeinem Einsatz, für diese Tiere konnte ich keine positiven Gefühle entwickeln. Als ich zwischen den Jahren 1999 und 2000 elf Monate in einer sogenannten Supermax-Haftanstalt verbrachte, wurde ich mehrmals von einem Wachhund und seinem Führer zur Dusche begleitet, wenn gerade eine allgemeine Razzia stattfand. So stand ich fünf Minuten lang nackt unter dem strömenden Wasser, während der Wachhund in weniger als einem Meter Abstand ununterbrochen bedrohlich bellte und wild an der Leine zerrte.

In der damaligen US-Strafvollzugsphilosophie sollten Supermax-Gefängnisse ihre Insassen einschüchtern und abschrecken, so wollte man sie dazu zwingen, sich besser zu benehmen. Deshalb konzipierten die Leiter dieser Gefängnisse immer wieder mit voller Absicht besondere Stresssituationen, um Häftlinge nachhaltig zu terrorisieren. Bei mir wirkt die Angst vor dem Hund in der Dusche noch zwanzig Jahre später nach, als ich Winni zum ersten Mal begegne.

Im Gegensatz zu den Wachhunden war das Auftreten der Drogen- und Handy-Spürhunde friedlich, doch waren sie vollkommen ineffektiv. Jeder Gefangene, der Drogen oder ein Handy besaß, kaufte sich im Kiosk kleine Fleischwürstchen und legte ein Stück in jede Ecke seiner Zelle. Bei einer Razzia liefen die Spürhunde dann direkt zu diesen Leckerbissen und schlugen auf Drogen und Handys nicht an. Mir wurde in meiner gesamten Haftzeit kein einziger Fall bekannt, in dem ein Spürhund erfolgreich Drogen oder Handys in der Zelle eines Insassen fand. Vor diesen Tieren brauchte man keine akute Angst zu haben, trotzdem waren sie ein Ärgernis, denn alle Gefangenen mussten über Stunden in ihre Zellen eingeschlossen werden, wenn eine Razzia mit Spürhunden stattfand.

Zuletzt gab es in meinen letzten beiden Strafvollzugsanstalten Programme zur Belohnung von Häftlingen, die der Gefängnisleitung besonders dienlich waren. Dieses »obere ein Prozent«

(etwa zehn Mann in einer Anstalt mit 1100 Insassen) bekam paarweise einen traumatisierten Hund vom Tierschutzverein, der resozialisiert werden sollte. Weniger hilfreiche Gefangene wie ich sahen diese Belohnungshunde nur selten, und dann meistens nur auf größere Distanz durch einen Zaun. Um solch einen Hund kurz streicheln zu dürfen, musste man um Erlaubnis bitten und sich vor dem Häftling, der ihn führte, auf diese Weise erniedrigen. Ich war dazu nur selten bereit, und so blieben mir diese Tiere nicht weniger fremd als die Wach- und Spürhunde.

Und nun lebe ich zusammen mit einem kleinen Bullterrier, der offenkundig kurzerhand für uns beide entschieden hat, dass wir Freunde werden. Um ihn und die erwartungsvollen Blicke der Familie nicht zu enttäuschen, tätschele ich seinen Kopf und Rücken und versuche, mir meine Angst nicht anmerken zu lassen.

Den Rest des Nachmittags verbringe ich damit, Unterstützer in Deutschland und Amerika anzurufen. Sie alle haben so hart für meine Entlassung gekämpft, jetzt wollen sie endlich von mir hören, wie sich meine ersten Schritte in Freiheit anfühlen. Aber schon beim ersten Telefonat merke ich, dass ich auf diese Frage nur eine sehr konfuse Antwort geben kann. Es ist, als ob im Schaltzentrum meiner Gefühle alle Knöpfe gleichzeitig gedrückt würden. Ich fühle ungeduldige Neugier auf das, was kommen wird, und natürlich grenzenlose Freude und Erleichterung. Ich bin schier überwältigt von der Anmut der Welt und fühle Scham, weil ich fürchte, im Gefängnis verroht zu sein. Ich spüre Angst, es nicht zu schaffen, mich in der unbekannten Umgebung zurechtzufinden. Ich empfinde Trauer und Wut über all die verlorene Zeit. Und manchmal kann ich kaum identifizieren, was ich fühle, weil die Anspannung so riesengroß ist.

Meine Freunde fragen dann meist, was mich am meisten beeindruckt in dieser neuen Welt und hoffen merklich auf eine besonders originelle Antwort wie die konkrete Schilderung meiner ersten unbeholfenen Begegnung mit einem Handy. Doch ich muss sie abermals mit einer allgemeinen, schwammigen Erklärung enttäuschen. Für mich ist jeder Anblick, jeder Geruch, jeder Geschmack, jedes Geräusch, also wirklich *alles*, neu und daher gleichermaßen erstaunlich.

Wenn ich heute Morgen statt eines Nutellabrötchens ein Stück Schwarzwälder Kirschtorte gegessen hätte, wäre ich nicht mehr und auch nicht weniger beeindruckt gewesen. Beides, das Brot und den Kuchen, kann ich nur mit den Erzeugnissen der Gefängnisbäckerei vergleichen, an etwas anderes erinnere ich mich nicht. Diese Unfähigkeit, erfahrungsbasierte Vergleiche zu ziehen, erstreckt sich momentan auf fast alles. Meine neuen Jeans beispielsweise fühlen sich natürlich fantastisch an verglichen mit den Gefängnishosen, die so weit geschnitten sind, dass hinten ein großes Stück Elastik eingenäht werden muss, damit sie nicht über die Hüfte rutschen. Aber wie gut sich meine neuen Jeans im Vergleich zu anderen Hosen anfühlen, die man im Laden kaufen kann, weiß ich einfach nicht.

Nach den vielen Telefonaten ist es schon Zeit zum Abendessen. Während ich in ein Gespräch vertieft bin, öffnet jemand unbemerkt von den anderen eine Flasche Sekt. Beim lauten Knallen des Korkens zucken meine Freunde ein wenig zusammen, einige johlen kurz fröhlich, dann lachen sie gemeinsam. Mich hingegen durchfährt ein ungeheurer Schreck, alle Muskeln spannen sich an, mein Herz beginnt schneller zu schlagen.

Im Gefängnis waren plötzliche laute Geräusche stets Signale, dass es gefährlich werden könnte. Entweder wurde im Laufe eines Kampfes ein schwerer Gegenstand geworfen, oder die Wärter hatten einen Warnschuss mit der Schrotflinte abgegeben. Insbesondere die zweite Möglichkeit weckt böse Erinnerungen in mir. Während der elf Monate im Supermax wurde ich von einem Gummigeschoss getroffen, das auf einen anderen Insassen abgefeuert worden war. Er hatte den unverzeihlichen Fehler begangen, seinen Abfall in die Mülltonne im Gemeinschaftssaal zu werfen, ohne vorher um Erlaubnis gebeten zu haben. Folgerichtig gab die Wärterin aus der Kontrollkabine einen Warnschuss ab, das Signal, dass sich alle Häftlinge flach auf den Boden legen mussten. Dies taten wir pflichtschuldig, nur der sündige Gefangene an der Mülltonne nicht, er blickte verschreckt um sich. Daraufhin feuerte die Wärterin einen zweiten Schuss ab, diesmal mit vielen kleinen Gummigeschossen. Eines von ihnen traf mich am linken Oberarm, weil ich zufällig in der Nähe des Mülleimers auf dem Boden lag.

Das Geschoss selber verletzte mich nicht, es tat nicht einmal sonderlich weh, doch es hinterließ psychische Wunden, die mich die nächsten zwanzig Jahre begleiten würden. Aus meiner Sicht war es so gewesen, dass ich den Regeln gefolgt war – ich hatte mich flach hingelegt, als der Warnschuss abgefeuert wurde –, aber trotzdem wurde ich von einem Gummigeschoss getroffen. Das Befolgen der Regeln garantierte demzufolge überhaupt keinen Schutz, keine Sicherheit. Ich fühlte mich fortan noch wehrloser und entwickelte vorübergehend sogar Angst, wann immer ich meine Zelle verlassen sollte. Zwar konnte und musste ich mich trotzdem dazu zwingen, doch führte dies gelegentlich zu Anfällen plötzlicher Panik. Das vegetative Nervensystem feuerte, mein Herz begann zu pochen, meine Hände wurden kalt und feucht, ich musste schlagartig auf die Toilette und spürte das dringende Bedürfnis, in einen geschützten Raum zu flüchten. Anfänglich überkamen mich diese Attacken einmal in der Woche, später nur noch zweimal im Jahr. Der Auslöser war immer das Gefühl, die Kontrolle zu verlieren und mich selber nicht in Sicherheit bringen zu können.

Das Knallen der Sektkorken an diesem Abend löst keine Panikattacke aus, aber es erinnert mich an den Zwischenfall vor zwei Jahrzehnten im Supermax. Auch macht mir meine Schreckhaftigkeit bewusst, dass ich das Gefängnis zwar verlassen habe, aber noch immer ein Gefangener bin.

Für das Abendessen hat meine Gastfamilie etwas besonders Deutsches vorbereitet, es gibt Erbsensuppe mit Würstchen. Seit Langem sehne ich mich nach Erbsen, denn im Gefängnis gab es sie aus Kostengründen zuletzt nur ein- bis zweimal im Jahr. Deshalb erfüllt mich der Geruch und Geschmack der Erbsensuppe nun mit einer Freude, die vermutlich kein anderer am Tisch nachvollziehen kann.

Am Ende des Abends verabschiede ich meine Freunde mit langen, festen Umarmungen. Jahrzehntelang konnte ich andere Menschen nicht richtig berühren, jetzt kann ich nicht genug davon bekommen. Im Strafvollzug gibt es keine Umarmungen, Gefangene legen einander nicht einmal locker den Arm um die Schulter, denn jeder körperliche Kontakt könnte als Vorbote einer Vergewaltigung fehlinterpretiert werden. Im Besucherraum dürfen Insassen ihre Familienmitglieder und Freunde nur am Anfang und am Ende des Besuchs kurz an sich drücken, andernfalls gehen die Wärter konsequent dazwischen.

Als ich zu Beginn meiner Haftzeit selber einmal gedankenversunken die Hand einer Freundin ergriff, rief mich ein Wärter zu sich. Er sagte, dass er mich nicht in Gegenwart meines Besuchs maßregeln wolle, schließlich sei ich, so sagte er wörtlich, einer der Guten. Allerdings habe er auf einer der Überwachungskameras beobachtet, dass ich einen unerlaubten Körperkontakt gehabt hätte. Dieses Mal würde er es durchgehen lassen, aber es dürfe nie wieder geschehen.

Ich war ihm aufrichtig dankbar, denn obwohl ich diese Regel für unmenschlich und falsch hielt, erwartete ich nicht, dass die Gefängnisangestellten sie ignorierten. Sie alle hatten Frauen und Kinder zu ernähren und konnten es sich nicht leisten, ihren Arbeitsplatz zu riskieren. Nach diesem Vorfall hielt ich mich streng an die Regel.

Jetzt, während der ständigen Umarmungen mit meinen Freunden, beginne ich ganz langsam, das jahrzehntelange Defizit an körperlicher Nähe abzubauen. Ich halte sie fest und genieße es, ihre Wärme an meinem Körper zu spüren.

Die Freunde, die ich heute Abend in meine Arme schließe, kann ich bedenkenlos ganz nahe kommen lassen, denn ich weiß, dass sie mir nichts Böses wollen. Fast genauso schön ist es, dass sie mir ebenso vertrauen – dass sie mich so ausgelassen umarmen, weil sie keine Angst vor mir haben. Für sie bin ich kein Gefangener, kein Doppelmörder, sondern einfach nur ein Freund.

So endet mein erster vollständiger Tag in Freiheit mit dem Gefühl, langsam ein normaler Mensch zu werden. Jemand, der andere in seine Arme schließen kann. Jemand, den andere in ihre Arme schließen wollen. Jemand, der nicht mehr allein ist.

3

22 Tage zuvor, am 25. November 2019, saß ich kurz vor 16 Uhr auf dem Metallhocker vor dem ersten Telefon im Gemeinschaftssaal des Traktes B-1 der Strafvollzugsanstalt Buckingham, US-Bundesstaat Virginia. Dort verbrachte ich die meisten Nachmittage, weil man als Weißer eigentlich nur morgens und am frühen Nachmittag Zugang zu den Telefonen bekam.

Vom späten Nachmittag an gehörten die Telefone den schwarzen Gangmitgliedern, die dann ihre Kumpel in den Ghettos und ihre *babymamas*, die Mütter ihrer unehelichen Kinder, anriefen. Jede Gang hatte ihr eigenes Telefon, sollte sich ein *Blood* an einem Telefon der *Crips* vergreifen, käme es zu schweren Schlägereien. In einer anderen Strafvollzugsanstalt in Virginia wurde ein Gangmitglied kürzlich ermordet, weil er das falsche Telefon benutzt hatte.

Als *old head*, also alter Hase, wusste ich, wann ich die Telefone benutzen konnte. Deshalb ging ich morgens auf den Sportplatz, während die Gangmitglieder ihren Drogenrausch ausschliefen, und telefonierte nachmittags, wenn die *gangbangers* auf den Sportplatz gingen, um mit Drogen zu dealen und Karten zu spielen. Für mich waren diese nachmittäglichen Telefonate gerade in den letzten drei Jahren zu einem Eckpfeiler meiner Überlebensstrategie geworden. Ohne den täglichen Kontakt zu meinen Freunden in der Außenwelt und zu meinen Anwälten hätte ich längst die Nerven und jegliche Hoffnung verloren.

Dieser 25. November, der Montag vor dem US-Feiertag Thanksgiving am Donnerstag, war ein schwieriger Tag für mich. Meine Anwälte hatten mir gesagt, ich könne eine Entscheidung des Gouverneurs zu meinem Begnadigungsantrag noch am selben Tag oder aber am Dienstag oder Mittwoch erwarten. Nach mehr als 33 Jahren Haft schien meine Entlassung endlich in greifbarer Nähe. Das Warten war schier unerträglich.

Am 30. April 1986 war ich verhaftet worden, vier Jahre später wurde ich zu zwei lebenslänglichen Haftstrafen verurteilt. In Virginia bedeutete solch eine Strafe, dass man im Gefängnis sterben würde: *Life means life*, lebenslänglich heißt eingesperrt zu werden bis zum Tod. Doch in den folgenden Jahrzehnten mehrten sich die Indizien, dass es sich bei dem Urteil gegen mich um einen Justizirrtum gehandelt haben musste.

Der entscheidende Wendepunkt kam 2016, als mein Anwalt Steve Rosenfield und ich zusammen alte forensische Gutachten durchforsteten und dabei entdeckten, dass Blutproben vom Tatort, die man beim Prozess 1990 mir zugeordnet hatte, ein anderes genetisches Profil hatten als meines. Rosenfield reichte daraufhin einen Antrag auf eine Unschuldserklärung, englisch: *pardon*, ein und kontaktierte zwei landesweit bekannte DNA-Experten, die letztlich zu dem Ergebnis kamen, dass diese Blutproben auf die Anwesenheit von zwei unbekannten Männern am Tatort hindeuteten. Seit mehr als drei Jahren wartete ich nun auf eine Antwort des Gouverneurs von Virginia auf den *pardon*-Antrag.

Im Herbst 2017 hatte der vorherige Gouverneur, Terry McAuliffe, in einem Interview mit dem öffentlich-rechtlichen Radiosender WVTF angedeutet, dass er mich vor Ende seiner Amtszeit begnadigen würde. Doch letztlich tat er nichts und reichte meinen Antrag wie eine heiße Kartoffel weiter an seinen Nachfolger, Ralph Northam, einen liberalen Demokraten und Kinderneurologen. Northam war einige Jahre als Militärarzt in Deutschland stationiert gewesen, darum setzte ich sofort große Hoffnung in ihn. Und tatsächlich zeigte er als vielleicht erster Politiker überhaupt ernsthaftes Interesse an der Rechtmäßigkeit meiner Inhaftierung. Schnell sprach sich herum, dass er im Hintergrund seriös recherchierte, um herauszufinden, ob ich die Morde tatsächlich begangen hatte.

Doch dann wurde Ralph Northam im Januar 2019 in einen Rassismus-Skandal verwickelt, der ihn beinahe das Amt gekostet hätte. In den folgenden zehn Monaten war er vollkommen damit beschäftigt gewesen, sich vor den Zwischenwahlen am 5. November 2019 politisch zu rehabilitieren. Diese Wahlen sollten Ralph Northam und seine Partei deutlich gewinnen. Deshalb hatten mir meine Anwälte Hoffnung gemacht, dass er mir nun in den drei Tagen vor Thanksgiving Gnade gewähren würde. Doch seit Jahrzehnten gab es immer wieder Entwicklungen in meinem Fall, die mich hoffen ließen, dass meine Entlassung kurz bevorstünde. Diese Hoffnungen wurden jedes Mal enttäuscht, also hatte ich gelernt, meine Erwartungen niedrig zu halten und bis zuletzt mit dem Schlimmsten zu rechnen.

Je länger sich die Entscheidung zum Begnadigungsantrag hinzog, umso wichtiger wurde der Kontakt zu meinen Freunden jenseits der Gefängnismauern. Sie hatten mich in allen kritischen Situationen, von denen es weiß Gott etliche gegeben hatte, innerlich am Leben erhalten. Jahrzehntelang hatte ich mich mit ihnen nur über Briefe austauschen können, bis die Strafvollzugsbehörde Virginias vor fünf Jahren eine Art rudimentäre E-Mail-Verbindung mit der Außenwelt eingeführt hatte. Vor etwa zwei Jahren war es mithilfe eines technischen Tricks dann auch endlich möglich geworden, von den Telefonen im Gemeinschaftssaal nach Deutschland anzurufen.

Und so befand ich mich auch am Nachmittag des 25. November 2019 am Telefon mit einer deutschen Freundin, als plötzlich ein hochrangiger Wärter neben mir stand und mich anblaffte, ich müsse augenblicklich mitkommen. Normalerweise war dieser

Beamte relativ freundlich, und so hörte ich schon an seinem Tonfall, dass etwas Außergewöhnliches anstand. Hastig hängte ich
das Telefon auf, ohne mich zu verabschieden, und folgte dem
Wärter im Stechschritt zur Kommandozentrale. Dort wurde ich
in einem käfigartigen Warteraum neben der Haupttür eingeschlossen. Worauf ich warten sollte, wurde mir nicht gesagt.

Ich setzte mich auf die harte Metallbank und versuchte, nicht
die Nerven zu verlieren. Immer wieder schaute ich auf meine
Armbanduhr, doch die Minuten zogen sich wie Stunden. Mein
linkes Knie begann unkontrolliert zu wippen, meine Hände wurden feucht und zittrig.

Endlich, um etwa 16.30 Uhr, kam der Gefängnisdirektor und
schloss die Tür zum Wartekäfig auf. Er war ein Schwarzer, Mitte
sechzig, mit kurzem grauem Haar und gepflegtem Schnurrbart.
Im Laufe der letzten drei Jahre, als immer mehr Lokalnachrich-
tensender über meinen Antrag auf eine Unschuldserklärung be-
richteten, hatte sich eine Art Freundschaft zwischen uns entwickelt. Der Gefängnisdirektor stand kurz davor, in den Ruhestand
zu treten, und ich stand, jedenfalls scheinbar, kurz vor der Anerkennung meiner Unschuld. Vor dem Speisesaal des Gefängnisses
hatten wir mehrfach im Vorbeigehen darüber gewitzelt, wer von
uns beiden wohl zuerst entlassen würde. Einmal, als es niemand
sonst hören konnte, nannte er mich »mein Sohn« und sagte, dass
der einzige Grund, warum ich noch dort wäre, die Politik sei.

Nun war es dieser Gefängnisdirektor, der mich abholte und an
der Kommandozentrale vorbei in die Büroräume der Anstaltslei-
tung führte. Dort gab es ein kleines Zimmer, in dem Häftlinge
mit ihren Anwälten sprechen konnten. Meine Anwälte hatten
jedoch keinen Termin für den heutigen Tag vereinbart, und normalerweise war es auch nicht der Gefängnisdirektor, der Gefangene zu ihren Anwaltsbesuchen führte, sondern ein normaler
Wärter.

Wir bogen um die Ecke und standen vor dem Konferenzraum.

Die Tür war offen, ich konnte sehen, dass zwei Frauen an der einen Seite des großen Tisches saßen. Eine der beiden erkannte ich, sie hatte meinen Antrag auf eine Unschuldserklärung bearbeitet. Die andere war mir unbekannt, aber ich ahnte, dass sie die Leiterin des Bewährungsausschusses war. Ich betrat den Raum, der Gefängnisdirektor folgte mir, und wir setzten uns nebeneinander an die gegenüberliegende Seite des Tisches.

Die vermeintliche Leiterin des Bewährungsausschusses sagte, dass ich vermutlich wisse, warum ich hier sei. Dabei verzog sie den Mund und schaute auf ihr Handy. Mich sah sie nicht an.

Als ich antwortete, dass ich keine Ahnung hätte, erwiderte sie, dass darüber bereits überall berichtet würde. Noch immer blickte sie auf ihr Handy. Ich erinnerte sie daran, dass wir Häftlinge keinen Zugang zum Internet hatten und ich darum nicht wissen konnte, was los war. Sie hob den Kopf, schaute mich endlich an und raunte mir genervt zu, dass ich auf Bewährung entlassen würde. Mein Antrag auf eine Unschuldserklärung würde abgelehnt.

Ich war wie vom Blitz getroffen. Das hatte ich nicht erwartet. Je länger sich die Entscheidung zu meinem Antrag auf eine Unschuldserklärung hingezogen hatte, umso sicherer waren meine Anwälte und ich gewesen, dass der Gouverneur nur auf einen politisch opportunen Zeitpunkt wartete, um das Fehlurteil gegen mich für nichtig zu erklären.

Eine Entlassung auf Bewährung hingegen wäre jederzeit möglich gewesen, schließlich hatte es seit dem Sommer 2016 bereits drei Anhörungen vor dem Bewährungsausschuss gegeben. Erst vor zehn Monaten, im Januar 2019, war mein 14. Antrag auf Entlassung auf Bewährung abgelehnt worden. Seitdem hatte sich nichts verändert – außer, dass Gouverneur Ralph Northams Partei die Zwischenwahlen am 5. November gewonnen hatte.

Ich wusste nicht, was ich sagen sollte. Einerseits war ich überglücklich, dass ich bald frei sein würde, andererseits war ich bitter enttäuscht, dass der Gouverneur meine Unschuld nicht offiziell anerkannt hatte. Diese beiden gegensätzlichen Empfindungen waren jeweils so stark, dass ich meine Gedanken und Gefühle weder ordnen noch ausdrücken konnte.

So blickte ich schweigend nach rechts, wo der Gefängnisdirektor saß. Er sah mich mit einem breiten Grinsen an, offensichtlich freute er sich aufrichtig für mich und gratulierte mir mehrfach. Auch ihm gegenüber fehlten mir die Worte. Ich schaute zurück zu den beiden Besucherinnen, die mit herabgezogenen Mundwinkeln und gerunzelter Stirn Papiere aus ihren Aktentaschen kramten. Sie hatten es nun erkennbar eilig, mir meine Bewährungsauflagen vorzulegen, die ich unterschreiben musste. Darin wurde ich unter anderem darüber aufgeklärt, dass ich aus den USA abgeschoben würde, das Land nie wieder bereisen dürfte, mich auch in Deutschland gut führen müsste und keinen Kontakt zur Opferfamilie aufnehmen sollte.

Nach nicht einmal fünf Minuten war er vorbei, der Moment, auf den ich 33 Jahre lang gewartet hatte. Die beiden Besucherinnen verließen fluchtartig den Konferenzraum, während der Gefängnisdirektor und ich gemächlichen Schrittes zurück zur Kommandozentrale gingen. Jetzt, da die Damen uns verlassen hatten, ließ er seinen Gefühlen freien Lauf, klopfte mir wiederholt auf die Schulter und jubelte. Als wir die Kommandozentrale erreichten, wo andere Wärter Dienst schoben, wurde er wieder distanzierter, aber das breite Grinsen konnte er nicht gänzlich unterdrücken.

Seine Vorsicht hätte sich der Gefängnisdirektor sparen können, denn die anderen Wärter freuten sich ebenfalls offenkundig für mich. Schließlich kannten sie mich seit meiner Ankunft in der Strafvollzugsanstalt Buckingham vor zehn Jahren, und in den letzten drei Jahren hatten auch sie die Berichterstattung zu meiner Unschuldserklärung aufmerksam verfolgt. Seit ich meinen Antrag eingereicht hatte, war ich zum lebhaft diskutierten Gesprächsthema unter den Gefangenen und dem Personal geworden.

Der Gefängnisdirektor duldete die Feierlichkeiten in der Kommandozentrale ein paar Minuten lang, dann ordnete er an, dass ich die letzte Nacht in Haft nicht in der Zelle, sondern isoliert von meinen Mithäftlingen auf der Krankenstation verbringen sollte. Es war möglich, dass andere Gefangene aus Missgunst versuchen könnten, mich zu verwunden oder zu töten, bevor ich das Gefängnis verließ. Solche Zwischenfälle hatte es in der Vergangenheit gegeben, davor wollte er mich schützen.

Ich bat den Gefängnisdirektor, meine Habseligkeiten aus meiner Zelle holen und mich bei dieser Gelegenheit von meinen Kumpeln verabschieden zu dürfen. Er erlaubte es etwas widerwillig und stellte mir einen besonders bulligen weißen Sergeanten als Personenschutz zur Seite. Auf dem Rückweg war der Sergeant sichtlich nervös, jedes Mal, wenn andere Häftlinge sich uns näherten, brüllte er, sie sollten Abstand halten. Einige der Gefangenen hatten zwischenzeitlich von meiner Entlassung gehört und riefen mir ihre Glückwünsche zu, andere hatten offensichtlich keine Ahnung, was passiert war. In einer Strafvollzugsanstalt wie Buckingham, mit der Sicherheitsstufe drei bis vier, gab es jedes Jahr so wenige Entlassungen, dass sich die meisten Insassen gar nicht vorstellen konnten, dass einer von uns freikommen könnte.

Als wir in Trakt B-1 ankamen, war sofort klar, dass meine Mitgefangenen dort von den Wärtern informiert worden waren. Meine Kumpel flogen auf mich zu, um mir zu gratulieren. Sogar einer meiner Erzfeinde gab mir ein High five, bevor der Sergeant dazwischengehen konnte. Auf dem Etagenbett in unserer Zelle saß mein Mitbewohner Frankie, ein Schwarzer aus Kansas, zwischen Freude und Traurigkeit hin- und hergerissen. Einerseits freute er sich für mich, da wir im Laufe des vergangenen Jahres zu so etwas wie Freunden geworden waren, andererseits war er unglücklich, weil er diesen Freund nun nicht wiedersehen würde. Frankie selber würde das Gefängnis nie verlassen, weil er zwei

Jahre zuvor einen Deal mit der Staatsanwaltschaft ausgeschlagen hatte. Sein Fall ist kompliziert, die Schuldfrage schwer zu klären, darum wurden Frankie acht Jahre Haft angeboten, wenn er auf sein konstitutionelles Recht auf einen Prozess verzichtet hätte. Aber Frankie sagte Nein – weil er unschuldig ist, so behauptet er. Das überlastete Justizsystem, das immer stärker auf Deals setzt, statuierte ein Exempel und verurteilte ihn nach einem nicht einmal zweistündigen Prozess zu 48 Jahren Haft ohne jede Chance auf eine vorzeitige Entlassung auf Bewährung.

Ich holte mir ein paar Toilettenartikel aus dem Spind und sagte Frankie, dass ich ihm mein gesamtes sonstiges Eigentum vermachen würde: 15 Tüten Thunfisch, vier Tüten Kaffee, zehn Gläser Erdnussbutter, zwölf Bagels, einen kleinen Fernseher, den Ventilator und zwei Sweatshirts, die ihm zu klein waren, die er aber würde verkaufen können. Für Knastverhältnisse war das nicht wenig, denn wir waren erst am Morgen im Gefängniskiosk einkaufen gewesen. Durch meinen Unterstützerkreis hatte ich genug Geld, um mir dort gesundes Essen und Sportklamotten zu kaufen, was nun alles an Frankie gehen würde.

Der Sergeant sagte mir, dass ich die 21 weißen Plastikordner, die sämtliche meiner Unterlagen der letzten Jahrzehnte enthielten, unter anderem meine Ausfertigung des Begnadigungsantrags, nicht in der Zelle lassen durfte, weil es sich um juristische Papiere handelte. Also lud ich die Ordner in zwei große Plastiksäcke und verabschiedete mich ein letztes Mal von Frankie. Dann folgte ich dem Sergeanten aus dem Trakt und ging mit ihm Richtung Pforte.

Dort warteten drei Wärter, die mich seit Langem kannten und mir nun auch herzlich gratulierten. Durch ihre Arbeit am Empfang war ihnen bewusst, dass Häftlinge fast nur eingewiesen oder verlegt, aber so gut wie nie entlassen wurden. Dass sie nun einen Gefangenen in die Freiheit verabschieden konnten, war auch für sie ein seltenes Erlebnis. Diesen Beamten überreichte ich die

31

21 Plastikordner, weil sie die Einzigen waren, die die Befugnis hatten, sie zu entsorgen. Zwar wogen sie nur ein paar Kilo, aber als ich sie aus den Händen gab, fühlte es sich an, als würde zentnerweise Ballast von mir abfallen.

Nachdem ich die notwendigen Formulare unterzeichnet hatte, brachte mich der Sergeant in die Krankenstation und schloss mich in eine Isolationszelle, in der sonst Insassen mit hochansteckenden Krankheiten untergebracht wurden. Hier verbrachte ich die nächsten zwölf Stunden in einer Mischung aus Nervosität und Langeweile. Schlafen konnte ich kaum, was ungewöhnlich war, denn in meinem gesamten Leben, nicht einmal während des Prozesses, hatte ich je die geringste Schwierigkeit gehabt, in den Schlaf zu finden.

Was mir in dieser Nacht besonders zu schaffen machte, war die Tatsache, dass Gouverneur Ralph Northam sich zwar dazu entschlossen hatte, mich auf Bewährung zu entlassen, mir eine Unschuldserklärung jedoch verweigerte. Seit drei Jahrzehnten hatte ich zwei Ziele verfolgt: Freiheit und Gerechtigkeit. Heute hatte ich nur das erste der beiden erreicht, das empfand ich als zutiefst enttäuschend. Im Laufe der langen, schlaflosen Nacht haderte ich mit meinem Schicksal, bis ich in den frühen Morgenstunden allmählich eine positivere Sicht auf die Dinge entwickelte.

Der US-Bundesstaat Virginia hatte die Entlassung auf Bewährung 1996 abgeschafft, alle Straftäter, die danach verurteilt wurden, mussten 85 Prozent ihrer Haftstrafe absitzen. Nur jene, die vor 1996 verurteilt worden waren, durften Anträge auf frühzeitige Entlassung stellen, wobei der Bewährungsausschuss nur zwei bis drei Prozent dieser Anträge genehmigte. Insassen, die lebenslängliche Haftstrafen erhalten hatten, bekamen so gut wie nie eine zweite Chance, und solche wie ich, mit zwei oder mehr lebenslänglichen Haftstrafen, überhaupt keine.

Erschwerend kam hinzu, dass der Bewährungsausschuss eine

absolute Vorbedingung für jede Entlassung stellte: Der Antragsteller musste seine Schuld eingestehen und Reue zeigen. Wenn er dies nicht tat, galt er als uneinsichtig und daher potenziell gefährlich. Selbstverständlich konnte solch ein Häftling niemals entlassen werden.

Ich habe mich immer geweigert, Reue zu zeigen für eine Tat, die ich nicht begangen hatte. Ich habe die Eltern meiner ehemaligen Freundin Elizabeth nicht ermordet. Natürlich tut es mir zutiefst leid, dass Derek und Nancy Haysom einen solch schrecklichen Tod erlitten haben, aber weil ich nicht dafür verantwortlich bin, konnte ich weder Schuld eingestehen noch um Verzeihung bitten. Aus diesem Grund lehnte der Bewährungsausschuss meine Anträge auf Entlassung jedes Mal postwendend ab, nicht selten binnen weniger als drei Wochen.

Mein 14. Bewährungsantrag war im Januar 2019 abgelehnt worden. Einen 15. Antrag hatte ich nicht eingereicht, weil ich auf eine Unschuldserklärung hoffte. Doch heute, am 25. November 2019, gewährte man mir die Entlassung auf Bewährung – ohne dass ich jemals Schuld eingestanden oder Reue gezeigt hatte.

Soweit ich wusste und weiß, bin ich der einzige Gefangene des Bundesstaats Virginia, der jemals auf Bewährung entlassen wurde, ohne die Zauberformel *Ich war's, es tut mir leid* gesagt zu haben. Das war keine offizielle Anerkennung meiner Unschuld, aber eine stillschweigende vermutlich schon. Dieser Gedanke gab mir ein bisschen Genugtuung, sodass ich am Ende meiner letzten Nacht im Strafvollzug schließlich doch noch ein wenig schlafen konnte.

Früh am nächsten Morgen durfte ich duschen, danach ging es zurück zur Kommandozentrale. Dort erwartete mich der Gefängnisdirektor – eine außergewöhnliche Geste, denn er war um diese Uhrzeit normalerweise nicht im Dienst. Er sei gekommen, um sich von mir zu verabschieden, sagte er, und reichte mir nach zehn Jahren zum ersten Mal die Hand.

Der Direktor und ein Wärter brachten mich zurück zum Empfang, wo bereits zwei Beamte der Bundesbehörde ICE (Immigration and Customs Enforcement) bereitstanden, um mich mitzunehmen. In den USA ist das ICE für die Abschiebung von illegalen Migranten zuständig, und das war ich nun: ein Ausländer ohne Aufenthaltserlaubnis. Mein Visum für die Vereinigten Staaten war vor mehr als drei Jahrzehnten ausgelaufen, deshalb konnte ich nicht ohne Weiteres durch das Gefängnistor in die Freiheit entlassen werden wie ein amerikanischer Häftling. Stattdessen musste ich an die Abschiebebehörde übergeben werden, die sicherstellte, dass ich das Land tatsächlich verließ.

Die zwei ICE-Beamten und zwei Wärter des Gefängnisses brachten mich zur großen Maschendrahtschleuse am Lieferanteneingang der Strafvollzugsanstalt. Innerhalb dieser Schleuse fand eine kuriose Zeremonie statt, bei der mir die Hand- und Fußschellen des US-Bundesstaats Virginia abgenommen und baugleiche Hand- und Fußschellen der Bundesbehörde ICE angelegt wurden. Damit war ich offiziell aus dem Gewahrsam Virginias entlassen und in den Gewahrsam der Bundesregierung überstellt worden. In Virginia war ich ein strafrechtlich Gefangener, *prisoner*, gewesen, fortan galt ich lediglich als zivilrechtlich Festgenommener, *detainee*. Frei war ich noch nicht, aber ein gigantischer Schritt in die richtige Richtung war getan.

Mit Hilfe der Beamten kletterte ich in den weißen ICE-Transporter, dann öffnete sich das Tor zur Maschendrahtschleuse, wir rollten rückwärts hinaus, und das Tor schloss sich hinter uns. In diesem Moment befand ich mich zum ersten Mal seit meiner Verlegung vor zehn Jahren außerhalb der Strafvollzugsanstalt Buckingham. Der Fahrer legte den Gang ein, wir fuhren am Maschendrahtzaun entlang bis zum Haupteingang. An dem großen blauen Schild mit dem Namen der Anstalt bogen wir rechts ab in Richtung der U.S. Route 15.

Ich drehte mich um und blickte ein letztes Mal zurück auf das Gefängnis, in dem ich so viele unglückliche Jahre verbracht hatte. Durch die Heckscheibe wurde es kleiner und kleiner. Ich fühlte, wie eine riesengroße Last von meinen Schultern abfiel, mein Atem wurde freier und tiefer. Raus. Ich war raus.

4

Von der Strafvollzugsanstalt Buckingham brachte mich der weiße ICE-Transporter am 26. November 2019 nach Richmond, der Hauptstadt des US-Bundesstaates Virginia. Während der zweistündigen Fahrt sah ich zum ersten Mal seit sehr langer Zeit die freie Welt mit eigenen Augen: die Bäume entlang des Straßenrandes, die Passagiere in den vorbeifahrenden Autos, die kleinen Städte und die Menschen vor den Geschäften und Tankstellen. Seit meiner Verhaftung 1986 hatte ich das alles nur gesehen, wenn ich von einem Gefängnis in ein anderes verlegt wurde – das letzte Mal vor zehn Jahren. Damals, im September 2009, wurde die Strafvollzugsanstalt Brunswick geschlossen, und ich wurde nach Buckingham transportiert.

Mir war bewusst, dass die Sehenswürdigkeiten, die ich durchs Fenster des Transporters bestaunte, für die ICE-Beamten und jeden anderen Menschen banal waren. Einerseits empfand ich meine eigene Fremdheit in dieser Welt als beschämend, weil sie mich zu einem Sonderling machte. Andererseits genoss ich die Faszination, die jeder neue Anblick, egal wie alltäglich, auf mich ausübte.

Amerikaner bauen ihre Gefängnisse bevorzugt an entlegenen Orten, und so war die U.S. Route 15, die von Buckingham weg führte, auf beiden Seiten von Wäldern gesäumt. Die Morgensonne schien durch die letzten herbstlichen Blätter an den Bäumen und ließ sie golden leuchten. Dann kam etwas Wind auf, die Äste bewegten sich, und das Licht spielte im Laubwerk. Tatsächlich hatte ich in der Haft die Schönheit der Welt vergessen, weil alles zwischen den grauen schmucklosen Betongebäuden und den trostlosen Sportplätzen so ausgesprochen hässlich war. Seit Jahren hatte ich nicht mehr aus meinem kleinen Zellenfenster geschaut, weil ich wusste, welche Ödnis ich dort sehen würde: einen grellen Scheinwerfer, eine Betonwand, ein riesengroßes Notstromaggregat, mehrere Zäune mit NATO-Draht, einen unbesetzten Wachturm und zerzauste Tauben und Krähen, die sich auf die Abfalleimer hinter dem Speisesaal stürzten. Bäume gab es keine, und einen Sonnenaufgang hatte ich durch den schmalen Schlitz in meiner Zelle nie sehen können. Wenn die Sonne während des vormittäglichen Hofgangs schien, wirkte ihr Licht durch die staubige Luft schmutzig und trüb. Im Laufe der Jahrzehnte hatten sich meine Augen so sehr an diese Tristesse gewöhnt, dass das Lichtspiel im Herbstlaub während der Fahrt im ICE-Transporter auf mich wie ein heilsamer Schock wirkte.

Als wir durch die kleinen Städte fuhren, war ich erstaunt, wie ärmlich das ländliche Virginia war. Ich hatte die Vereinigten Staaten zehn Jahre lang nur auf dem Bildschirm meines kleinen Fernsehers in der Zelle gesehen, dort erschienen das Land prosperierend und die Menschen wohlhabend. Die heruntergekommenen Wohnmobilparks und verwahrlosten Einkaufszentren, die nun am Fenster des Transporters vorbeihuschten, malten jedoch ein anderes Bild. Die drei großen Gefängnisse, die man in der Gegend angesiedelt hatte, waren für die verarmte Bevölkerung offensichtlich eine der wenigen wirtschaftlichen Perspektiven.

Beim Auftanken des Transporters sah ich auf dem Parkplatz zum ersten Mal nach Jahrzehnten Kinder, die unbeschwert und ausgelassen miteinander spielten. Die Söhne und Töchter der Häftlinge, die ich gelegentlich im Besuchersaal des Gefängnisses gesehen hatte, wirkten meist in sich gekehrt, gedämpft und bedrückt, denn natürlich lastete das Unglück, das über ihre Familien hereingebrochen war, auch auf ihren Schultern. Um ihre Väter im Gefängnis besuchen zu dürfen, hatten selbst die Kleinsten dieselben Sicherheitskontrollen passieren müssen wie erwachsene Besucher: Sie gingen durch Metalldetektoren, wurden von Wärtern abgetastet und gelegentlich sogar von Drogenhunden beschnüffelt. Das alles hinterließ Spuren auf der Seele, die man den Kindern auch äußerlich deutlich ansah.

Nach zwei Stunden Fahrt erreichten wir ein Abfertigungszentrum der Abschiebebehörde ICE in Richmond. Hier wurde ich fotografiert, meine Fingerabdrücke wurden genommen. Dann wurde ich in eine Zelle gesperrt, zusammen mit drei Zentralamerikanern, die ebenfalls gerade angekommen waren. Offensichtlich waren sie direkt bei der Arbeit aufgegriffen worden, sie trugen verschwitzte Blaumänner, und der Schock ihrer Verhaftung stand ihnen noch ins Gesicht geschrieben. Nach Plaudereien war keinem der Männer zumute, und weil zudem nur einer der drei ein paar Worte Englisch sprach, versuchte ich erst gar nicht, ein Gespräch zu beginnen. Während wir vier an die Decke starrten, verstrich die Zeit fast unerträglich langsam.

Es dauerte einige Stunden, bis endlich ein Beamter mit Handschellen an der Zellentür erschien. Mit ernster Miene führte er mich zu einem Duschraum, in den er uns beide einschloss. Normalerweise wäre dies ein schlechtes Zeichen gewesen, denn im Strafvollzug brachten Wärter die Häftlinge, die sie verprügeln wollten, immer an Orte, wo es keine Zeugen gab. Doch in diesem Fall war der Grund für meine Verlegung in die Dusche ein anderer.

Der Beamte sagte mir, dass meine ehemalige Freundin Elizabeth Haysom soeben im Abfertigungszentrum angekommen war. Er hatte die Anweisung erhalten, uns beide zu trennen, deshalb musste ich in der Dusche warten, während man auch sie fotografierte und ihre Fingerabdrücke nahm. Was zwischen uns geschehen sei, dass man uns trennen müsse, wollte der Beamte nun wissen. Und so erzählte ich ihm meine Geschichte, die ich in den vergangenen 33 Jahren Hunderte Male erzählt hatte.

Im Herbst 1984 begann ich mein Studium an der University of Virginia, damals eine der besten Hochschulen der Vereinigten Staaten. Ich war Begabtenstipendiat und deutscher Diplomatensohn, Typ Klassenbester und Nerd. Im Alter von 18 Jahren hatte ich noch immer keine Freundin gehabt, richtig betrunken war ich nur ein einziges Mal gewesen, und Marihuana hatte ich nur halbherzig probiert.

An meinem ersten Tag an der Uni lernte ich Elizabeth Haysom kennen, eine zwei Jahre ältere Kanadierin, die in englischen Internaten aufgewachsen war. Sie erzählte anderen Studenten, dass sie zwei Jahre lang mit ihrer lesbischen Freundin durch Europa gezogen sei, immer auf der Suche nach Heroin. Nun sei sie von ihren Eltern nach Virginia zurückgeholt worden, um ein Studium zu beginnen.

Drei Monate später wurden Elizabeth und ich ein Paar, und ich konnte mein Glück kaum fassen. Die Bienenkönigin des Studentenwohnheims, die begehrteste Frau weit und breit, hatte ausgerechnet mich zu ihrem festen Freund erkoren. Was um alles in der Welt wollte eine lebenserfahrene Frau wie sie von einem Naivling wie mir?

Auch andere Studenten wunderten sich über Elizabeths Entscheidung, schließlich war allen bewusst, dass ich ein Weichling war. Nur einige Wochen zuvor hatte ich mein Psychologiestudium abbrechen müssen, als mir gezeigt wurde, wie im Neurologieseminar Laborratten seziert wurden. Der Anblick der hilflosen Tiere in ihren Käfigen war zu viel, fortan würde ich Betriebswirtschaftslehre und Chinesisch studieren.

Vier Monate nach Beginn unserer Affäre, am 30. März 1985, wurden Elizabeths Eltern in Bedford County, Virginia, auf brutalste Weise ermordet. Der Fall zog internationale Presseaufmerksamkeit auf sich und wurde zeitweise mit den Manson-Morden verglichen. Sieben Monate später, im Oktober 1985, als die Polizei begann, Elizabeth und mich zu verdächtigen, flohen wir quer durch Europa und Asien.

Am 30. April 1986 wurden wir in London verhaftet, etwa einen Monat später gestand ich die Tat. Der Staatsanwalt von Bedford County erhob Anklage gegen mich wegen zweifachen Mordes, bei einer Auslieferung nach Amerika drohte mir die Todesstrafe. Elizabeth wurde als Anstifterin angeklagt, sie kehrte 1987 nach Virginia zurück und wurde dort zu neunzig Jahren Haft verurteilt. Ich verblieb drei weitere Jahre in England, weil ich vor den Europäischen Gerichtshof für Menschenrechte (EGMR) gezogen war, um eine potenzielle Verurteilung zum Tode juristisch abzuwenden.

Dies gelang am 7. Juli 1989. Ein halbes Jahr später wurde ich nach Virginia ausgeliefert, wo man mir im Juni 1990 den Prozess machte, obwohl ich in der Zwischenzeit mein Geständnis zurückgezogen hatte. Vor Gericht bezichtigte ich nun meine Freundin, die Tat selber begangen zu haben, sie sagte als Kronzeugin aus, ich sei der Täter gewesen.

Abgesehen von meinem Geständnis und Elizabeths Aussage war die Beweislage gegen mich äußerst dünn. Der Staatsanwalt konnte kein einziges forensisches Beweismittel vorbringen, welches meine Gegenwart am Tatort belegte. Auch Augenzeugen, eine Tatwaffe oder ein überzeugendes Tatmotiv gab es nicht. Dennoch wurde ich am 21. Juni 1990 zu zwei lebenslangen Haftstrafen verurteilt – für eine Tat, die ich nicht begangen hatte.

Das sei eine verrückte Geschichte, sagte der ICE-Beamte, der sich mit mir in der Dusche des Abfertigungszentrums eingeschlossen hatte. Nun könne er verstehen, warum seine Vorgesetzten ihn angewiesen hätten, Elizabeth und mich getrennt unterzubringen. Sicherlich würde ich sie sehr hassen.

Es stimmte schon, antwortete ich ihm, dass meine ehemalige Freundin dazu beigetragen hätte, mein Leben zu zerstören. Die Verantwortung allerdings trüge ich selber, wäre es doch damals meine eigene Entscheidung gewesen, ein falsches Geständnis abzulegen. Das war allein meine Schuld, nicht die Elizabeths.

Der ICE-Beamte erhielt über sein Walkie-Talkie die Anweisung, mich wieder in die Zelle mit den drei Zentralamerikanern zu bringen. Auf dem Rückweg legte er mir keine Handschellen an.

Noch am selben Tag wurde ich in einem anderen weißen ICE-Transporter vom Abfertigungszentrum in Richmond zum Abschiebegefängnis Farmville gebracht. Diese Anstalt lag in der Nähe der Strafvollzugsanstalt Buckingham, also fuhren wir die gleichen Straßen zurück, die wir am Morgen nach Richmond genommen hatten. Auch auf dieser Fahrt schaute ich aus dem Fenster, in Gedanken war ich jedoch noch immer bei Elizabeth. Was für eine Ironie des Schicksals, dass wir heute beinahe ein letztes Mal aufeinandergetroffen waren! Nun würden wir beide in unsere Heimatländer abgeschoben, ich nach Deutschland und sie nach Kanada.

Die letzten 33 Jahre meines Leben habe ich verloren. Laut aktuellen Prognosen zur Lebenserwartung 53-jähriger Männer liegt die nahezu exakt gleiche Zeitspanne noch einmal vor mir. Es war keinesfalls zu erwarten gewesen, dass der amerikanische Staat mich jemals entlassen würde, darum betrachte ich jeden Tag dieser kommenden drei Jahrzehnte als gewonnene Lebenszeit. In den nächsten Monaten würde sich herausstellen, ob ich mich fortan für die unwiederbringlichen Jahre bemitleiden sollte oder die so hart erkämpfte Freiheit genießen könnte.

Das waren die Gedanken, die mich im ICE-Transporter auf der Fahrt zum Abschiebegefängnis Farmville beschäftigten. Dort musste ich die nächsten 21 Tage bis zu meiner Abschiebung nach Deutschland verbringen. Nach drei Jahrzehnten im Strafvollzugssystem des US-Bundesstaates Virginia waren diese letzten drei Wochen im Gewahrsam der Bundesbehörde ICE ein unglaublicher sozialer Aufstieg.

In Buckingham waren meine Mithäftlinge allesamt Gewaltverbrecher gewesen, Mörder, Vergewaltiger und Kinderschänder, die mindestens zwanzig weitere Jahre absitzen mussten, bevor sie sich Hoffnung auf Entlassung machen konnten. In Farmville hingegen waren meine Mitgefangenen fast ausschließlich illegale Migranten aus Zentral- und Südamerika, die in die Vereinigten Staaten gekommen waren, um hart zu arbeiten. Eines Freitagabends hatten sie sich betrunken, waren von der Polizei aufgegriffen worden und hatten keine Aufenthaltsgenehmigung vorweisen können. Nun warteten sie auf ihre Abschiebung, in der Gewissheit, dass sie bald wiederkehren würden. *Back in three weeks!* war ein Graffito, welches man in Farmville an fast allen Wänden sehen konnte.

Jeweils 44 illegale Migranten wurden in einem turnhallenartigen Raum mit 22 Etagenbetten, zwei Waschbecken, drei Klos und drei Duschen untergebracht. Zur Unterhaltung gab es zwei Fernseher und sechs Telefone. Wer Geld hatte, mietete sich ein Tablet, auf dem er Videospiele spielen und auf Online-Nachrichtenportalen surfen konnte. Für eine Stunde am Tag durfte man in die Turnhalle gehen, um auf einem Crosstrainer die überschüssige Energie loszuwerden. Dieser tägliche Ausflug war purer Luxus für mich, denn in den Strafvollzugsanstalten Virginias hatte es solche Wundermaschinen nicht gegeben.

Die meisten meiner Mitgefangenen gingen nicht in die Turnhalle, sondern verbrachten den Tag mit Schlafen. Abends wurden sie dann wach und schauten sich spanischsprachige Fernsehprogramme auf den beiden Fernsehern an. Spanisch war die Umgangssprache in der Abschiebehaft, denn die meisten Migranten lebten in den USA isoliert in ihren hispanischen Communitys und beherrschten darum kaum ein Wort Englisch. Zeitweilig war der einzige Häftling, mit dem ich mich rudimentär verständigen konnte, ein Jamaikaner.

Viele Stunden am Tag verbrachte ich damit, meine Freunde und Unterstützer anzurufen, um mich bei ihnen zu bedanken. Einige hatten mit mir seit Jahrzehnten auf das Ziel hingearbeitet, welches wir nun gemeinsam erreicht hatten, meine baldige Entlassung in die Freiheit. Ohne diese großartigen Menschen, die sich so selbstlos für mich eingesetzt und mir immer wieder so viel Mut gemacht hatten, hätte ich das Gefängnis nicht lebend verlassen.

Gerade in den letzten drei Jahren, seit der Entdeckung der neuen DNA-Beweise im Sommer 2016, hatte ich viele neue Unterstützer hinzugewonnen. Die meisten von ihnen waren ehemalige Polizisten, die meinen Fall aufs Neue untersucht hatten und zu dem Schluss gekommen waren, dass ich höchstwahrscheinlich unschuldig war und nie hätte verurteilt werden dürfen.

Einer meiner neuen Freunde war und ist der amerikanische Bestsellerautor John Grisham. Bevor er anfing, Kriminalromane zu schreiben, hatte er als Strafverteidiger gearbeitet, weshalb er sich bestens mit südstaatlichen Justizsystemen auskennt. Er ist überdies Mitglied im Vorstand des Innocence Project, einer amerikanischen Non-Profit-Organisation, die sich für die Aufdeckung von Justizirrtümern durch DNA-Testungen einsetzt.

Zwei Jahre vor meiner Entlassung hatte Grisham den Journalisten Bill Sizemore bei einem Buchfestival kennengelernt, auf dem Bills und mein Buch über den Fall, *A Far, Far Better Thing*, vorgestellt wurde. Daraufhin traf Grisham sich mit meinen Anwälten und einigen der Polizisten, die meinen Fall neu aufgerollt hatten. Er arbeitete sich in die Prozessprotokolle und Berufungsschriften ein, besuchte mich im Gefängnis und kam letztlich zu der Überzeugung, dass ich unschuldig sei.

In den vielen langen Telefonaten mit Grisham und all den anderen Unterstützern, die ich vom Abschiebegefängnis Farmville aus führte, wurde mir immer klarer, wie entscheidend politische Erwägungen bei meiner Entlassung gewesen waren. Offensichtlich genügten entlastende DNA-Testergebnisse und Ermittlungsberichte nicht, um einen unschuldigen Mann aus dem Gefängnis zu befreien.

Vier bis sieben Prozent aller US-Häftlinge sind – laut unterschiedlicher, seriöser Untersuchungen – Opfer von Fehlurteilen.

Bei einer Gefängnisbevölkerung von 2,3 Millionen Menschen sitzen demnach 92 000 bis 161 000 unschuldige Männer und Frauen in den USA hinter Gittern. Dieses Problem ist in Fachkreisen längst erkannt, aber es ist so dramatisch und gesellschaftlich polarisierend, dass kein Politiker es wagt, eine grundlegende Reform anzustoßen. Da die Polizeibehörden, Staatsanwaltschaften und Gerichte in ihrem Zusammenwirken so immens viele Fehlurteile produzieren, müsste das gesamte Justizsystem niedergerissen und neu aufgebaut werden. Doch das ist weder finanzierbar, noch würden sich hierzu politische Mehrheiten finden lassen. Also begnügen sich Politiker mit Schönheitskorrekturen, indem sie öffentlichkeitswirksam das eine oder andere offensichtliche Justizopfer entlassen, anstatt das System als solches infrage zu stellen.

In meinem sehr kontroversen Fall entschied Gouverneur Northam vielleicht auch deshalb, mich ohne Unschuldserklärung zu entlassen, um das multiple strukturelle Versagen, das zu meiner Verurteilung geführt hatte, nicht offenlegen zu müssen. Eine Entlassung auf Bewährung war eine gesichtswahrende Lösung für alle Beteiligten: Polizeibehörde, Staatsanwaltschaft, Richter, Berufungsgerichte, Bewährungsausschuss, niemand musste eingestehen, drei Jahrzehnte zuvor den falschen Mann verurteilt zu haben. Das Justizsystem hatte scheinbar funktioniert, es musste nicht reformiert werden.

Gouverneur Northams Entscheidung, meine Unschuld nicht anzuerkennen, hatte außerdem den erwünschten Nebeneffekt, dass ich keinen Antrag auf Haftentschädigung stellen konnte. Damit verhinderte der Gouverneur, dass in der *General Assembly*, dem Landtag von Virginia, darüber abgestimmt werden musste, ob Steuergelder in Höhe von etwa 1,4 Millionen Dollar an einen Ausländer überwiesen würden, den viele Bürger weiterhin für schuldig hielten.

Am Sonntag, dem 15. Dezember 2019, erhielt ich die Nachricht, ich solle mich dringend bei meinem Anwalt melden. Dieser sagte mir, eine hohe Beamtin in Northams Regierung habe ihn fuchsteufelswild angerufen, als sie erfahren habe, dass ich dem amerikanischen Fernsehen aus der Abschiebehaft ein Interview gegeben hatte. Sie drohte, meine Entlassung rückgängig zu machen, sollte ich darin etwas gesagt haben, das politische Feinde gegen ihren Chef verwenden könnten.

Mein Anwalt versicherte mir, er habe die aufgebrachte Beamtin beruhigen können, doch dieser Zwischenfall hatte mir einen ungeheuren Schrecken eingejagt. Vielleicht würde die Entscheidung, mich gehen zu lassen, zurückgezogen, genauso, wie es zehn Jahre zuvor schon einmal geschehen war.

Am 12. Januar 2010 hatte der damalige Gouverneur Virginias, der Demokrat Timothy Kaine, meine Überstellung nach Deutschland angeordnet, unter der Bedingung, dass ich noch zwei Jahre in einem deutschen Gefängnis verbringen müsse, bevor ich entlassen würde. Vier Tage später, am 16. Januar, übernahm sein politischer Intimfeind, der Republikaner Bob McDonnell, das Gouverneursamt. Am 19. Januar, McDonnells erstem Arbeitstag als Gouverneur, ließ er meine Überstellung nach Deutschland rückgängig machen. Einen sachlichen oder formellen Grund für diese Entscheidung lieferte er nicht, später wurde mir aber gesagt, dass Elizabeths Bruder von den Plänen Wind bekommen und bei McDonnell interveniert hatte.

Die Gewissheit, meine Entlassungspapiere endlich in Händen zu halten, und der Schock, als mir die sicher geglaubte Freiheit so kurz danach wieder durch die Finger rann, hatten mich damals fast gebrochen. Jetzt, nach dem Telefonat mit meinem Anwalt am 15. Dezember 2019, schien sich diese entsetzliche Geschichte zu wiederholen.

Die Erlösung kam zum Glück schon wenige Stunden später, am frühen Morgen des 16. Dezember, in Gestalt eines bärtigen Wärters, der mich aufforderte, meine Sachen zu packen, es ginge los. Ich war versucht, den Beamten vor Freude zu umarmen, und so, wie er sich für mich freute, hätte er es vermutlich zugelassen. Zurück an meinem Etagenbett verschenkte ich meine paar Habseligkeiten an einen Bolivianer und zwei Salvadorianer, die schon wach waren. Dann gab ich meine Matratze am Empfang des Abschiebegefängnisses ab, wo mich diesmal nicht zwei, sondern vier ICE-Beamte mit zwei weißen Transportern erwarteten. Der zusätzliche Transporter diente der Verwirrung von Reportern und potenziellen Unruhestiftern, die nicht wissen sollten, in welchem der beiden Wagen ich saß.

Zum letzten Mal in meinem Leben verließ ich eine amerikanische Haftanstalt.

5

Die Fahrt vom Abschiebegefängnis in Farmville zum Flughafen Dulles in der Nähe von Washington, D.C. dauerte mehr als vier Stunden. Jede Stunde machten die ICE-Beamten eine Pause, um sich in verschiedenen Imbissbuden Snacks und Getränke zu kaufen und auf die Toilette zu gehen. An ihren Passagier dachten sie dabei nicht, in ihren Augen war ich nicht mehr als eine Fracht, die von A nach B befördert werden musste.

Nach dem zweiten Stopp, also nach über zwei Stunden, war ich gezwungen, den Beamten zu sagen, dass nun auch ich eine Toilettenpause bräuchte. Dies führte zu Irritationen, offensichtlich hatten die ICE-Beamten nicht bedacht, dass auch Abschiebehäftlinge Menschen mit körperlichen Bedürfnissen waren. Die Fahrt dauere nur zwei weitere Stunden, so die beiden, darum schlugen sie vor, dass ich so lange die Beine zusammenkneifen könne.

Auf mein entschiedenes Nein folgte ein hitziges Gespräch zwischen den Beamten, dann hielten wir auf dem Parkplatz eines Schnellrestaurants. Der Beifahrer verließ den Transporter und kehrte mit einem großen Becher Cola zurück. Nachdem er den Inhalt in einem Zug ausgetrunken hatte, öffnete er die schwere Sicherheitstür an der Seite des Wagens und reichte mir den leeren Becher.

Meine Handschellen waren mit einer Bauchkette verbunden,

zudem trug ich Fußfesseln, was es schier unmöglich machte, meinen Körper in eine Position zu bringen, in der ich in den Becher würde pinkeln können. Der Innenraum des Transporters war zudem so niedrig, dass ich nur in gebückter Haltung stehen konnte, bei jeder Bewegung schlug mein Kopf gegen das Wagendach. Mit etwas akrobatischem Einsatz gelang es mir dennoch, erst meine Jogging- und schließlich meine Unterhose herunterzuziehen.

Es war eine kleine Geste der Menschlichkeit, dass ich mein Geschäft unbeobachtet erledigen durfte. Als ich mich erleichtert hatte, rief ich den Beamten, er öffnete die Sicherheitstür und nahm mir den Becher wieder ab. Erst dann konnte ich mit meinen gefesselten Händen Unter- und Jogginghose wieder hochziehen und mich zurück in den Sitz des Transporters fallen lassen.

Nach zwei weiteren Stunden erreichten wir ein ICE-Bürogebäude im Washingtoner Vorort Fairfax. Dort würde ich etwa neun Stunden in einer Zelle warten müssen, denn mein Flug nach Deutschland hob erst am Abend um kurz nach zehn ab. Ich war der einzige Abschiebehäftling im gesamten Zellentrakt.

Kurz nach meiner Ankunft wurde ich in ein Büro gebracht, wo mich der Leiter der ICE-Außenstelle Fairfax erwartete. Er stellte sich mir vor, nicht als Abteilungsleiter der Abschiebebehörde, sondern als ehemaliger Klassenkamerad von der University of Virginia. Zwar hatten wir uns damals nicht kennengelernt, aber sein Studentenwohnheim hatte nur ein paar Hundert Meter entfernt von meinem gelegen. Mit hoher Wahrscheinlichkeit waren wir uns hin und wieder auf dem Campus oder einer Studentenparty über den Weg gelaufen.

Mein ehemaliger Klassenkamerad erklärte mir das weitere Prozedere meiner Abschiebung nach Deutschland und bat mich um Erlaubnis, alles für einen Trainingsfilm des ICE aufnehmen zu lassen. Beamte in Ausbildung könnten so anhand eines praktischen Beispiels lernen, wie man illegale Migranten korrekt abschob.

Ich willigte ein, in der Hoffnung, dass das Vorgehen der US-amerikanischen Behörden, wenn es denn einmal dokumentiert wäre, auch einer breiten Öffentlichkeit gezeigt würde. Und wie erhofft wurde der Film binnen weniger Stunden ins Internet hochgeladen.

In dem kurzen Video sieht man, wie ich von zwei hünenhaften, bärtigen ICE-Beamten aus der Zelle geholt werde. Dann unterschreibe ich verschiedene Dokumente, in denen mir erklärt wird, dass ich nicht mehr in die Vereinigten Staaten einreisen darf, und einer der Beamten gibt mir einen Beleg für die 53 Dollar, die mir beim Schließen meines Häftlingskontos im Abschiebegefängnis Farmville ausgehändigt wurden. Zuletzt darf ich kurz mit dem Generalkonsul der deutschen Botschaft in Washington telefonieren, um ihm zu versichern, dass es mir gut geht. Einige Stunden später werde ich von denselben Beamten wieder aus der Zelle geholt. Ich muss auf einer kleinen Bank knien, damit sie mir von hinten die Fußfesseln anlegen können. Danach folgt das Befestigen der Bauchkette, dann werden Handschellen angelegt, zuletzt werden die Handschellen an der Bauchkette befestigt.

Es ist nicht einfach, in Fußfesseln zu gehen, denn die Schlösser der Schellen liegen auf den Innenseiten der Fußgelenke und schlagen ständig gegeneinander. Bei jedem Schritt muss man das Bein in einem Halbkreis nach außen schwingen, um nicht am Schloss der anderen Schelle hängen zu bleiben. Das sieht ein wenig aus wie der Gang eines betrunkenen Matrosen, der von der Kneipe zum Schiff zurücktorkelt.

Und so wanke ich in dem Trainingsfilm von einer Seite auf die andere, als mich die beiden Beamten durch einen Flur und ein Garagentor zu einem Transporter führen – zur Abwechslung ist der Wagen diesmal nicht weiß, sondern grau. Bei jedem Schritt steigert sich meine Freude, denn dies ist das letzte Mal, dass ich Hand- und Fußschellen tragen werde.

Die beiden vierschrötigen Beamten, die im ICE-Trainingsfilm zu sehen sind, waren Weiße. Nachdem sie mich zu dem Lieferwagen gebracht hatten, gingen sie zu ihrem Auto und fuhren zum Flughafen. Der eigentliche Transport des Häftlings Söring wurde zwei schwarzen ICE-Beamten überlassen, die nicht im Trainingsfilm erscheinen.

Ein Stau auf der Autobahn von Fairfax zum Flughafen Dulles gab den beiden Fahrern die Gelegenheit, ein etwas längeres Gespräch mit mir zu führen. Sie sagten, ihre Abteilung hätte am vergangenen Freitag erfahren, dass ich an diesem Tag abgeschoben würde, daraufhin hätten sie sich alle übers Wochenende *Killing for Love*, den Dokumentarfilm über meinen Fall, angeschaut. Die zwei Beamten hatten nun natürlich eine Menge Fragen von ihren Kollegen im Gepäck, das größte Rätsel sei jedoch für sie alle, warum Elizabeth Haysom in den vielen Jahren nach dem Prozess nicht die Wahrheit gesagt hätte.

Dann, so antwortete ich, hätte sie die alleinige Verantwortung für die Morde übernehmen müssen. Zudem wäre dies ein Eingeständnis gewesen, bei meinem Prozess gelogen zu haben. Damit hätte Elizabeth jede Chance auf eine frühzeitige Entlassung verspielt, der Bewährungsausschuss hätte jeden ihrer Anträge auf Entlassung sofort abgelehnt.

Die beiden Beamten hatten sich gut über meinen Fall informiert. Zwar sagten sie nie explizit, dass sie mich für unschuldig hielten, aber sie räumten grundsätzlich ein, dass es in dem System, für das sie arbeiteten, Fehlurteile gab. Besonders nachdrücklich erwähnten sie den prominenten Fall der sogenannten *Central Park Five*, fünf schwarzer Teenager, die vor dreißig Jahren in New York unter Druck falsche Geständnisse abgelegt hatten und erst viele Jahre später rehabilitiert wurden.

Wie so oft in den letzten drei Jahrzehnten fiel mir bei diesem Gespräch auf, um wie viel menschlicher mich afroamerikanische Staatsbedienstete behandelten im Vergleich zu ihren weißen Kollegen. Schwarze US-Bürger hatten schon aus historischen Gründen eine kritischere Sicht auf das amerikanische Justizsystem. Sie und ihre Vorfahren hatten zu viel Unrecht erfahren, um dem Rechtsapparat blind zu vertrauen, und dieses Misstrauen legten sie offensichtlich auch dann nicht ab, wenn sie selber für diesen Apparat arbeiteten.

Als wir am Flughafen ankamen, wurde ich wieder an die beiden weißen Beamten übergeben. Sie führten mich eilig durch eine Seitentür des Flughafengebäudes zu einem Bus, in dem ich die letzte Stunde auf amerikanischem Boden verbrachte. Neben uns stand die Boeing 777, die mich nach Deutschland fliegen sollte.

Obwohl ich weiterhin Hand- und Fußschellen und eine Bauchkette trug, wurde ich von 14 Polizisten vier verschiedener Behörden bewacht: ICE (Immigration and Customs Enforcement), CBP (Customs and Border Protection), MWAAPD (Metropolitan Washington Airports Authority Police Department) und MPDC (Metropolitan Police, District of Columbia). Einer der Polizisten tastete mich so ausgiebig ab, wie ich es in den gesamten 33 Jahren Haft nie erlebt hatte. Jedes Körperteil, jeder Finger und jeder Zeh wurde einzeln mehrfach betastet, um sicherzustellen, dass ich keine Waffe versteckte.

Am 16. Dezember 2019 um 21.45 Uhr ostamerikanischer Zeit nahmen mir ICE-Beamte zum letzten Mal sämtliche Ketten ab. Erst entfernten sie die Fußschellen, dann die Handschellen, zuletzt die Bauchkette. Für sie war das Routine, für mich war es das Ende meines jahrzehntelangen Freiheitskampfes. So viele Jahre lang hatten mir fast alle gesagt, diesen Moment würde es nie geben, einer zweimal lebenslänglichen Haftstrafe könnte man nicht entkommen. Doch ich hatte nie aufgegeben und immer weitergekämpft, bis ich mich in diesem Moment endlich auf immer von den Ketten befreite.

Die ICE-Beamten und ich verließen den Bus, überquerten das Rollfeld zum Flugzeug und kletterten die kleine Wendeltreppe am Ende der Fluggastbrücke hinauf. Die Flugbegleiter begrüßten uns wie normale Passagiere, die aus dem Urlaub oder von einer Geschäftsreise kamen, und führten uns ans Ende der Maschine, wo eine ganze Reihe für uns reserviert war. Ich sagte den Beamten, dass ich gern am Fenster sitzen würde, um Abschied von Amerika nehmen zu können, und sie willigten ein. Sobald wir Platz genommen hatten, bestiegen auch die restlichen Passagiere das Flugzeug. Dies war das erste Mal seit 1986, dass ich direkten Kontakt mit Menschen außerhalb des Justizsystems oder Strafvollzugs hatte.

Im Gefängnis werden Menschen gegen ihren Willen auf allerengstem Raum zusammengezwängt. Um das überhaupt zu ertragen, gibt es zwischen den Insassen unausgesprochene Regeln, die genau festlegen, wie nah man anderen Häftlingen kommen darf. Es gilt als eine Frage des Respekts, sich gegenseitig genügend Raum zu lassen – und kaum etwas ist gefährlicher, als einem Mitgefangenen keinen Respekt entgegenzubringen.

Die 300 Passagiere, die nun in die Flugzeugkabine strömten, schienen ihren Mitreisenden genau diesen Respekt zu verweigern. Um ihre Sitzplätze zu erreichen, drängelten sie mit zielstrebiger Rücksichtslosigkeit aneinander vorbei und fuhren dabei gelegentlich auch die Ellbogen aus. Ein derartiges Verhalten hätte im Gefängnis zwangsläufig zu einer Schlägerei geführt. Ich wunderte mich, dass es in der Welt hier draußen offenbar völlig normal war.

Auch wie etliche der Passagiere fremdes Handgepäck umlagerten, um in den Gepäckfächern Platz für ihre eigenen Taschen und Rucksäcke zu schaffen, erstaunte mich. Die informellen Regeln im Strafvollzug verboten es strengstens, das Eigentum eines anderen Gefangenen auch nur zu berühren, weil schon das als versuchter Diebstahl ausgelegt werden konnte. Je länger ich das Treiben der Passagiere beobachtete, umso klarer wurde mir, dass die Sitten in der freien Welt rauer waren als im Gefängnis.

Nachdem alle Passagiere ihre Sitzplätze gefunden und die

Flugbegleiter ihre Sicherheitsanweisungen gegeben hatten, beschleunigte das Flugzeug zum Abheben. Ich beobachtete die Lichter des Flughafens, wie sie am Fenster vorbeihuschten und letztlich hinter uns zurückfielen. Die Straßenlampen entlang der Autobahn und ein paar beleuchtete Lagerhäuser neben dem Rollfeld waren das Letzte, was ich von den Vereinigten Staaten jemals sehen würde. Dann stiegen wir auf in eine tief hängende, dichte weiße Wolkenschicht, die das Land unter uns verschleierte. Ich hatte Amerika hinter mir gelassen, für immer.

Ich empfand diesen Abschied durchaus als ambivalenten Moment. Als mein Vater 1977 an das deutsche Generalkonsulat in Atlanta im US-Bundesstaat Georgia versetzt wurde, war ich glücklich und voller Hoffnung gewesen, ich war elf und hatte mich auf das neue Leben in den Vereinigten Staaten gefreut. Nun verließ ich das Land nach unendlich vielen bitteren Erfahrungen und war gleichzeitig erleichtert und traurig, es nie wieder zu betreten. Ich wünschte, es wäre anders gekommen, ich wünschte, Amerika hätte mir erlaubt, es weiterhin zu lieben. Immerhin hatte ich den Großteil meines Lebens dort verbracht, und in gewisser Weise hatten die USA mich zu dem Mann gemacht, der ich heute bin.

Auch bedauerte ich im Moment des Abschieds, dass ich viele meiner amerikanischen Freunde nie wieder sehen würde. Diese Menschen hatte ich im Laufe meines langen Freiheitskampfes ins Herz geschlossen, und nun musste ich hoffen, dass sie irgendwann die Reise nach Deutschland auf sich nehmen würden, um mich dort zu besuchen. Einige sind zu krank oder zu beschäftigt, andere haben Flugangst oder Familienangehörige, die sie nicht alleine lassen möchten. Meine ehemalige Anwältin Gail Starling Marshall, eine wunderbare ältere Dame, der ich so viel zu verdanken habe, war aus Charlottesville zum Abschiebegefängnis gefahren und sofort wieder nach Hause geschickt worden, weil sie sich nicht rechtzeitig angemeldet hatte. Wie gerne hätte ich sie ein letztes Mal umarmt.

Diese Gedanken und Gefühle beschäftigten mich nur für einige Augenblicke, dann fing es im Flugzeug an, stark zu rütteln. Offensichtlich versteckte sich in den dichten weißen Wolken, die wir durchflogen, ein Gewitter. Als das Rütteln auch nach mehreren Minuten nicht aufhörte, fragte ich den ICE-Beamten im Sitz neben mir, ob das normal sei. Er beruhigte mich, die Turbulenzen seien zwar etwas heftiger als üblich, aber sicher kein Grund zur Besorgnis.

Mir schwirrten verschiedene Schreckensszenarien durch den Kopf. In meinen Abschiebeunterlagen stand, dass ich die USA verlassen müsste und nie wiederkehren dürfte. Falls das Flugzeug nun wetterbedingt irgendwo in den Vereinigten Staaten zur Landung gezwungen werden sollte, könnte man mir das womöglich als Verletzung meiner Bewährungsauflagen auslegen. Mit Sicherheit müssten mich die ICE-Beamten dann wieder in Haft nehmen, ich müsste erneut ins Gefängnis.

Außenstehenden mögen diese Befürchtungen überzogen, paranoid erscheinen, aber ich hatte zu viele schlechte Erfahrungen mit der US-Justiz gemacht. Immer war es in letzter Sekunde anders gekommen, als man es mir versprochen hatte, sodass ich bis zum Schluss mit dem Allerschlimmsten, sei es auch noch so abwegig, rechnete. Im Gefängnis hatte ich gerne Witze darüber gemacht: Wenn man mich jemals nach Deutschland abschieben sollte, dann würde ich der ganzen Sache erst trauen, wenn wir an Island vorbeigeflogen seien, denn dann würde der Sprit nicht mehr für eine Rückkehr nach Amerika reichen.

Nach etwa einer halben Stunde wurde das Ruckeln des Flugzeugs schwächer, und die Flugbegleiter kamen durch die Kabine, um Getränke zu verteilen. Dabei behandelten sie mich nicht anders als die beiden ICE-Beamten, ganz so, als seien wir drei gleichwertige Passagiere. Zuerst überraschte mich das, denn ich war es seit Jahrzehnten gewohnt, als Mensch zweiter Klasse angesehen zu werden. Aber plötzlich kam mir der Gedanke, dass ich fortan als normaler Bürger gelten und auch so behandelt werden würde. Die Grenzen meiner neuen Freiheit testete ich sofort aus, indem ich ein zweites Getränk bestellte – und tatsächlich bekam.

Einige Zeit später gingen die Flugbegleiter wieder durch die Reihen, es gab Abendessen. Ich bestellte ein indisches Curry, dazu bekam ich Löffel, Gabel und Messer aus Metall. Im Gefängnis hatten wir Häftlinge jede Mahlzeit mit einem einzigen stumpfen Plastikinstrument gegessen, einer Kombination aus Löffel und Gabel namens *spork*. Nun war ich offenbar wieder Teil einer Gesellschaft, in der man sich gegenseitig vertrauen konnte, auch wenn jeder eine potenzielle Waffe in der Hand hielt.

Die beiden ICE-Beamten schmunzelten, als sie sahen, mit welchem Enthusiasmus ich das Curry verschlang. Sie fanden die Bordverpflegung entsetzlich, aber im Vergleich zu dem Essen, das ich im Gefängnis bekommen hatte, war dieses Curry ein Festmahl. Ich konnte kleine Gemüsestückchen identifizieren, das Ganze hatte einen erkennbaren Geschmack, und es sah appetitlich aus. Es war ohne jeden Zweifel um Welten besser als die fade graue Pampe, die täglich in der Gefängnisküche von Buckingham fabriziert worden war.

Nach dem Essen suchte ich mir einen Film aus, den ich auf dem kleinen Bildschirm im Sitz meines Vordermannes sehen konnte. Ich entschied mich für *Vice*, eine Komödie über US-Vizepräsident Dick Cheney, der hinter dem Rücken von US-Präsident George W. Bush die Regierung übernahm und die Vereinigten Staaten in den Irakkrieg führte. Als offiziellen Kriegsgrund nannte die US-Regierung damals irakische Massenvernichtungswaffen, doch dieser Film stellte die These auf, dass die eigentliche Motivation für den Krieg in den Ambitionen und persönlichen Befindlichkeiten Dick Cheneys zu finden sei. Mich amüsierte und frustrierte das Sujet gleichermaßen, weil es meine jüngsten Erfahrungen mit den amerikanischen Behörden bestätigte. Nach meiner Entlassung hatte die Leiterin des Bewährungsausschusses von

Virginia eine hanebüchene Begründung für die Entscheidung veröffentlicht: Angeblich ging es um eine Kostenersparnis, außerdem hätte ich meine Schuld abgegolten. Fadenscheiniger hätte die Erklärung gar nicht ausfallen können, denn in Virginia gibt man bekanntermaßen für nichts so gerne Geld aus wie für die endlose Inhaftierung eines Doppelmörders, dessen Schuld nie erlischt. In Wahrheit, das war spätestens jetzt offensichtlich, waren die Zweifel an meiner Täterschaft auf höchster Ebene einfach zu groß geworden.

Nach dem Film schlief ich ein und wachte erst wieder auf, als das Flugzeug die Irische See überquerte. Durchs Fenster konnte ich sehen, wie die letzten Zipfel Irlands hinter uns verschwanden und die britische Westküste vor uns auftauchte. Jetzt war es tatsächlich zu spät, um nach Amerika zurückzufliegen, ich fühlte mich sicher.

Auf dem Bildschirm vor mir konnte ich auf einer Landkarte die Flugroute mitverfolgen. Bald überflogen wir London, die Stadt, in der ich 1986 verhaftet worden war. Dort war ich zum ersten Mal in ein Gefängnis eingeliefert worden, zunächst in eine Untersuchungshaftanstalt für Jugendliche namens Ashford. Danach verbrachte ich drei Jahre in Brixton, einem Untersuchungsgefängnis für Erwachsene, wo ich auf das Urteil des Europäischen Gerichtshofs für Menschenrechte wartete. Durch das Fenster konnte ich zwischen den Wolken Teile von London und der Themse sehen. Ich versuchte, mir vorzustellen, was die Menschen dort unten in den letzten 33 Jahren alles erlebt hatten: Es wurden Karrieren gemacht, Ehen geschlossen, Kinder gezeugt und geboren, Kunstwerke geschaffen, Firmen gegründet. Das alles hatte ich verpasst und würde es nie nachholen können.

Als wir den Ärmelkanal überquerten, zog ich die Karte auf dem kleinen Bildschirm vor mir größer und fand die Schweiz. Dort hatte ich in meiner Kindheit jeden zweiten Sommer verbracht, weil meine Großmutter mütterlicherseits ein kleines

Chalet am Genfer See besaß. Wegen des Diplomatenberufs meines Vaters war meine Familie häufig umgezogen, aber das Chalet war ein fester Punkt auf meiner kindlichen Landkarte geblieben. So empfand ich die vertrauten Berge nördlich von Montreux und Vevey als eine Art Zuhause, mehr als jeden anderen Ort auf der Welt. Ich spürte, wie mir Tränen in die Augen stiegen, und drehte mein Gesicht zum Fenster, damit die beiden ICE-Beamten sie nicht sehen konnten.

Die Stimme des Piloten riss mich unsanft aus meinen sentimentalen Erinnerungen. Er erklärte, dass wir uns Frankfurt näherten, aber erst einmal vorbeifliegen würden, um dann von der entgegengesetzten Richtung kommend zu landen. Dieser Schlenker bot allen Passagieren einen wunderbaren Ausblick auf die Stadt und ihre Umgebung, für mich war es nach 33 Jahren der erste Blick auf mein Heimatland.

Wir näherten uns im Sinkflug deutschem Boden, bis wir mit einem heftigen Ruck auf der Landebahn aufsetzten. Die Triebwerke heulten auf, um Gegenschub zu produzieren, und die große Boeing 777 rollte in gemächlichem Tempo aus. Draußen schien die Sonne, am Himmel war keine einzige Wolke.

Es war 11.50 Uhr am 17. Dezember 2019.

6

Ich war in meinem Heimatland angekommen. Wie gebannt blickte ich aus dem Fenster und sog jedes Detail des Frankfurter Flughafengebäudes und der gewaltigen Flugzeuge in mich auf. Der Kontrast zum Start in Washington hätte dabei größer gar nicht sein können, dort war ich in einer gewittrigen Nacht abgeflogen, hier in der strahlenden Mittagssonne angekommen. Kurioserweise galt mein erster, sehr deutscher Gedanke der beeindruckenden Sauberkeit, die hierzulande herrschte.

Nachdem die Boeing auf dem Rollfeld gegenüber dem Flughafengebäude angehalten hatte, rollten zwei motorisierte Treppen heran. Die Türen des Flugzeugs wurden geöffnet, aber sonst tat sich nichts. Ich schaute ungeduldig aus dem Fenster, um zu sehen, was der Grund hierfür sein könnte. Weil die beiden ICE-Beamten und ich in der vorletzten Reihe saßen, befand sich die Treppe am Heck des Flugzeugs nur ein paar Meter hinter unseren Sitzplätzen. Ich sah, wie sich zwei Männer beeilten, die Stufen so schnell wie möglich hinaufzusteigen, dem ersten blickte ich dabei zufällig direkt ins Gesicht, woraufhin er wild winkte.

Sekunden später waren die beiden in der hinteren Bordküche der Boeing angekommen. Die ICE-Beamten standen auf, nahmen ihr Gepäck aus den Fächern und begleiteten mich zum Ausgang. Dort stellte sich der erste der beiden Männer vor, er war der Berater, der den Kontakt zur Flughafenverwaltung hergestellt und mir von der Treppe aus zugewinkt hatte. Wir umarmten uns heftig. Ich war so froh, ein freundliches Gesicht zu sehen, und auch er war sichtlich bewegt. Hinter ihm stand der erste Polizeihauptkommissar der Flugdirektion Frankfurt, der sich mir nun ebenfalls vorstellte. Weil ich so überschwänglich glücklich war, umarmte ich auch ihn – es war vermutlich das erste Mal in seiner Karriere, dass er von einem Abschiebehäftling derartig herzlich begrüßt worden war.

Gemeinsam stiegen wir hinab aufs Rollfeld, dann verließen auch die ersten regulären Passagiere das Flugzeug über die vordere Treppe. Der Polizeihauptkommissar bat mich, in ein schwarzes Auto einzusteigen, das für mich bereitstand; er, der andere Mann und die beiden ICE-Beamten würden in einem zweiten Wagen folgen. Während ich auf das Auto zuging, realisierte ich, dass ich zum ersten Mal seit Jahrzehnten außerhalb eines Gefängnisgeländes unbegleitet war. Kein ICE-Beamter hatte seine Hand auf meiner Schulter, kein Polizist führte mich am Ellenbogen.

Die Frau am Steuer des Wagens lächelte mich durch die Windschutzscheibe an, ich öffnete die Hintertür und setzte mich auf die Rückbank. Die Fahrerin und ich stellten einander mit Vornamen vor, und sie sagte mir, wie sehr sie sich für mich freute. Nach kurzer Fahrt erreichten wir einen separaten Teil des Flughafengebäudes und betraten einen Nebenraum, wo der Polizeihauptkommissar und die beiden ICE-Beamten bereits warteten. Es wurden verschiedene Papiere unterschrieben und ausgetauscht, die bescheinigten, dass ich in Frankfurt abgeliefert worden war. Der Polizeihauptkommissar überreichte mir meinen Pass und die Bordkarte, gab mir die Hand und sagte in feierlichem Ton, ich sei ein freier Mann.

Zum Verschnaufen und für eine kurze Besprechung ging ich mit meinem Berater in einen gemütlichen Aufenthaltsraum in der Nähe des Ankunftsterminals. Nach ein paar Minuten setzte sich ein Beamter der Bundespolizei, der Interesse an den Abschiebemodalitäten der USA hatte, zu uns. Seine erste Frage galt meinem Outfit, er war offensichtlich entsetzt über den grauen Jogginganzug, in dem mich die Amerikaner ins Flugzeug gesetzt hatten. Ich erzählte ihm, dass ich mir diesen Aufzug noch selber hatte kaufen müssen, weil ich sonst in einem viel zu luftigen orangefarbenen Overall hätte reisen müssen. Der Beamte war fassungslos und berichtete von der deutschen Abschieberoutine, bei der jeder Mensch, auch der übelste Verbrecher, mit einem Mindestmaß an Respekt behandelt würde, was das Tragen normaler Kleidung einschloss. Gemeinsam mit ihm entschieden wir, dass ich die blaue Daunenjacke, die mir meine Unterstützer wegen der kühlen Temperaturen mitgebracht hatten, überziehen sollte, um nicht ganz so verwahrlost auszusehen.

Dann wurde mir erklärt, was ich zu erwarten hatte, wenn ich das Hauptgebäude des Flughafens betreten würde. Seit der Entscheidung im November hatte es eine Menge Berichterstattung zu meinem Fall gegeben. Viele Reporter hatten daraufhin versucht, mich noch im Gefängnis zu interviewen, aber um meine Abschiebung nicht in letzter Sekunde zu gefährden, hatte ich ihnen nichts sagen können. Lediglich drei amerikanischen Journalisten, die meine Geschichte lange begleitet haben, hatte ich aus der Abschiebehaft letzte Interviews gewährt, aber nichts davon durfte vor meiner Ausreise veröffentlicht werden.

Da ich mich also bisher nicht persönlich geäußert hatte, waren wir zu der Entscheidung gekommen, dass ich am Frankfurter Flughafen, wenn ich endgültig in Sicherheit wäre, ein paar Worte an die Öffentlichkeit richten würde. Zu dem Zweck wollte ich irgendwo auf meinem Weg aus dem Flugzeug kurz anhalten und den Medienvertretern Gelegenheit geben, mein Statement aufzunehmen. Die Flughafenleitung hatte dieses unkomplizierte Vorgehen jedoch untersagt, weil sich in der Weihnachtszeit zu viele Passagiere im und vor dem Gebäude aufhielten und das tatsächliche Ausmaß des medialen Interesses schwer abzuschätzen war. Um den Flughafenbetrieb nicht zu stören, wurde für die Mitglieder der Presse und des Fernsehens stattdessen ein Raum im Konferenzcenter bereitgestellt.

Dorthin machten wir uns nach etwa zwanzig Minuten auf den Weg. Ich verließ das Nebengebäude und überquerte eine breite Straße. Hier, mitten auf dieser Straße, traf mich zum ersten Mal und mit voller Wucht die Erkenntnis, dass ich frei war. Es war, als ob ein enormes Gewicht von meinen Schultern fiel, sodass ich gerader stehen und tiefer durchatmen konnte. Ich hielt kurz inne, schaute in den strahlend blauen Himmel und fühlte die Sonne auf meinem Gesicht.

Wir gingen in das Hauptgebäude, stiegen eine Treppe hinauf, nahmen einen Fahrstuhl, liefen einen Gang entlang und betraten schließlich den Presseraum. Entlang des gesamten Weges wurde ich begleitet von einem Pulk von Kameraleuten, die mich unentwegt fotografierten, und Reportern, die mir die immer gleichen Fragen zuwarfen. Ich erkannte einige vertraute Gesichter: Journalisten, die meinen Fall jahrelang begleitet hatten, und Unterstützer, die mich in Amerika besucht oder mir Briefe mit ihren Fotos geschickt hatten. Gerne hätte ich mit allen gesprochen, aber ich war umringt von Reportern, Mikrofonen und Kameras, sodass ein privates Gespräch unmöglich war.

Als ich den Presseraum betrat, konnte ich im ersten Augenblick gar nicht erfassen, wie viele Menschen sich dort meinetwegen versammelt hatten. Später wurde mir gesagt, es seien vierzig bis fünfzig Reporter und Kameraleute gewesen, aber im Gewitter der Blitzlichter sah es für meine Augen aus wie Hunderte. Sie alle schienen ungeduldig auf mich gewartet zu haben und drängten in meine Richtung, sobald ich durch die Tür kam.

In den letzten Jahrzehnten habe ich ambivalente Erfahrungen mit den Medien gemacht und ihre Macht auf vielfältige Weise zu spüren bekommen. Schon zu Beginn meines Prozesses war ich in der lokalen Presse von Bedford County als *German monster* vorverurteilt worden, was sicherlich zu dem Schuldspruch der Jury beigetragen hatte. In späteren Jahren hatten die amerikanischen Medien sehr differenziert und nachdenklich über meinen Fall berichtet und so vermutlich auch an meiner Entlassung mitgewirkt. Im Laufe der Jahre habe ich Freunde unter den zahlreichen aufrichtigen Journalisten gefunden, die an mich herangetreten sind, aber ich wurde auch enttäuscht von einigen Reportern, die sich mein Vertrauen erschlichen haben und mir später mit unseriöser Berichterstattung in den Rücken fielen. Mein Verhältnis zu Journalisten war darum von einem freundlichen Misstrauen geprägt, als die Traube von Kameraleuten und Fragestellern auf mich zulief.

Ich konzentrierte mich auf meine engsten Freunde, die aufgereiht vor einer Wand standen, hinter dem Pult, an dem ich gleich ein paar Worte sagen sollte. Dieses Spalier aus lachenden Gesichtern wies mir den Weg, vorbei an den Reportern und Kameramännern, die immer näher kamen. Die herzensguten Menschen, die so lange für mich gekämpft hatten, schafften eine Art Blase, an der die Blitzlichter und Fragen einen Moment lang abprallten. Sobald meine Freunde in greifbarer Nähe waren, fiel ich dem ersten von ihnen um den Hals, aber aufgrund der Hektik und wegen der vielen Mikrofone, die jede Äußerung einfangen würden, war es noch immer kaum möglich, ein persönliches Wort zu wechseln.

Meine älteste und treueste Freundin war gekommen, eine Religionslehrerin aus der Eifel, die seit 2007 meinen Unterstützerkreis in Deutschland geleitet hatte. Neben ihr stand meine Literaturagentin, die vier meiner Bücher an deutsche Verlage vermittelt hatte und im letzten Jahrzehnt eine Vertraute und Beraterin geworden war. Auch begrüßte mich ein Freund, der meine Website aufgebaut und gepflegt hatte. Ein anderer hatte das Grab meiner Mutter gefunden und mir regelmäßig Geld überwiesen, damit ich mich im Gefängnis gesund ernähren konnte. Mein erster deutscher

Anwalt, der mich 1986 in englischer Haft besucht und seitdem vertreten hatte, war ebenfalls da. Am Ende der Reihe stand der Transatlantikkoordinator der Bundesregierung, der mich zweimal im Gefängnis besucht hatte. Sie alle konnte ich nun zum ersten Mal in Freiheit in die Arme schließen.

In dieser Stimmung trat ich ans Pult und sprach genau das aus, was ich fühlte: Dass ich seit 33 Jahren darauf gewartet hatte, in meine Heimat zu kommen und dies der beste Tag meines Lebens war. Natürlich dankte ich auch all den Freunden, die mich durch meinen nicht enden wollenden Albtraum begleitet hatten und nun, da ich endlich aufgewacht war, so herzlich in Empfang nahmen. Dann bat ich die Presse um Verständnis dafür, dass ich mich erst einmal aus der Öffentlichkeit zurückziehen würde, um die Erlebnisse der vergangenen Jahre, Wochen und Tage wenigstens ansatzweise zu verarbeiten. Ich kündigte an, mich später ausführlich zu äußern.

Begleitet von meinen Freunden verließ ich den Presseraum und ging in einen abgetrennten Bereich, wo weitere Mitglieder meines Unterstützerkreises auf mich warteten. Hier konnten wir endlich in Ruhe miteinander sprechen. In den Jahren und Jahrzehnten davor hatten viele dieser Menschen mich zwar besucht, aber untereinander nur über E-Mails und Telefon kommuniziert. Deshalb lernten sich die meisten nun zum ersten Mal in Person kennen.

Nach einer knappen Dreiviertelstunde des Feierns musste ich mich verabschieden, denn es galt, meinen Flug nach Hamburg anzutreten. Mit zwei meiner engsten Freundinnen und dem Berater, der mich im Flugzeug begrüßt hatte, passierte ich die Sicherheitsschleuse für Inlandsflüge und ging zum Flugsteig. Die grelle Beleuchtung der Ladenschaufenster, das Wirrwarr der vorbeieilenden Passagiere, die Ansagen über die Lautsprecher – diese Reizüberflutung empfand ich als überwältigend und faszinierend zugleich. Im Gefängnis war alles farblos, grau in grau gewesen, die

63

Häftlinge schlurften durch die Flure, weil es keinen Grund zur Eile gab, und die Lautsprecher funktionierten genauso wenig wie alles andere.

Während des Fluges nach Hamburg redeten wir pausenlos weiter und merkten kaum, dass wir in der Luft waren. Nach der Ankunft erwarteten uns zwei junge Männer mit einer Kamera, die mich für den Rest dieses aufregenden Tages begleiten sollten. Wir hatten im Vorfeld entschieden, die Öffentlichkeit nicht an den sehr privaten Momenten, die nun folgen sollten, teilhaben zu lassen. Um sie aber für mich und meine Freunde festzuhalten, hatte eine Freundin die beiden Kamerajungs beauftragt, meine allerersten Schritte in meinem neuen Leben in Freiheit zu filmen.

In der Zwischenzeit war die Sonne fast untergegangen, und so fuhren wir mit mehreren Taxis durch die Dämmerung. Ich bestaunte die vielen Lichter, die enormen dunklen Bäume entlang der Straßen, den hektischen Verkehr und die Familien, die in großer Vorfreude ihre letzten Weihnachtseinkäufe erledigten. Nicht nur wegen ihrer gepflegten Kleidung, sondern vor allem wegen ihrer freundlichen Gesichter empfand ich sie als unwahrscheinlich attraktiv.

Endlich erreichten wir das Haus, in dem ich in dieser Nacht zum ersten Mal in Freiheit übernachten würde. Auf dem Bürgersteig überraschten uns mehrere Fotografen und Kameraleute, also beeilten wir uns, möglichst schnell durch die Tür zu kommen.

Am Geländer des Treppenabsatzes zur Wohnung hing ein selbst gemachtes Schild mit kleinen farbigen Fähnchen, auf denen *Willkommen zu Hause* stand. Ich hielt einen Moment inne und versuchte, die Bedeutung dieser Worte inmitten all der Aufregung zu erfassen.

Während meiner Haftzeit hatte ich einige Gefangene kennengelernt, die durchaus eine emotionale Bindung zu ihren Strafvollzugsanstalten entwickelten. Ich hingegen habe die Abscheu für den schrecklichen Ort, an dem man mich gegen meinen Willen zu Unrecht festhielt, an keinem einzigen Tag meiner Haft ablegen können. Ein Zuhause hatte ich darum seit Jahrzehnten nicht gehabt, nun durch eine Tür zu gehen, hinter der ich mich geborgen fühlen sollte, bedeutete eine Zeitenwende.

Die Familie, die mich aufnahm, gab mir eine kurze Führung durch die Wohnung. In meinen Augen waren die Räumlichkeiten gigantisch. Während das Badezimmer doppelt so groß war wie meine ehemalige Zelle, maß die Küche sogar fast das Dreifache, und mein gemütliches Schlafzimmer hatte seinen eigenen kleinen Balkon. Auch schien alles unwahrscheinlich hell und sauber im Vergleich zum Gefängnis, wo die Wände, Türen und Möbel in verschiedenen Schattierungen der Farbe Grau gestrichen und sämtliche Oberflächen mit einer dicken Schicht Staub und Schmutz überzogen waren.

Die Familie hatte den langen Holztisch im Esszimmer schon gedeckt. Weil ich mich jedoch sofort wieder auf den Weg machen musste, blieb keine Zeit, um in Ruhe etwas zu essen. Das »trockene« Brot, das mir im Stehen angeboten wurde, nahm ich nach dem langen, anstrengenden Tag aber dankbar an. Noch bevor ich hineingebissen hatte, sah und fühlte ich, wie saftig es war, und realisierte, dass wir wohl unterschiedliche Definitionen vom Begriff »trocken« haben mussten. Wie ich später lernen sollte, handelte es sich um ein italienisches Ciabatta mit Oliven, und es war nicht ansatzweise vergleichbar mit dem Brot im Gefängnis, das schon in der Hand zu Staub zerfiel.

Um Kosten zu sparen, wird in Gefängnisküchen penibel darauf geachtet, für das Essen am Tag nicht mehr als zwei Dollar pro Häftling auszugeben. Im Buckingham Correctional Center prangt am Eingang zum Besucherraum eine Urkunde, mit der sich die Anstalt brüstet, ihre Insassen mit besonders wenig Steuergeldern satt zu bekommen. Konkret bedeutet dies, dass keine der drei täglichen Mahlzeiten mehr als 67 Cent kostet. Aber auch das ist nur die schöne Theorie, denn in Wirklichkeit enthält keine der Rationen Lebensmittel in diesem Gegenwert.

In den Gefängnisküchen arbeiten Insassen, die ihren kläglichen Monatslohn von etwa 30 Dollar aufbessern, indem sie Essen stehlen und an andere Gefangene weiterverkaufen. Alles, was irgendwie zu Geld zu machen ist, kommt also gar nicht erst auf den Teller. Zwiebeln, Tomaten und Käse zum Beispiel werden sofort geklaut, denn damit können Insassen in den frei zugänglichen Mikrowellenherden selber Pizzas backen.

Am begehrtesten sind jedoch die Zutaten für selbst gebrauten Alkohol, also Zucker, Obst und Sirup – und natürlich Hefe. Das alles wird gestohlen, mit dem Ergebnis, dass das Brot aus der Gefängnisbäckerei so gut wie kein Triebmittel enthält. Wenn man versucht, es zu fassen, um es mit Margarine zu beschmieren, zerbröselt es einem unter den Fingern.

Das Stück Ciabatta, in das ich eben gebissen hatte, war hingegen so fest, dass ich es tatsächlich kauen musste. Leider konnte ich mich an meinem ersten kulinarischen Abenteuer nur kurz erfreuen, dann stieg ich wieder ins Taxi und fuhr durch die Dunkelheit in ein romantisches kleines Hotel, das in einem wunderschönen Wohnviertel Hamburgs gelegen ist. Dort hatten die Produzenten einer amerikanischen Talkshow ein großes Zimmer gemietet, um mich am Tag meiner Ankunft zu interviewen. Der Moderator war an Justizirrtümern interessiert und hatte noch während meiner Haftzeit versucht, meinem Antrag auf eine Unschuldserklärung zu mehr Aufmerksamkeit zu verhelfen.

In seinem Studio in Los Angeles saßen Sheriff Chip Harding, einer der Polizisten, die sich für meine Entlassung eingesetzt hatten, und Jason Flom, ein Mitbegründer des Innocence Project. Ich wurde per Satellit zugeschaltet, sodass wir live miteinander feiern konnten. Mir bedeutete es sehr viel, so kurz nach meiner Entlassung mit diesen beiden Menschen von Angesicht zu Angesicht

66

sprechen zu können, weil ich es kaum erwarten konnte, meinen Helfern persönlich zu danken.

Parallel zu mir wurde Dr. Andrew Griffiths, ein hochrangiger britischer Polizist im Ruhestand, ins Studio geschaltet. Der Spezialist für Verhörmethoden hatte das wichtigste Beweismittel gegen mich, meine Geständnisse von 1986, vier Monate lang intensiv untersucht und war zu dem Schluss gekommen, dass sie nicht verlässlich seien. Er stellte fest, dass sich mehrere wichtige Details meiner Schilderungen nicht mit den forensischen Gutachten und Fakten am Tatort deckten. Nicht einmal die Kleidung der Opfer und die Position der Leichen hatte ich korrekt angeben können: Nancy Haysom trug keine Jeans, sondern ein geblümtes Kleid, und ihr Mann Derek lag nicht quer im Durchgang, sondern längs im Wohnzimmer. Auch die Sitzordnung am Tisch, Blutspuren in der Dusche und einiges mehr hatte ich falsch beschrieben. Der wahre Täter, so schlussfolgerte Dr. Griffiths, hätte solche Fehler in seinem Geständnis nicht gemacht.

Die Aufzeichnung dauerte etwa anderthalb Stunden, viel länger als die Sendung, die in den Vereinigten Staaten später ausgestrahlt würde. Der Moderator ließ die Gäste und mich den so lange herbeigesehnten Moment erst gemeinsam auskosten und befragte mich dann ausgiebig zu meinem Gefühlszustand. Ich hatte in den vergangenen Jahrzehnten einige Interviews aus dem Gefängnis heraus gegeben, um hinter den dicken Mauern nicht vergessen zu werden. Immer hatte ich dabei unter enormem Druck gestanden, weil jeder Artikel, jede Fernsehsendung potenziell die unwiederbringliche Gelegenheit gewesen war, eine entscheidende Person auf meine Geschichte aufmerksam zu machen. An diesem Abend konnte ich zum ersten Mal entspannt vor einer Kamera sprechen, ohne das Gefühl zu haben, dass mein Leben von meinen Worten abhing. Gelöst und euphorisch wiederholte ich wieder und wieder, wie glücklich ich war.

Nach dem Interview verabschiedete sich der Berater, der mich mittags in Frankfurt aus dem Flugzeug geholt hatte, denn es war mittlerweile später Abend geworden. Er sagte, er würde diesen Tag, der ihn nicht nur beruflich herausgefordert, sondern auch persönlich bewegt hätte, nie vergessen. Dieser Mann war der erste Mensch, der mich in Deutschland in Empfang genommen hatte, und ich hoffte, dass uns beide irgendwann eine Freundschaft verbinden könnte.

Nachdem sich auch die beiden Kamerajungs verabschiedet hatten, fuhr der Rest von uns zurück in mein neues Zuhause. Dort setzten wir uns an den langen hölzernen Esstisch, auf dem die Weingläser im warmen Licht der vielen Kerzen funkelten. Abgesehen von der Mahlzeit im Flugzeug war es das erste Mal, dass ich nicht unter grellen Neonleuchten an einem festgeschweißten Metalltisch essen musste. Und es war das erste Mal, dass ich beim Essen nicht unter Zeitdruck stand.

Die Haftanstalten Virginias waren grundsätzlich mit nahezu doppelt so vielen Insassen belegt wie ursprünglich geplant. Mein letztes Gefängnis, Buckingham, war Anfang der 1980er-Jahre für rund 600 Mann gebaut worden. Als ich dort war, fasste es jedoch 1100 Gefangene, weil in die Zellen, die für einen Häftling ausgelegt waren, kurzerhand zwei Mann gezwängt wurden.

Ähnlich verhielt es sich auch mit den Speisesälen. Sie waren für 600 Mann geplant worden, aber nun mussten 1100 Gefangene durch jede Mahlzeit geschleust werden. Wer trödelte oder einfach in Ruhe essen wollte, wurde von den Wärtern ermahnt, seinen Platz schnell freizugeben, damit der nächste Trakt von den Wohnblöcken zu den Speisesälen gerufen werden konnte. Üblicherweise hatten wir zehn bis zwölf Minuten Zeit, um aufzuessen, da war es schon beinahe von Vorteil, dass so wenig auf den Tellern lag.

Nun durfte ich also schon an meinem allerersten Abend in Deutschland ein gemütliches Essen im Kreis von Freunden genießen. Wir hatten keine Eile, lachten und redeten, füllten Teller und Gläser beliebig oft, und alles schmeckte köstlich. Es gab Sekt, der nicht selbst gebraut worden war in Müllsäcken, die im Klo versteckt werden mussten. Und die Frauen am Tisch waren tatsächlich Frauen, keine schmächtigen Mithäftlinge, die sich schminkten und die Beine rasierten, um sich als Knastnutten eine Schachtel Zigaretten zu verdienen.

Die Euphorie hatte mich durch den langen und anstrengenden Tag getragen, und ich hatte kaum etwas gegessen, aber jetzt, als ich zur Ruhe kam, meldete sich ein riesiger Hunger. Schon ein großes Stück von dem wunderbaren italienischen Brot hätte mich glücklich gemacht, aber alle bestanden darauf, dass ich auch den laktosefreien Käse probieren sollte, der speziell für mich gekauft worden war.

Laktoseintoleranzen sind heutzutage eigentlich nicht mehr mit größeren Einschränkungen verbunden, weil es in jedem Drogeriemarkt günstige Tabletten mit der heilbringenden Laktase zu kaufen gibt. Ich hatte darum in der Krankenstation des Gefängnisses beantragt, Laktase bestellen und selber bezahlen zu dürfen, doch der Antrag wurde abgelehnt. In der Begründung hatte es geheißen, ich könne stattdessen auf die Milchprodukte der ausreichend großen Gefängnismahlzeit verzichten oder milchfreie Produkte im Gefängnisladen kaufen. Fortan ernährte ich mich darum fast ausschließlich von Thunfisch, Bagels und Erdnussbutter und vergaß im Laufe der Zeit, wie wunderbar Käse und Milch schmecken.

Ich biss in den Käse und spürte, wie cremig und fein seine Konsistenz war. Er schmolz auf der Zunge und entfaltete einen säuerlich-würzigen, leicht scharfen Geschmack. Alle Rezeptoren wurden schlagartig aus ihrem Dornröschenschlaf gerissen und arbeiteten auf Hochtouren. Vor meiner Heimreise hatte ich einer Freundin am Telefon gesagt, dass mir Essen nach all den Jahrzehnten der Entbehrung nichts mehr bedeutete, dass ich vermutlich gar nicht mehr dazu in der Lage sei, geschmackliche Nuancen wahrzunehmen. Und nun bedurfte es nur eines einzigen Stückchens Käse, um mir das Gegenteil zu beweisen.

Nach dem Essen gingen meine Freunde in ihre nahe gelegenen Hotels, während ich trotz bleierner Müdigkeit unbedingt noch duschen wollte, bevor ich mich in das frisch bezogene blütenweiße Bett legte. Doch auch etwas scheinbar so Einfaches wie Duschen stellte mich nach drei Jahrzehnten auf dem Abstellgleis vor ein Problem, das ich nur mit fremder Hilfe lösen konnte.

Während meiner Jugend in den 1980er-Jahren hatte ich mich immer mit einem Stück Seife und Shampoo aus der Flasche gewaschen. Im amerikanischen Strafvollzug gab es dann nur in speziellen Hochsicherheitsgefängnissen, und auch dort nur für besonders gefährliche Insassen, denen man nicht einmal ein Stück Seife anvertrauen wollte, so etwas Ähnliches wie Duschgel. Es nannte sich *3in1* und ersetzte Seife, Shampoo und Rasiergel in einer kleinen blauen Flasche. So tief war ich nie gesunken, also kannte ich mich mit Duschgel nicht aus. Und hier stand es nun in meinem Gästebad. Sollte ich es direkt auf Kopf und Körper reiben oder erst auf den Waschlappen? Sollte es kräftig schäumen, oder reichte es, wenn es Haut und Haar befeuchtete?

Ich schämte mich, als ich mir all das erklären lassen musste, und war dankbar, dass ich trotz meiner Hilflosigkeit sogar in den kleinsten Fragen des Alltags nicht wie ein Kind behandelt wurde. Niemand lachte, alle waren sofort mit praktischen Tipps zur Stelle, und es amüsierte mich, als innerhalb der Familie eine kleine Diskussion über die korrekte Dosierung von Duschgel entbrannte. Offenbar war die Frage doch nicht so banal wie befürchtet. Es würden noch viele derartige Situationen vor mir liegen, in denen ich an die Hand genommen werden müsste, und es stellte sich als große Erleichterung heraus, beim ersten Mal nicht als Trottel dagestanden zu haben.

Die nächste Frage sollte mir darum schon viel leichter fallen, und die ließ auch nicht lange auf sich warten. Die elektrische

Zahnbürste, die für mich bereitstand, stellte mich vor ähnliche Hürden wie das Duschgel. Doch es gab keine Alternative, weder beim Duschen noch bei der Zahnreinigung. Ich war im 21. Jahrhundert angekommen und würde mich dort zurechtfinden müssen. Nach einer weiteren Lektion in den Hygienetechniken der modernen Welt wünschte ich allen eine gute Nacht und schloss die Badezimmertür hinter mir ab.

Was für ein unbeschreiblicher Luxus, denn hier, im abgeschlossenen Badezimmer, konnte ich nun zum ersten Mal seit 33 Jahren einen privaten Moment erleben und mich absolut sicher fühlen. Das war in den Duschkabinen der amerikanischen Haftanstalten unvorstellbar gewesen, dort musste man beim Waschen immer auf der Hut vor Vergewaltigungsversuchen sein. Auch ganz alltägliche Schlägereien fanden gelegentlich in der Dusche statt, denn Angreifer wussten, dass ihre Opfer sich dort nicht gut verteidigen konnten.

Vor allem war man in den Knastduschen nie wirklich allein, hatte nie eine Privatsphäre. In meiner letzten Haftanstalt waren die Duschkabinen direkt unter dem Kontrollraum gelegen, sodass die Wärter jederzeit von oben in die einzelnen Duschen hineinsehen konnten. Das war sicherlich eine vernünftige Sicherheitsvorkehrung, doch es machte die tägliche Körperpflege zu einem unangenehmen Erlebnis, weil man sich ständig beobachtet fühlte. Nur gewisse exhibitionistische Häftlinge genossen das, sie onanierten dann in den Duschen, wenn ein Wärter oder eine Wärterin gerade in die Kabinen hinabblickte.

Nicht nur aus diesem Grund waren die Duschkabinen einer der schmutzigsten, ekelerregendsten Orte im ganzen Gefängnis. Demzufolge war das Säubern der Duschen einer der wichtigsten Jobs, den die Wärter zu vergeben hatten. Schließlich wurden die Strafvollzugsanstalten alle paar Monate inspiziert, zumindest dann mussten die Duschen sauber aussehen.

In den letzten Jahren wurden die Gehälter der Duschkabinenputzmänner drastisch gekürzt, von 1,42 auf 1,12 Dollar pro Tag. Davon konnte man sich drei kleine Nudelpakete im Kiosk kaufen oder ein Stück Seife – mehr nicht. Infolgedessen wurden die Duschen immer seltener und immer oberflächlicher gereinigt, manchmal waren die Böden regelrecht mit Schleim überzogen.

Der Kontrast zu der Duschkabine in der Hamburger Wohnung konnte größer nicht sein. Hier glänzten die Fliesen vor Sauberkeit, und das Wasser war angenehm warm. So konnte ich nun unter einer wohltemperierten Regendusche stehen und das Gefühl genießen, den Knastschmutz von drei Jahrzehnten von meinem Körper zu waschen.

Damit ging der längste Tag meines Lebens zu Ende. Ich war am Montag um vier Uhr morgens aufgewacht, jetzt war es fast zwei Uhr morgens am Mittwoch. Dazwischen lag eine Reise, die mich formal von Washington nach Hamburg, aber tatsächlich von den Toten zurück ins Leben gebracht hatte. In der gesamten Zeit hatte ich nur zwei kurze Nickerchen machen können, und als ich meinen Kopf auf das weiche Kissen in meinem neuen Schlafzimmer legte, fiel ich sofort in einen tiefen Schlaf.

7

Laut einer britischen Studie haben Menschen nach einer Inhaftierung ein ähnlich hohes Suizidrisiko wie Patienten, die aus einer psychiatrischen Klinik entlassen werden. Mehr als ein Fünftel der Selbstmorde ereignen sich innerhalb der ersten 28 Tage nach der Haftentlassung.

Während ich noch im Gefängnis war, besprach ich darum mit meinen Freunden am Telefon, wie ich wohl psychisch mit all den Verlusten und Katastrophen der vergangenen drei Jahrzehnte fertig werden würde. Wir kamen zu dem Schluss, dass ich vermutlich monatelang funktionieren und erst dann, wenn die Euphorie vorbei ist und mir allmählich klar wird, was ich verloren habe, unvermittelt zusammenbrechen würde. Die bessere Alternative wäre, so waren sich alle einig, schon in den ersten Wochen damit zu beginnen, unter professioneller Anleitung kontrolliert einen Trauerprozess einzuleiten. Ein geeigneter Therapeut war bereits gefunden.

Dies ist noch immer der Plan, als sich im Laufe meines zweiten Tages in Freiheit nach und nach alle Freunde verabschieden und in ihre Heimatstädte zurückreisen. Ich bleibe in Hamburg bei meiner Gastfamilie und genieße die Stille, die nun einkehrt. Nach dem Abendessen setzen sich ein Mitglied der Familie und ich an den großen Tisch im Wohnzimmer, um vor dem Schlafengehen ein wenig zu reden und Musik zu hören. Es spielt eine bunt gemischte

Playlist, einige der Stücke kenne ich, andere nicht, aber es scheint, als handelten alle Lieder dieser Welt von Liebe oder Verlust.

Und dann kommen die Tränen. Urplötzlich, völlig unerwartet, in großer, fast überwältigender Menge.

Das Lied, das dies alles auslöst, handelt von der unschuldigen ersten Verliebtheit und weckt Erinnerungen an die Frau, die ich so sehr geliebt habe, dass ich bereit war, meine Freiheit für sie zu opfern. Die Frau, deretwegen ich dann drei Jahre unter Androhung der Todesstrafe verbrachte. Die Frau, die zuletzt vor Gericht als Kronzeugin gegen mich auftrat. Das alles liegt nun drei Jahrzehnte zurück, doch die Todesangst hat mich bis heute nicht verlassen. Nie wieder werde ich rückhaltlos lieben können.

Ein weiteres Lied, das ich mir an diesem Abend anhöre, ist »Night Moves« von Bob Seger. Es stammt aus meiner Jugend und erinnert mich daran, wie viel Zeit ich verloren habe: 33 Jahre. Meine gesamten zwanziger, dreißiger und vierziger Jahre habe ich im Gefängnis verbracht sowie einen guten Teil meiner fünfziger Jahre. Ich war wenig mehr als ein Kind, als ich hinter Gitter kam, jetzt bin ich fast ein alter Mann.

Die verlorene Zeit werde ich nie aufholen können. Bisher habe ich diese bittere Erkenntnis von mir ferngehalten, doch heute Abend wirft mich das Lied zurück ins Jahr 1984, in den Sommer, als ich 18 wurde. Damals stand ich voller Hoffnung am Anfang des Lebens, alles schien möglich. Heute stehe ich wieder am Anfang meines Lebens, aber meine Möglichkeiten sind begrenzt. Ich habe noch 15, vielleicht zwanzig gute Jahre, und ich werde schnell, aber mit Bedacht entscheiden müssen, wie ich sie nutzen kann.

Die nächsten zwei Stunden weine ich ununterbrochen. Anfänglich versuche ich noch, mich wieder unter Kontrolle zu bringen, aber bald gebe ich auf. Es tut unendlich gut, meinen Gefühlen endlich freien Lauf zu lassen.

Das Allererste, was man im Gefängnis lernt, ist die vollkommene Unterdrückung jeglicher Emotion, denn Sensibilität wird als Schwäche ausgelegt, die andere Häftlinge sofort ausnutzen. Wer sich anmerken lässt, dass er seine Familie vermisst, wird sofort von neuen »Freunden« bedrängt, die einen erst trösten und dann finanziell oder sexuell ausnutzen wollen. Und wer sichtlich erschrickt, wenn er eine Schlägerei oder Vergewaltigung sieht, wird als Weichling und damit als potenzielles Opfer gesehen. Nur wer sich immerzu mit einem Pokerface schützt, gilt als ganzer Kerl – verschwiegen, zuverlässig, hart – und bleibt erst einmal verschont.

Selbst für die hartgesottensten Insassen ist es unglaublich anstrengend, die eigenen Gefühle ständig unterdrücken zu müssen. Auch Schwerverbrecher haben Mütter, die sie lieben, und Kinder, die sie gern aufwachsen sehen würden. Um sich den Trennungsschmerz zu ersparen, kappen viele Langzeitgefangene freiwillig sämtliche Kontakte mit der Außenwelt. Das erspart ihnen den traurigen Abschied am Ende jedes Besuchs und die Enttäuschung, wenn ein Rückruftelefonat wieder nicht angenommen wird.

Ich habe gleich am Anfang meiner Haftzeit den entgegengesetzten Weg gewählt und den Kontakt mit der Außenwelt aktiv gesucht. Dafür musste ich akzeptieren, dass ich leiden würde, mir meine Gefühle aber nicht anmerken lassen dürfte. Dieser Zwiespalt war schwer zu ertragen, weshalb ich während der ersten zwölf Jahre meiner Haft noch gelegentlich weinte.

Damit das niemand mitbekam, sagte ich meinem Mitbewohner, ich müsse »die Zelle benutzen« – eine gängige Chiffre für die Bitte um ein wenig Privatsphäre, um sich selber zu befriedigen. Nachdem mein Zellenmitbewohner in den Gemeinschaftssaal gegangen war, legte ich mich mit dem Rücken zur Tür aufs Bett und ließ die Tränen fließen.

Im 13. Jahr meiner Haft wurde ich für elf Monate ins Supermax-Gefängnis Wallens Ridge verlegt und kam dort an einen emotionalen Tiefpunkt. Das zweithöchste Bundesberufungsgericht hatte meine Verfassungsbeschwerde abgelehnt, und ich war in der schlimmsten Haftanstalt Virginias gelandet. Letztlich konnte ich diese tiefe innere Krise überwinden, indem ich anfing, zu meditieren und an meinem ersten Buch zu schreiben. Aber weinen konnte ich nicht mehr.

Die Tränen, die mir heute Abend in die Augen schießen, sind die ersten nach beinahe zwanzig Jahren. Was jetzt aus mir herausbricht, ist die Trauer um ein verlorenes Leben.

Und dann merke ich, wie mit den Tränen auch die Anspannung der letzten Wochen und Monate langsam aus meinem Körper weicht. Im Gefängnis lebte ich am Ende mit der ständigen Sorge, dass letztlich doch wieder keine Entscheidung zu meinem Fall getroffen würde. Trotz aller positiven Signale zweifelte ich im Oktober 2019 erneut, nachdem zwei Mitarbeiter des Bewährungsausschusses mich besucht hatten und mir feindselig begegnet waren. Nur zwei Tage später kam dann eine andere Ausschussmitarbeiterin zu mir ins Gefängnis, die mich betont freundlich, geradezu herzlich behandelte. Auf dieses Wechselbad der Gefühle folgte eine panische Angst, dass die getroffene Entscheidung irgendwie rückgängig gemacht werden könnte. In Virginia hatte es Fälle gegeben, in denen Häftlingen die einmal zugesagte Bewährung verwehrt wurde, weil Angehörige der Opfer gegen sie protestiert hatten. Darum konnte ich mir bis zu meinem Abflug aus Washington nicht sicher sein, dass ich tatsächlich freikommen würde.

Als auch diese Hürde genommen war, hielt mich die Aufregung nach der Entlassung unter Hochspannung. Der Pressetrubel am Flughafen, die langen, intensiven Gespräche mit meinen Freunden und die vielen neuen Eindrücke haben mich an den Rand der vollständigen Erschöpfung getrieben. Nun öffnet die Musik in mir ein Ventil, durch das die angestaute Spannung einfach abfließt.

Neben dieser Entspannung fühle ich eine immense Erleichterung, weil ich trotz der jahrzehntelangen Unterdrückung meiner Gefühle noch immer Zugang zu ihnen finde. Ich werde also sofort damit beginnen können, die Brüche in meinem Leben zu verarbeiten. Meine Angst, oberflächlich zu funktionieren, bis ich unter dem wachsenden Druck vollkommen kollabiere, war offenbar unbegründet.

Nachdem ich mir die Tränen weggewischt und die Nase geputzt habe, gehe ich aufs Dach, um frische Luft zu schnappen und in den Nachthimmel zu schauen. Während meiner Haftzeit konnte ich die Sterne so gut wie nie sehen, denn nachts durften Insassen nur in Notfällen die Wohnblöcke verlassen. Im Winter gingen wir noch im Dunkeln zum Frühstück, aber selbst dann waren die Sterne durch das gleißende Licht der Scheinwerfer unsichtbar. Heute Nacht, fünf Etagen über den Straßen Hamburgs, sind die Straßenlampen und Autolichter weit genug unter mir, sodass ich Tausende Sterne sehen kann. Die kalte Nachtluft lässt sie noch klarer und heller leuchten. Ich genieße den Augenblick, in dem meine Sorgen im Angesicht dieser Unendlichkeit verschwindend klein und unwichtig erscheinen.

Zwei Tage später, am Abend des 21. Dezember, als wir uns sicher sind, dass keine Pressefotografen mehr vor der Haustür stehen, verlasse ich zum ersten Mal seit dem Abend meiner Ankunft die Wohnung. Ich fühle mich dabei ein wenig wie Neil Armstrong, der erste Mensch auf dem Mond. Physisch ist es ein ganz kleiner, gewöhnlicher Schritt, aber gleichzeitig ist es ein riesiger Schritt in eine neue, mir fremde Welt.

Die Expedition beginnt damit, dass ich selber die Wohnungstür öffne. Der Kerngedanke von Gefängnis ist, dass man in ein Haus gesperrt wird, zu dem man keinen Schlüssel hat, darum sind Schlüssel für mich seit 1986 die ultimative Definition von Freiheit. Auch die Tür in Hamburg ist abgeschlossen, aber nur, damit man den Schlüssel, der immer im Schloss steckt, nicht vergisst, wenn man die Wohnung verlässt. Langsam und genüsslich drehe ich den Schlüssel nach links, bis ich den Riegel zurückschnappen höre.

Schon auf dem Bürgersteig vor dem Haus endet jedoch mein kleines Experiment mit der Freiheit, denn ich weiß nicht, wo es langgeht und muss meine Begleiter um Anweisungen bitten. Wir gehen nach rechts, so wird mir mitgeteilt, und erkunden den Kiez. Doch bevor wir aufbrechen, bestehe ich darauf, einen der Bäume vor unserer Haustür zu berühren.

Im Gefängnis und auf dem Gelände drum herum gibt es aus Sicherheitsgründen keine Bäume, seit 1986 habe ich Bäume darum nur in weiter Ferne gesehen. Eine einzige Ausnahme gab es im Jahr 2001, damals war ich in einem vergleichsweise humanen Gefängnis der mittleren Sicherheitsstufe untergebracht. Dort, in der Strafvollzugsanstalt Brunswick, gab es keinen verlässlichen Augenarzt, also wurden Häftlinge wie ich, die Sehprobleme hatten, in eine Praxis im Nachbarort gefahren.

Bei einem dieser Arztbesuche fuhren die Wärter auf einen Parkplatz, stiegen aus, öffneten die Hintertür und halfen mir, aus dem Transporter herauszuklettern. Meine Handschellen waren mit einer Kette um meinen Bauch verbunden, zudem trug ich Fußschellen, sodass ich nicht alleine aussteigen konnte. Wir hatten unter einem großen Baum geparkt, der einigen Parkplätzen Schatten spendete. Ich konnte ihn nicht berühren, stand aber nur etwa einen halben Meter von seinem Stamm entfernt. Zu diesem Zeitpunkt hatte ich 15 Jahre lang keinen Baum aus der Nähe gesehen.

Ich lebte in einer künstlich geschaffenen Welt, in der alles genormt und in rechten Winkeln aus unverwüstlichem Material gebaut wurde – jedes Bett, jeder Teller, jedes Hemd musste schnell austauschbar und für jeden gleichermaßen unpassend sein. Ein Baum ist all das, was man im Gefängnis darum vergeblich sucht: langsam gewachsen, einzigartig und wandelbar. Ich stand also auf dem Parkplatz neben den beiden Wärtern in ihren identischen, schlecht sitzenden Uniformen und fühlte, wie mich der knorrige Baum in seinen Bann zog. Er führte mir all die Abscheulichkeit meines Daseins vor Augen, weil er mich mit der Nase darauf stieß, dass es draußen echtes Leben gab. Dennoch waren die Sekunden neben dem Baum wohltuend und heilsam. Ich wollte mich nicht an die seelenlose Welt im Gefängnis gewöhnen, der Baum hatte mich daran wieder erinnert.

Aus diesem Grund bedeutet es mir jetzt so viel, auf meinem ersten Spaziergang in Freiheit einen Baum zu berühren. Es ist eine ganz normale Linde, vielleicht fünf Meter hoch. Weil es Winter ist, trägt sie keine Blätter, in meinen Augen ist sie trotzdem wunderschön. Ihre Äste ragen in den Nachthimmel wie die Arme von Gespenstern, die sich nach dem Mond strecken.

Bereits nach einigen Schritten tun sich dann buchstäblich die ersten Hindernisse vor mir auf. Der Bürgersteig vor dem Haus hat ein paar Unebenheiten, über eine stolpere ich und falle fast hin. Selbst etwas so Einfaches wie das Gehen auf Pflastersteinen ist eine Fähigkeit, die man im Strafvollzug offensichtlich verlernt.

Moderne Gefängnisse so wie die meisten, in denen ich untergebracht war, werden aus vorgefertigten Bauelementen zusammengesetzt. Sogar die Gehwege zwischen den Gebäuden bestehen aus Betonplatten, die anderswo in einer Fabrik hergestellt wurden. Deshalb sind alle Oberflächen, inklusive der Fußböden, vollkommen plan.

Wer jahrzehntelang durch solch eine spiegelglatte Welt geht, gewöhnt sich ab, die Füße ausreichend zu heben, schließlich gibt es nichts, worüber er stolpern könnte. Viele Insassen schlurfen sowieso ständig, weil sie entweder depressiv sind oder unter dem Einfluss von Drogen stehen. Auch ich glitt durch den Gefängnisalltag mit nur einigen Millimetern Abstand zwischen meinen Schuhen und dem Fußboden. Meine antrainierte Faulheit rächt sich nun auf den kreuz und quer gepflasterten Bürgersteigen Hamburgs.

Diese verblüffende Erkenntnis amüsiert und alarmiert meine Freunde gleichermaßen. Als wir eine vierspurige Straße erreichen, warnen sie mich besonders eindringlich, ja nicht loszulaufen, bevor das Ampelmännchen grün wird. Ich albere herum, was für eine bittere Ironie des Schicksals es wäre, wenn ich jetzt wegen einer Unachtsamkeit im Straßenverkehr umkommen würde, nachdem ich drei Jahrzehnte an einem der rausten Orte der zivilisierten Welt überlebt habe. Meine Freunde können über diese Vorstellung nicht so richtig lachen, und ihre Sorge wird nicht kleiner, als ich ihnen die Geschichte eines Häftlings erzähle, den ich kannte.

Dieser Mann wurde als Teenager verhaftet und saß 39 Jahre für einen Mord ab, bevor man ihn 2008 frühzeitig, so hieß es, entließ. Er war ein entsetzlicher Lügner, aber ich mochte ihn trotzdem, weil er in der kleinen Leihbibliothek der Haftanstalt arbeitete und wie ich Bücher leidenschaftlich liebte. Wie die meisten Insassen hatte er keinen Kontakt zu seiner Familie, und daher kam er nach seiner Entlassung in ein Resozialisierungsheim, welches von einem Pastor geleitet wurde. Von dort aus versuchte er, trotz der damaligen Wirtschaftskrise einen Arbeitsplatz zu finden. Als er schließlich zu einem Vorstellungsgespräch eingeladen wurde, erfasste ihn auf dem Heimweg ein Auto, und er starb noch am Unfallort, etwa zwei Wochen nach seiner Entlassung.

Ich hörte von dieser Geschichte, weil ich mit dem Pastor, der das Heim führte, befreundet war. Er sagte mir, mein Bekannter habe nach der langen Haft wohl verlernt, Geschwindigkeiten und Entfernungen einzuschätzen. Jetzt stehe ich an der Kreuzung, sehe die vorbeirasenden Autos und denke an den armen Kerl, der, als wäre seine Geschichte nicht schon tragisch-ironisch genug, mit Nachnamen Street hieß.

Unser Spaziergang führt uns in ein beschauliches Wohngebiet, wo ich mir jeden Passanten aus der Nähe ansehen kann. Was mich besonders beeindruckt, ist die bunte Mischung aus Jungen und

Alten, Männern und Frauen, elegant und leger Gekleideten, Ernsten und Lachenden, Schlendernden und Eiligen, Einzelgängern und Familien. Im Gegensatz dazu sehen Häftlinge alle gleich aus: Ein halbes Leben war ich ausschließlich umgeben von schlecht gelaunten Männern zwischen zwanzig und sechzig in Einheitsmontur.

An vielen Haustüren und Balkonen sind Lichterketten, Adventskränze und selbst gebastelte Sterne angebracht, die ganze Stadt scheint geschmückt zu sein. Weil es schon dunkel ist, sind viele Fenster beleuchtet, sodass wir in einige Wohnungen hineinschauen können. Manchmal kann ich einen Weihnachtsbaum sehen, gelegentlich auch Menschen, die es sich in ihren festlich dekorierten Wohnzimmern gemütlich machen. Diese fast allgegenwärtige Freude sollte auf mich überspringen, doch mir ist die Glückseligkeit, die ich in vielen Gesichtern sehe, fremd geworden. Mein letztes unbeschwertes Weihnachten war im Jahr 1983, irgendwann habe ich die allgemeine Besinnlichkeit vor dem Fest darum nur noch als Menetekel empfunden.

Auch denke ich an meine Familie, mit der ich mein erstes Weihnachten in Freiheit leider nicht verbringen werde. Meine Mutter verstarb 1997, im elften Jahr meiner Haft. Zu meinem Vater und meinem Bruder habe ich keinen Kontakt. Wenn ich bei unserem Spaziergang sehe, wie andere Familien die Feiertage zusammen verbringen, vermisse ich meine eigene.

Was ich meiner Familie vor drei Jahrzehnten angetan habe, ist unverzeihlich. Ich war besessen von dem Gedanken, das Leben meiner Freundin zu retten, und nahm in Kauf, dass ich meine Eltern und meinen Bruder dadurch ins Unglück stürzte. Trotzdem hielten sie alle zu mir, selbst als ich die Polizei belog und gestand, Derek und Nancy Haysom ermordet zu haben.

Anfänglich wusste meine Familie nicht, dass ich vorsätzlich gelogen hatte, sie musste also davon ausgehen, ich hätte die Tat wirklich begangen. Später, nachdem ich die Wahrheit gesagt und die Umstände meines falschen Geständnisses erklärt hatte, standen alle weiter fest an meiner Seite. Zwar wussten sie nun, dass ich kein Mörder war, aber immerhin hatte ich auch sie jahrelang in dem Glauben gelassen. Es fällt mir noch immer schwer, mir selber einzugestehen, welche Schande und welches Leid ich über sie gebracht habe.

Trotz allem kamen mein Vater und mein Bruder zu meinem Prozess – dem ersten an der Ostküste der Vereinigten Staaten, der live im Fernsehen übertragen wurde. Weil die beiden direkt hinter der Anklagebank saßen, waren sie täglich zusammen mit mir, dem *German monster*, in allen Wohnzimmern Virginias zu sehen. Schließlich trat mein Vater sogar für mich in den Zeugenstand. Das alles nahm meine Familie auf sich, um den Geschworenen zu zeigen, dass sie mich nicht verstoßen hatte. Auch meine Mutter stand fest zu mir, aber leider war sie bereits zu krank und konnte bei meinem Prozess nicht dabei sein.

In den Jahren nach meiner Verurteilung blieben alle in meiner Familie in regelmäßigem Kontakt zu mir, zwischen 1996 und 1999 besuchte mich mein Vater einmal jährlich jeweils eine Woche lang. Die wenigsten Insassen werden so lange von ihren Familien unterstützt. Erst 2001, im 15. Jahr meiner Haft, brach jeglicher Kontakt zwischen meinem Vater, meinem Bruder und mir ab.

Glücklicherweise haben mir viele Freunde ihre Sofas oder Gästezimmer für die Zeit nach meiner Entlassung angeboten, und letztlich habe ich sogar eine ganze Familie gefunden, die bereit war, mich aufzunehmen. Mindestens für die nächsten sechs Monate darf ich dort nicht nur wohnen, es wird auch aufgepasst, dass ich nicht vor ein Auto laufe – oder am Esstisch ersticke.

An einem meiner ersten Tage in Hamburg gibt es einen kunterbunten Salat zum Frühstück. Weil die Familie wusste, dass ich mich in der Haft so sehr nach Gemüse gesehnt habe, bekomme ich schon morgens zum Rührei eine Schüssel voller Grünzeug. Mir schmeckt es so gut, dass ich viel zu hastig esse, und da im

Gefängnis jedes Lebensmittel verkocht oder labbrig war, bin ich es zudem nicht mehr gewohnt, ausreichend zu kauen. Vermutlich schafft es darum ein großes Stück Gurke, sich unversehrt an meinen Zähnen vorbei direkt in meinen Hals zu schmuggeln und mir dort fast die Luft zu nehmen. Als ich panisch zu husten beginne, springt ein Mitglied meiner Gastfamilie geistesgegenwärtig auf und umklammert mich von hinten. Er drückt dreimal fest auf meinen Brustkorb und schlägt mir danach mehrfach beherzt auf den Rücken, woraufhin sich die Gurke aus meinem Hals löst.

Am Abend dieses gefährlichen Tages bedanke ich mich noch einmal besonders herzlich bei allen Mitgliedern meiner Gastfamilie. Wofür, fragen sie. Für mein Leben, antworte ich, für mein Leben und den Salat.

8

Vor den Feiertagen widme ich mich all der Post, die mich seit der Nachricht von meiner Rückkehr erreicht hat. Langjährige Unterstützer, aber auch völlig fremde Menschen haben für mich gebastelt, mir einfühlsame Briefe geschrieben, Kekse gebacken und Marmelade gekocht. Die Kinder einer Schulklasse, die meine Geschichte einige Jahre lang im Religionsunterricht verfolgt hat, haben Bilder gemalt. Die bunte Zeichnung des 12-jährigen Daniel gefällt mir besonders gut, neben einem Arbeitsplatz und einem Haus wünscht er mir mein erstes Weihnachtsgeschenk.

Woher Daniel aus dem kleinen Dorf in der Pfalz weiß, dass amerikanische Häftlinge nichts zu Weihnachten bekommen, kann ich nicht sagen, aber er hat recht: Es ist verboten, Päckchen jeglicher Art ins Gefängnis zu schicken, weil sie zum Drogenschmuggel missbraucht werden können. Von dieser Regel wird auch zu Weihnachten keine Ausnahme gemacht, nicht einmal Grußkarten sind erlaubt, seitdem Fentanyl auf den Markt kam. Dieses synthetische Opioid lässt sich auf Papier auftragen und ist durch herkömmliche Drogentests nicht nachweisbar. Deshalb erhalten Insassen seit einigen Jahren nicht mehr die originalen Briefe und Karten, die ihnen zugesandt wurden, sondern schlampige Schwarz-Weiß-Kopien ihrer Post.

Tatsächlich gibt es nur zwei mögliche Geschenke, die man einem Häftling zukommen lassen kann. Entweder man überweist Geld auf ein Gefängniskonto, oder man bestellt ein Buch, das direkt vom Versandhaus in die Haftanstalt geschickt werden muss. Bevor man die Bücher den Empfängern aushändigt, werden sie allerdings zensiert, und zwar auf Grundlage des US-amerikanischen Puritanismus: Fast alle Beschreibungen grausamer Gewalt sind erlaubt, aber selbst die Andeutung harmloser Erotik ist strikt verboten. Außerdem dürfen Gefangene nur zehn Bücher in ihrem Besitz haben, um die Brandgefahr in den winzigen doppelt belegten Zellen zu reduzieren. Weil in den Spinden kaum Platz ist, lagern Häftlinge ihre Habseligkeiten notgedrungen auf den Böden und Betten. Große Bücherstapel würden die Zelle im Falle eines Feuers in ein Inferno verwandeln. Für die Hälfte aller Insassen sind Bücher auch deshalb keine Geschenkoption, weil sie als funktionale Analphabeten gelten. Diese Männer müssen sich zu Weihnachten mit ein paar Dollar ihrer Liebsten begnügen, von denen sie sich im Kiosk Seife oder Instant-Nudeln kaufen können.

Materielle Geschenke oder Postkarten vermisst man als Langzeithäftling aber zu Weihnachten sowieso am allerwenigsten. Es ist die einsamste Zeit im Gefängnis, die Zeit, in der man sich am meisten nach seinen Freunden und der Familie sehnt. Deshalb häufen sich jedes Jahr die Fälle von Selbstmord und Überdosis in den drei Wochen zwischen Mitte Dezember und Anfang Januar. In meiner vorletzten Strafvollzugsanstalt Brunswick war es geradezu traurige Tradition, dass sich während der Feiertage ein Gefangener erhängte. Wie um das Unheil von sich selber abzulenken, wurde im Speisesaal darüber gewitzelt, wer wohl dieses Jahr der Schwächling sein würde, der den *easy way out*, den einfachen Ausweg, nähme.

Die meisten Insassen gingen natürlich nicht so weit, sondern versuchten, ihre Feiertagsdepression mit Drogen oder selbst gebrautem Alkohol zu überwinden. Um zumindest die Anzahl der Überdosen zu verringern, führten die Wärter in der Vorweihnachtszeit vermehrt Zellendurchsuchungen durch. Manchmal, wenn nur Alkohol, aber keine Drogen gefunden wurden, gossen die Wärter den Knastwein einfach weg, ohne den Regelverstoß schriftlich anzuzeigen. Diese Milde galt als eine Art Weihnachtsgeschenk.

Mir ist gesagt worden, dass deutsche Strafvollzugsanstalten Sozialarbeiter und Psychologen beschäftigen, die sich an den Feiertagen besonders intensiv um depressive Häftlinge kümmern. Eine derartige Fürsorge war in sämtlichen Gefängnissen, in denen ich in Virginia untergebracht war, vollkommen undenkbar. Meine letzte Haftanstalt war typisch, dort gab es für 1100 Insassen lediglich zwei Psychologen. Diese sind heillos überfordert, denn anders als in Deutschland werden psychisch kranke Straftäter in den USA nur in absoluten Ausnahmefällen in forensische Kliniken eingewiesen. Folgerichtig ist, je nach Untersuchung, ein Viertel bis ein Drittel aller im amerikanischen Regelvollzug verwahrten Straftäter psychisch krank. Die wenigen Gefängnispsychologen können diesen schwer gestörten Menschen kaum gerecht werden, für die Versorgung leichterer Fälle bleibt gar keine Zeit.

Alltägliches Seelenleid wie eine Depression wird jedoch ohnehin nicht als behandlungsbedürftig angesehen, schließlich ist es erklärtes Ziel des Strafvollzugs, Verbrecher zu bestrafen, mit anderen Worten, ihnen Leid zuzufügen. So gesehen ist eine Depression bei einem Straftäter kein Problem, sondern ein erwünschter Effekt. Ein Wärter erzählte mir, dass ein stellvertretender Gefängnisdirektor, den auch ich kannte, zu ihm und seinen Kollegen gesagt hatte: »Wenn ich sehe, dass irgendein Häftling lacht, dann macht ihr euren Job nicht richtig.«

Anfang der 2000er-Jahre war ich in einer vergleichsweise humanen Haftanstalt untergebracht, deren Direktor einen gnädigeren Blick auf seine Insassen hatte. Er stellte sich jedes Jahr am 25. Dezember als Weihnachtsmann verkleidet vor die Kommandozentrale, um Zuckerstangen zu verteilen. Dabei war er offensichtlich betrunken und rief immer wieder: *Merry Christmas, ho, ho, ho, merry Christmas!* Damals verteilten die Wärter auch kleine Geschenkbeutel von der Heilsarmee, die Kamm, Seife, Deo, Socken, Schokolade, Weihnachtskarten und einen Auszug aus dem Neuen Testament enthielten. Im Laufe der vergangenen zehn Jahre wurden diese Geschenkbeutel jedoch abgeschafft, vermutlich weil die Armut in der US-amerikanischen Gesellschaft explodiert war und die Almosen nun für andere, weniger verachtete Gruppen benötigt wurden.

Ähnlich gespart wurde auch in den Speisesälen, wo es vor zwanzig Jahren noch regelrechte Festmahle zu Weihnachten gab. Während des letzten Jahrzehnts wurden die Portionen immer kleiner und die Qualität immer schlechter, sodass wir zuletzt auch an Feiertagen einen normalen Teller bekamen, mit einer zusätzlichen Scheibe gepresstem Truthahnfleisch und einem zweiten Stück Kuchen. Heutzutage gibt es im Strafvollzug von Virginia nur noch zwei Feiertage, die mit großzügigeren Portionen im Speisesaal begangen werden, *Eid ul-Fitr* und *Eid ul-Adha* – das islamische Fastenbrechen und das islamische Opferfest.

In meinem letzten Gefängnis lieferten ein anderer Insasse und ich uns jedes Jahr einen Wettstreit, wer wohl die meisten Weihnachtskarten verschicken würde. Ich versorgte meinen amerikanisch-deutschen Freundeskreis mit Feiertagsgrüßen, er schrieb seiner gesamten mennonitischen Gemeinde. Wir beide kamen regelmäßig auf 120 bis 130 Karten, meistens gewann er knapp.

Die Kunst bestand darin, ausreichend viele Karten und Briefmarken zu beschaffen. Das war nicht einfach, denn wir durften den Kiosk nur dreimal im Monat besuchen, und von jedem Artikel im Angebot konnte man nur eine begrenzte Anzahl kaufen. Das wäre kein Problem gewesen, wenn wir bereits im September hätten anfangen können, Weihnachtskarten zu besorgen. Doch die gab es erst ab Ende November, sodass wir höchstens dreißig Karten kaufen konnten, je zehn Karten bei drei Besuchen.

Die Lösung dieses Problems war eine Serie von Tauschgeschäften. Um hundert zusätzliche Weihnachtskarten zu beschaffen, musste ich zehn Häftlinge dazu überreden, mir je zehn Weihnachtskarten zu kaufen, wofür ich ihnen dann andere Artikel im gleichen Wert kaufte. Die größte Schwierigkeit bestand darin, zehn Gefangene zu finden, die verlässlich genug für solch einen Handel waren. Und so trat ich schon ab Mitte November in langwierige Verhandlungen ein, denn etwa die Hälfte meiner Karten ging nach Deutschland, ich musste sie also Anfang Dezember abschicken.

An dem Wochenende vor dem 25. Dezember halten die ehrenamtlichen Gefängnisseelsorger Weihnachtsgottesdienste, die zumindest den christlichen Häftlingen etwas Trost an diesen traurigen Tagen spenden. Allerdings gehören höchstens 15 Prozent der Gefangenen einer christlichen Kirche an, die anderen sind Muslime, *Nation of Islam*-Mitglieder, Asatru-Anhänger oder konfessionslos. In den 2000er-Jahren war ich Leiter der katholischen Glaubensgemeinde und organisierte die Weihnachtsgottesdienste mit unseren beiden Seelsorgern. Aus jener Zeit stammen meine wenigen schönen Erinnerungen aus der Haft, denn bei diesen Zeremonien kam tatsächlich etwas familiäre Stimmung auf. Vor allem während wir gemeinsam amerikanische *Christmas carols* sangen, entwickelte sich ein Gemeinschaftsgefühl, das sonst unvorstellbar war. Diese Verbundenheit dauerte allerdings nur so lange wie der Gottesdienst – sobald wir in die Wohntrakte zurückkehrten, mussten wir einander wieder fürchten.

Am Weihnachtstag selber gab es keine Gottesdienste, denn die Gefängnisseelsorger kümmerten sich dann um ihre Gemeinden draußen. Auch der Besuchersaal war höchstens halb voll, weil die meisten Familien der Insassen den Feiertag lieber in fröhlicher Atmosphäre zu Hause verbringen wollten. Sogar die Wärter erschienen nur in Minimalbesetzung, sodass wir Häftlinge früher in die Zellen gesperrt wurden, anstatt, wie üblich, in den Gemeinschaftssaal gehen zu dürfen. In dieser Hinsicht war Weihnachten nicht anders als die anderen großen Feiertage Fourth of July und Thanksgiving. Je größer, lauter und bunter die Feierlichkeiten außerhalb des Gefängnisses, desto leiser wurde es auf unserer Seite des Stacheldrahtzauns.

Nur sehr selten kam es vor, dass ein Gefangener einem anderen ein Weihnachtsgeschenk gab. Wir alle durften ausschließlich im Kiosk mit seinem sehr beschränkten Sortiment einkaufen, also war ein Überraschungseffekt bei der Geschenkauswahl von vornherein ausgeschlossen. Auch konnte jedes Geschenk als Versuch interpretiert werden, den Empfänger langsam in eine Abhängigkeit zu manövrieren, die schließlich in sexueller Ausnutzung endete. Jeder Insasse wird darum am Anfang seiner Haftzeit immer wieder gewarnt, nur ja keine Geschenke anzunehmen.

Ich habe nur ein einziges Mal einem Mithäftling etwas zu Weihnachten geschenkt, nämlich 2018, an meinem letzten Weihnachtsfest in Haft. Damals hatte ich einen neuen Zellenmitbewohner, Frankie – derselbe Mann, dem ich ein Jahr später bei meinem Abschied meine Kioskeinkäufe hinterlassen würde. Wir vertrauten uns gegenseitig zumindest so weit, dass wir einander keine sexuellen Absichten unterstellten. Weil Frankie weder einen Gefängnisjob hatte noch Unterstützung von seiner Familie erhielt, drohte sein Weihnachten ziemlich dürftig auszufallen. Um ihm eine kleine Freude zu machen, kaufte ich ihm am Kiosk seine liebsten Lebensmittel: Nacho-Chips, Käse, Würstchen und Cola.

Ein Jahr später sitzt Frankie in derselben Zelle wie damals, und ich verbringe die Feiertage in Hamburg mit meinen Freunden. Zwar haben wir keinen Baum, auch tauschen wir keine Geschenke aus, aber all das fehlt mir überhaupt nicht. Ich habe meine Freunde sogar ausdrücklich darum gebeten, auf Geschenke zu verzichten, weil ich ja – mangels finanzieller Möglichkeiten – nicht in der Lage sein würde, mich zu revanchieren.

Wir verbringen Weihnachten in kleiner Runde, weil die meisten Mitglieder meiner Gastfamilie nach Mallorca geflogen sind. Ursprünglich sollte ich mitkommen, aber das Risiko ist nach der anhaltenden Berichterstattung wohl doch zu groß, dass mich ein deutscher Urlauber am Strand erkennt, ein Handyfoto macht und es einem Reporter in die Hände spielt. Die Schlagzeile *Doppelmörder sonnt sich auf Malle* wollte ich mir und der Familie, die auf den Bildern vermutlich verpixelt neben mir gesessen hätte, gerne ersparen.

Und so sitzen wir zu dritt beisammen und lassen die vergangenen Jahre, die Momente aufkeimender Hoffnung und die leider genauso vielen Rückschläge, noch einmal Revue passieren. Nicht nur für mich waren es nervenaufreibende Jahre, meine Freunde haben aus der Ferne mit mir gehofft und gebangt. Auch für sie ist meine Entlassung eine Erlösung.

Es ist Brauchtum bei meinen Freunden, an den Weihnachtstagen Sketche von Loriot zu schauen, und auch in diesem Jahr will niemand auf diese liebgewonnene Tradition verzichten. Zumal es, da sind sich beide einig, eine gute Gelegenheit ist, mir den deutschen Humor näherzubringen – und meinen Humor zu testen. Denn wer Loriot nicht lustig findet, so sagen meine Freunde, kann niemals ein guter Deutscher werden.

Ich bestehe die Prüfung. Besonders gefällt mir der Sketch, in dem ein adrett gekleideter Mann ein Wartezimmer verwüstet, bei dem Versuch, ein leicht verrutschtes Bild an der Wand gerade zu rücken. Ich mag die subtile und liebevolle Art, in der Loriot dem deutschen Biedermann einen Spiegel vorhält: In tugendhafter Absicht verursacht er ein riesiges Chaos, und am Ende steht er ratlos inmitten der Trümmer und besteht darauf, für den ursprünglichen Missstand nicht verantwortlich zu sein. Ein bisschen erinnert mich die Szene daran, wie ich vor 33 Jahren versuchte, mit meinem falschen Geständnis ein Leben zu retten und dabei ein solches Chaos anrichtete, dass am Ende niemand mehr glauben konnte oder wollte, dass ich die Tat nicht begangen hatte.

Der Vergleich meines jungen Selbst mit einem pedantischen Spießer ist sicherlich kein guter, aber ich merke, wie ich dazu neige, jede Situation des Alltags, jede Geschichte eines Freundes, jedes Sprichwort auf Gemeinsamkeiten mit meiner Malaise hin zu untersuchen: Wenn jemand fragt, wer das Glas umgeworfen hat, biete ich an, die Schuld auf mich zu nehmen. Wann immer ein Messer im Gebrauch ist, warne ich ironisch vor mir selber. Bei jedem Fleck, den ich wegwische, fasele ich spöttisch von Spurenbeseitigung.

Einmal, als mich eine Freundin fragt, ob es sich bei den streifenförmigen Verdickungen auf meinen Handflächen um Narben handele, gebe ich vor, mich ertappt zu fühlen. Ich sage im Scherz, dass sie mich nun der Morde überführt habe, und lache, obwohl dieser, wie jeder andere Witz über meine Schuld, schmerzhafte Erinnerungen auslöst.

In meinem Prozess sagte ein Bekannter der Opfer aus, er habe bei der Trauerfeier für die Haysoms Blessuren an meinen Händen und in meinem Gesicht entdeckt. Diese Aussage versetzte mir einen ungeheuren Schock, denn wäre sie wahr gewesen, wäre sie ein Beweis für meine Schuld. Aber sie war selbstverständlich falsch.

Die gesamte Familie Haysom hatte an der Beerdigung teilgenommen und mich zudem in den Tagen nach der Entdeckung der Tat regelmäßig aus nächster Nähe gesehen – zeitweise wohnten wir sogar zusammen in einem Haus. Hätte ich Schnittwunden an meinen Händen oder Kampfspuren in meinem Gesicht gehabt, wäre das den alarmierten Angehörigen der Opfer sofort aufgefallen. Sie hätten es umgehend der Polizei gemeldet, ich wäre einbestellt, verhört und vermutlich sogar verhaftet worden. Aber nichts davon passierte. Im Prozess zeigte ich dann den

Geschworenen meine Hände, und alles, was sie sahen, war eine etwa drei Millimeter große, kaum sichtbare Narbe an meiner Fingerkuppe. Ich hatte sie mir als Kind eingehandelt, bei dem Versuch, einen Schmetterling zu fangen.

Als ich meine Freundin beruhige und ihr sage, dass es sich bei den Schwielen auf meinen Handflächen lediglich um Hornhaut handele, die sich beim Klimmzugtraining gebildet hat, lacht sie mit mir. Natürlich war ihre Frage nach meinen geschwollenen Händen kein Zeichen des Misstrauens, sondern lediglich Ausdruck von Fürsorge. Aber ich merke in diesen ersten Wochen, wie sehr ich mich bei den Menschen in meiner Umgebung rückversichere, dass nicht insgeheim Zweifel an meiner Unschuld aufkommen – es bräche mir das Herz, wenn einer meiner Freunde nur für eine Sekunde in Erwägung zöge, dass ich ein Mörder sein könnte.

Zudem drängt mein Unterbewusstsein offenkundig auf die Verarbeitung des Erlebten und lässt mich darum kaum an etwas anderes denken. Man sagt, dass Männer der Generation meiner Großväter nach dem Einsatz an der Front bis ins hohe Alter nicht aufhören konnten, bei jeder sich bietenden Gelegenheit vom Krieg zu erzählen. Wenn ich nicht irgendwann in entnervte Gesichter schauen und allen die Freude verderben möchte, weil ich beim fröhlichen Abendessen schwermütig vom Knastfraß berichte, werde ich mein Trauma offensiv und nachhaltig verarbeiten müssen. Noch aber denke ich beim lustigsten Loriot-Sketch, und sei das Bild auch noch so schief, an mein verkorkstes Leben. Und noch schwingt bei jedem Festmahl, das mir über die Feiertage serviert wird, auch eine gehörige Portion Melancholie mit.

Vor meiner Entlassung fragten mich meine Freunde, was ich denn als freier Mann gerne essen wolle, sie könnten alles für mich besorgen. Ich fühlte mich wie ein besonders wichtiger Staatsgast, aber statt exotischer Delikatessen wünschte ich mir nach mehr als 36 000 grauen dumpfen Gefängnismahlzeiten einfach möglichst viele frische und bunte Lebensmittel. Weil wir in Hamburg sind, gibt es zu meiner Freude außerdem eine Menge Fisch. An einem Abend essen wir Doraden, die mit Zitrone, Knoblauch und Thymian gefüllt werden, an einem anderen Tag gegrillte Thunfischsteaks mit gerösteten Pinienkernen und Rosmarin. Ich schaue beim Kochen zu, alle hantieren auffallend achtsam mit den wertvollen Zutaten. Im Gefängnis wurde jedes Lebensmittel bis zur größtmöglichen Unkenntlichkeit malträtiert, während meine Freunde beim Kochen offensichtlich versuchen, jeder einzelnen Zutat zur optimalen Version ihrer selbst zu verhelfen.

Der Duft von Zitronen ist eine echte Wiederentdeckung, denn im Speisesaal der Haftanstalt Buckingham gab es diese Früchte nie. Auch wenn ich an den Kräutern rieche, erwachen entfernte Erinnerungen, die, wie ich mir vermutlich lediglich einbilde, noch aus Kindertagen auf Zypern stammen. Als die Doraden in den Ofen geschoben und die Thunfischsteaks in die Pfanne gelegt werden, meldet sich in mir ein völlig unbekanntes, riesengroßes Verlangen, eine Ungeduld, die ich nicht mehr kenne. Es ist nicht der lästige Hunger, den man früher oder später verspürt, wenn dem Körper Nahrung fehlt, sondern lustvoller Appetit.

In der Haft hatte ich vergessen, dass Essen normalerweise direkt aus der Natur kommt und tatsächlich eine Gaumenfreude sein kann. Alles, was uns Insassen im Speisesaal aufgetischt wurde, kam aus industrieller Produktion und war künstlich und fade, insbesondere wenn »Fisch« auf dem Speiseplan stand. In den 1990er-Jahren durften wir dann ein großes Stück panierten Wels erwarten, in den 2000er-Jahren immerhin noch drei Fischstäbchen und in den 2010ern nur noch ein sogenanntes *fish patty*. Dieser Ausdruck lässt sich laut Wörterbuch als Fischfrikadelle übersetzen, doch ist diese Bezeichnung mehr als irreführend. Die Strafvollzugsfrikadelle war eine weiße Scheibe, sechs Zentimeter im Durchmesser und einen Zentimeter hoch, die nach nichts roch und nach nichts schmeckte, weil sie fast ausschließlich aus gepresstem Weißbrot bestand. Man hätte sie uns genauso gut mit Marmelade beschmiert zum Frühstück servieren können.

Nun, in der Hamburger Wohnung, esse ich zum ersten Mal nach Jahrzehnten einen echten, ganzen Fisch. Am Anfang passen meine Freunde höllisch auf, dass ich mich nicht an einer Gräte verschlucke, sie befürchten wieder einen tragischen Frühtod, wie beim Überqueren der Straße. Aber ausgerechnet die Fähigkeit, einen Fisch zu filetieren und zu entgräten, ist unbeschadet aus meinem Gedächtnis wieder aufgestiegen, sodass ich keine Hilfe beim Essen der Dorade benötige.

Das Thunfischsteak einige Abende später weckt in mir ganz andere, wesentlich jüngere Erinnerungen. Je schlechter das Essen im Speisesaal wurde, umso mehr ernährte ich mich von Einkäufen aus dem Kiosk. Dort wurden jedoch fast ausschließlich ungesunde Snacks angeboten, Cola, Chips, Kekse, Schokolade, fettige Würstchen, Plastikkäse und die unsäglichen japanischen Instant-Nudeln. Die einzigen nahrhaften Lebensmittel, die man kaufen konnte, waren Thunfisch, Bagels und Erdnussbutter. Im letzten Jahrzehnt meiner Haft versuchte ich, mich mit einer Kombination aus diesen drei Nahrungsmitteln, Vitamintabletten und Fischölkapseln einigermaßen gesund zu halten. Diese Luxusdiät war nur möglich, weil ich einen großzügigen Freundeskreis hatte, der mir regelmäßig Geld für Lebensmitteleinkäufe überwies. Die allermeisten Häftlinge sind auf das mangelhafte Essen in der Kantine angewiesen, was sicher eine Ursache für die bedenklich wachsende Zahl adipöser, herzkranker und diabetischer Insassen ist.

Als ich nun höre, dass es Thunfisch geben soll, zucke ich innerlich ein wenig zusammen. Meine Freunde wissen eigentlich, dass ich hiervon in den letzten Jahren mehr als genug für mein gesamtes Leben gegessen habe. Umso mehr überraschen mich nun Anblick, Konsistenz, Geschmack und Duft des gegrillten Thunfischsteaks – ich fasse es kaum, dass dies der gleiche Fisch sein soll, den ich in der Haftanstalt Buckingham wie Brei aus der Plastiktüte gelöffelt habe. Eine Freundin, die eigentlich nichts mag, das aus dem Meer kommt, isst zunächst nur aus Höflichkeit mit und hat dann das gleiche Erweckungserlebnis wie ich. Auch sie überwindet im selben Moment ihr Fischtrauma, ich erkläre diesen Moment zu meiner ersten verhaltenstherapeutischen Gruppensitzung.

Weil wir wegen der zunächst geplanten Mallorca-Reise auf Weihnachtsbaum, Dekoration und Geschenke verzichtet haben, soll am Heiligabend wenigstens etwas besonders Aufwendiges auf den Tisch kommen. Alle einigen sich auf Bœuf Bourguignon, also Rindfleisch, das mit Gemüse und Zwiebeln stundenlang in Rotwein geschmort wird, bis es einem auf der Zunge zergeht. Vorher werden die Stücke aus der Hüfte eines deutschen Bio-Weiderindes langsam angebraten, bis sie rundherum appetitlich gebräunt sind. Ich kann mir nicht vorstellen, dass mit einem Stück Fleisch jemals respektvoller umgegangen wurde. Im Strafvollzug gab es in der Regel gepresste oder stark verarbeitete Billigfleischprodukte, eine der ganz wenigen Ausnahmen war ein kleines Steak im Jahr 2005, welches fast zu einem Aufstand des Wachpersonals geführt hätte.

Im August jenes Jahres brach Hurricane Katrina über die US-Metropole New Orleans herein und richtete dort eine Verwüstung an, die man in diesem Ausmaß in den Vereinigten Staaten noch nie gesehen hatte. Anfänglich reagierte der damalige Präsident George W. Bush zögerlich auf diese Tragödie, doch bald aktivierte er die FEMA (Federal Emergency Management Agency), die Bundesbehörde für Katastrophenschutz, um den Tausenden von Obdachlosen in New Orleans Notunterkünfte und Essen zu beschaffen. Aus den Vorräten des US-Militärs besorgte sich die FEMA sodann Zelte und Fertigmahlzeiten namens MRE, *meals ready to eat*, die sie in New Orleans verteilte.

Nach der Krise stellte die FEMA fest, dass sie unendlich viele

Zelte und MREs übrig hatte, die die Opfer von Katrina nicht mehr benötigten und die das Militär nicht zurücknehmen wollte. Was mit den Zelten geschah, weiß ich nicht, aber die überflüssigen MREs wurden an verschiedene Justizbehörden verteilt, die sie ihren Gefängnisinsassen zu essen geben sollten. Es ist bekannt, dass amerikanische Soldaten bestens verpflegt werden, viele der MREs waren wirklich lecker. Einige enthielten sogar kleine Steaks, und ausgerechnet diese MREs landeten in meiner damaligen Haftanstalt Brunswick.

Allerdings hatte das Küchenpersonal die potenzielle Brisanz der feudalen Mahlzeiten unterschätzt. Und so kamen wir Insassen eines Tages in den Speisesaal und erhielten statt des üblichen Tellers Knastfraß ein MRE. Als wir die Abdeckung der Plastikschale zurückzogen, entdeckten wir das Steak, und sofort gingen die Tauschgeschäfte los. Für eines dieser Steaks waren manche Häftlinge bereit, zwei Schachteln Zigaretten zu bezahlen, ich selber bot eine Schachtel und wurde dafür ausgelacht.

Anfänglich merkten die Wärter nichts, doch bald wurden sie stutzig und sahen sich die MREs näher an. Richtige, echte Steaks für Verbrecher – so etwas durfte nicht sein und musste sofort unterbunden werden. Das Aufsichtspersonal versammelte sich hektisch im Speisesaal und beriet, was zu tun sei. Schließlich wurde ein Wärter zur Kommandozentrale entsandt, und alsbald fand sich ein Vorgesetzter, der das Küchenpersonal zurückpfiff. Fortan wurden die MREs mit den Steaks nur an die Wärter verteilt, wir Gefangenen bekamen minderwertige Fertigmahlzeiten.

Auch wenn die MRE-Steaks zu gut für uns waren, so wurden damals immerhin noch regelmäßig Hamburger aus echtem Hackfleisch im Speisesaal serviert. Doch ab 2010 wurden auch diese vom Speiseplan gestrichen und durch sogenanntes *meat rock* ersetzt. Der offizielle Name dieses Kunstprodukts der US-Nahrungsmittelindustrie lautet *mechanically separated chicken*, in Deutschland heißt es Separatorenfleisch oder Knochenputz. In den Vereinigten

Staaten wird *meat rock* hauptsächlich für die Strafvollzugsanstalten hergestellt, laut Newsweek Magazine verdient die Firma Trinity Services Group damit mehr als 500 Millionen Dollar im Jahr.

Wenn Hühnchen in Metzgereien filetiert werden, verbleibt etwas Fleisch an den Knochen. Dieses Restfleisch wird maschinell von den Knochen abgelöst, mit Soja gestreckt, in große Blöcke gepresst und letztlich schockgefrostet. Wenn diese Blöcke bei den Gefängnisküchen ankommen, sind sie hart, schwer und grau wie Steine, daher die Bezeichnung *rock*. Diese freudlose Masse bekommt man als Häftling mindestens zweimal am Tag serviert, als Frikadelle, Kloß, Würstchen oder auch mit Wasser und Mehl vermischt als Soße. Es hat keinen Geschmack, führt aber mit großer Regelmäßigkeit zu Blähungen oder Durchfall. Unter Gefangenen ist *meat rock* so verhasst, dass es deswegen in einigen US-Bundesstaaten zu Protesten in den Strafvollzugsanstalten kam. Ich kannte Häftlinge, die zum Judentum konvertierten, nur um statt *meat rock* kosheren Dosenthunfisch serviert zu bekommen.

Für die Farbe des *meat rock* kann man das Küchenpersonal nicht verantwortlich machen, denn so wird der Fleischstein tiefgefroren auf großen Paletten ins Gefängnis geliefert. Beim Gemüse verhält es sich anders. Das ist ebenfalls grau, nur liegt dort die Schuld definitiv bei den Knastköchen. Im Strafvollzug von Virginia gibt es selten ein anderes Gemüse als Zucchini, gelben Kürbis oder Weißkohl. Bei dieser übersichtlichen Auswahl würde man annehmen, dass das Küchenpersonal lernen könnte, wie man es genießbar zubereitet. Stattdessen werden diese drei Gemüsearten jedoch unweigerlich so lange gekocht, bis sie zu graugrünem Zucchini-, grau-gelbem Kürbis- oder weiß-grauem Kohlmatsch zerfallen.

Die einzige Ausnahme von diesem universalen Gemüsegrau sind die wenigen Blätter Eisbergsalat, die zweimal in der Woche serviert werden. Sie sind zwar noch erkennbar grün, doch werden sie im uramerikanischen Ranch Dressing ertränkt. Weil diese Soße mit laktosehaltigem Milchpulver hergestellt wird, konnte ich sie nicht essen, also reichte ich im Laufe der Jahre mehrmals schriftliche Anträge ein, um Salat ohne das mir unbekömmliche Dressing zu bekommen. Dieses Zugeständnis könne man mir leider nicht machen, wurde mir mitgeteilt, denn die Gefängnisküche sei verpflichtet, jedem Häftling genau 2 200 Kalorien pro Tag auszugeben. Um dieses Ziel zu erreichen, wird jeder Klacks Margarine und eben auch die Salatsoße penibel mit einberechnet, nichts darf weggelassen werden. Dass ich wegen der Soße auf dem Salat oder dem Käse auf den Kartoffeln manchmal gar nichts essen konnte und dann keine einzige Kalorie aufnahm, spielte dabei keine Rolle. Die Regeln im Gefängnis dienen eben nicht den Menschen, für die sie gelten, sondern denjenigen, die für ihre Einhaltung bezahlen.

Zu Weihnachten in Hamburg bekomme ich so viel Salat wie ich will, und zwar ohne aus Milchpulver angerührtem Ranch Dressing, aber mit einer hausgemachten, laktosefreien Senf-Zitronen-Soße und gerösteten Kürbiskernen. Ich darf helfen, den Spinat und die Paprika, sowie die Tomaten und Gurken abzuwaschen, nur die Pilze und Avocados vertraut man mir noch nicht an.

Die Weihnachtstage verbringe ich dann mit dem Schreiben von unendlich vielen Dankesbriefen, langen Diskussionen über Loriots subtilen Humor und dem gemeinsamen Kochen und Essen von farbenfrohen Mahlzeiten aus Zutaten, die ich noch vor einem Monat gar nicht kannte. Gerade weil so wenig passiert, sind dies die schönsten Feiertage, an die ich mich erinnern kann. Die letzten 34 Weihnachten waren Zeiten der Reue und Sorge, manchmal auch des Selbsthasses und der Verzweiflung. Nichts wünschte ich mir im Gefängnis mehr, als dass die Feiertage endlich vorüber gingen – im Trott des Knastalltags ließ sich das Elend leichter verdrängen.

Am 31. Dezember kehren die Mitglieder meiner Gastfamilie, die über Weihnachten nach Mallorca gereist waren, nach Hamburg zurück. Auch kommen vier weitere meiner Freunde zu Besuch, um das neue Jahr gemeinsam mit mir zu begrüßen. Nun wird es wieder etwas hektischer, den Silvesterabend verbringen wir zu acht am großen Tisch im Wohnzimmer, essen, trinken und reden. Um kurz vor Mitternacht steigen wir aufs Dach, öffnen den Sekt und zünden Wunderkerzen an. Die Nacht ist kalt und wolkenlos, schöner könnte es für Neujahr nicht sein.

Ein Freund hat auf seinem Telefon eine Playlist zusammengestellt, zu der jeder von uns einen Lieblingstitel beisteuern konnte. Ich habe mir ein Stück von den Foo Fighters gewünscht, beim Refrain »Learning to walk again« singe ich lauthals mit. Zur Musik werden die ersten Feuerwerke angezündet, die farbigen Explosionen sehen wir gleich zweimal, erst im Himmel und dann gespiegelt im Wasser. Noch ist es nicht ganz Mitternacht, aber wir stoßen schon einmal an. Einige von uns beginnen zu tanzen, dann kommt der große Moment, die Uhr schlägt zwölf. Für den Rest der Welt beginnt ein neues Jahr, für mich beginnt ein neues Leben.

9

Das Jahr 2020 startet für mich in der Notaufnahme eines nahe gelegenen Krankenhauses. Dort muss eine Altlast aus meinem vorherigen Leben behandelt werden.

Meine letzte Nacht im Strafvollzug verbrachte ich auf der Krankenstation in einer Isolationszelle, in der normalerweise nur Insassen mit hochansteckenden Krankheiten behandelt werden. Am folgenden Tag wurde ich von der Haftanstalt Buckingham ins Abschiebegefängnis Farmville verlegt, wo ich am zweiten Tag ebenfalls zur Krankenstation gerufen wurde. Wie alle neu eingewiesenen Insassen musste auch ich mich einer Aufnahmeuntersuchung unterziehen. Bei dieser Gelegenheit meldete ich der Krankenschwester eine eigroße Beule in meiner Achselhöhle, die sich innerhalb der letzten zwei Tage, vermutlich durch Keime in der Isolationszelle, gebildet hatte. Die Krankenschwester rief eine Kollegin zur Beratung, schließlich sagten mir die beiden, solange die Beule nicht schmerzte, sei keine Behandlung notwendig.

Die Krankenschwestern handelten nach dem *Prison Litigation Reform Act* (PLRA), einem Gesetz, welches der damalige demokratische US-Präsident Bill Clinton zusammen mit dem republikanischen Sprecher des Repräsentantenhauses Newt Gingrich 1996 verabschiedet hatte. Zu jenem Zeitpunkt, vor dem Monika Lewinsky-Skandal und dem daraus folgenden Amtsenthebungsverfahren, arbeiteten diese beiden Politiker oft gemeinsam im sogenannten *war on crime*, dem Krieg gegen das Verbrechen. Unter anderem finanzierten sie den dramatischen Ausbau des Gefängnissystems durch den *Violent Crime Control and Law Enforcement Act* (VCCLEA), verringerten die ohnehin schon geringen Erfolgschancen bei Verfassungsklagen unter dem *Anti-terrorism and Effective Death Penalty Act* (AEDPA) und machten es Gefangenen mithilfe des PLRA fast unmöglich, Gerichtsklagen wegen menschenrechtswidriger Haftbedingungen einzureichen.

In der konkreten Anwendung bedeutet dieses Gesetz, dass die Krankenstationen von Strafvollzugsanstalten nur dann dazu verpflichtet sind, Insassen zu behandeln, wenn diese explizit sagen, dass sie Schmerzen haben. Ich hatte den Krankenschwestern wahrheitsgemäß gesagt, dass die Beule in meiner Achselhöhle nicht wehtat, also waren sie nicht verpflichtet, mir zu helfen. Hätte ich über Schmerzen geklagt, dann hätten mir die Krankenschwestern kurzerhand ein schmerzstillendes Medikament verabreicht. Unter dem PLRA kann ein Häftling die Krankenstation einer Haftanstalt eigentlich nur dann verklagen, wenn keinerlei Versuch unternommen wird, sein Leid zu lindern. Eine einzige Tablette reicht dann meistens als Beweis, dass durchaus versucht wurde, zu helfen. Aus diesem Grund verabreichen Krankenschwestern jedem Patienten Ibuprofen. Unter Gefangenen wird diese Tablette das »Strafvollzugsallheilmittel« genannt, denn es hilft offensichtlich gleichermaßen gegen Knochenbrüche, Blinddarmentzündung, Sehstörungen und Leberzirrhose.

Nach meiner Ankunft in Deutschland schämte ich mich meines unappetitlichen Zipperleins, überwand mich aber schließlich und zeigte die Beule meiner Gastfamilie. Die besorgte mir verschiedene Gels, Salben und Pflaster in der Apotheke und beschloss, die Schwellung selber zu versorgen, bis die Arztpraxen nach den Feiertagen wieder öffnen würden. Ich wollte die Festtagsstimmung nicht trüben, also biss ich die Zähne zusammen, obwohl die Beule immer größer wurde und darum mittlerweile auch wehtat.

Heute, am Neujahrstag, fliegt mir eine Freundin dann so überschwänglich in die Arme, dass ich vor Schmerzen laut aufschreie. Allen ist in diesem Moment sofort klar, dass die Sache keinen Aufschub mehr duldet, und wir beschließen, in die Notaufnahme des Krankenhauses zu gehen.

Im Wartezimmer bin ich zum ersten Mal seit meiner Ankunft auf engstem Raum mit fremden Menschen konfrontiert. Bisher hatte ich nur Kontakt zu meinen Freunden und Unterstützern, jetzt verunsichert mich der Gedanke, dass Leute mich erkennen und für einen Doppelmörder halten könnten. Die anderen Wartenden, zwei arabisch aussehende Familien, sprechen untereinander kein Deutsch. Ich sehe gute Chancen, dass sie die deutschen Medien in den letzten Tagen nicht verfolgt haben, schaue aber trotzdem nach unten und hoffe, dass sie keine Notiz von mir nehmen. Irgendwann kommt eine junge Frau herein und ruft meinen Namen. Die anderen Patienten reagieren nicht, ich bin erleichtert.

In einem Behandlungsraum erwartet mich ein junger Assistenzarzt, der sich meine Beule anschaut. Er ist sehr mitfühlend, auch scheint er viel weniger Angst vor mir zu haben als ich vor ihm. Wieder bin ich erleichtert. Dann kommt der Oberarzt hinzu, der eigentlich schon im Feierabend war, aber meinetwegen noch einmal seinen Kittel überzieht. Mit freundlicher Stimme erklärt er, dass er die Beule ohne Betäubung entfernen müsse.

Nach zwanzig schmerzhaften Minuten ist der Spuk vorbei, der Arzt gibt mir entzündungshemmende Salben und seine Visitenkarte, damit ich später zur Nachkontrolle kommen kann. Als ich ihm erkläre, dass ich nach einem langen Aufenthalt in den USA noch keine Versicherung hätte, reagiert er überaus verständnisvoll und verspricht mir, dass ich vor der Rechnung keine Angst haben müsse, auch könne ich mir mit der Bezahlung Zeit lassen.

Ich frage mich, ob die beiden Männer mich wohl erkannt haben. Falls ja, so frage ich mich weiter, ob sie mir trotz oder wegen meiner Geschichte so wohlwollend entgegengetreten sind. Mit solchen Gedanken werde ich mich in nächster Zeit wohl jedes Mal herumplagen, wenn ich einem Fremden begegne. Dabei behandeln die beiden sympathischen Ärzte vermutlich einfach jeden Patienten so freundlich.

Ganz ähnlich ergeht es mir einige Tage später, als ich im Einwohnermeldeamt bin, um meinen Personalausweis zu beantragen. Ich sitze einmal mehr in einem vollen Wartebereich, aber diesmal kann ich mich so platzieren, dass niemand mein Gesicht sieht. Auch werde ich glücklicherweise nicht namentlich aufgerufen, sondern zu einer Nummer anonymisiert. Es ist verrückt, denke ich: Häftling 179212 sehnte sich nach nichts mehr, als endlich wieder Jens Söring zu sein, aber in diesem Moment bin ich froh, noch einmal zu einem dreistelligen Code degradiert zu werden. Als meine Nummer aufgerufen wird, fühlt es sich dann an, als ob ich wegen eines mutmaßlichen Regelverstoßes zur Kommandozentrale des Gefängnisses zitiert werde.

Nach all den Jahren, in denen mein Leben in den Händen von Staatsbeamten lag, ist jede offizielle Anhörung, jedes Gespräch mit einer staatlichen Autoritätsperson eine Nervenprobe. Auch heute begleitet mich eine diffuse Angst, als ich den langen Flur entlanggehe, bis zu der Mitarbeiterin, die mich bereits erwartet. Ich nehme ihr gegenüber auf dem Stuhl Platz und sage »Hallo.« Die junge Frau blickt mich an und lächelt über das ganze Gesicht. Ich hatte so viel Schreckliches über deutsche Beamte gehört, dass sie faul seien, ihre Kunden lediglich als Störenfriede zwischen den ständigen Pausen ansähen und es wichtiger fänden, Vorschriften einzuhalten, als die Probleme der Menschen zu lösen. Und dann baut die junge Beamtin all diese Vorurteile, eines nach dem anderen, in mir ab. Mit einer Engelsgeduld hört sie sich mein Anliegen an und erklärt mir jeden Schritt, den ich gehen muss, um ein ordentlicher deutscher Staatsbürger zu werden.

Irgendwann schaut sie mich auffällig lange an und fragt, ob sie mich schon einmal gesehen habe. Ich sage nichts, weil sie bisher so freundlich gewesen ist und ich unsicher bin, ob sie es wohl noch immer sein wird, wenn sie mich nun erkennt. Trotzdem überlegt sie angestrengt weiter und fragt schließlich unverfänglich, ob ich lange im Ausland gewesen sei. Als ich das bejahe, bricht es aus ihr heraus: dass sie mich für unschuldig halte, weil man ja wohl sehen könne, dass ich kein Mörder sei. Ich sei ein verliebter Junge gewesen, und das sei das Einzige, das ich mir hätte zuschulden kommen lassen. Es ist ein seltsames Gefühl – eine vollkommen fremde Person weiß so viel über mein Leben, und ich kenne nicht einmal ihren Vornamen. Ab diesem Moment wird die junge Frau noch hilfsbereiter, wir sprechen zwischen den Formalitäten immer wieder über die Haft und den Fall und lachen gemeinsam, als sie meine Fingerabdrücke nimmt.

Mein Antrag wird dadurch kompliziert, dass ich 1977 zuletzt in Deutschland wohnhaft war, seitdem existierte ich für den deutschen Staat nicht mehr. Erstaunlicherweise findet die flinke Mitarbeiterin mich trotzdem in ihrem Online-Archiv, selbst meine damalige Adresse kann sie mir nennen. So lange ist das her, dass die Postleitzahl nur vier Ziffern hatte. Zur allgemeinen Erleichterung können wir jetzt jedenfalls nachweisen, dass es mich tatsächlich gibt. Verrichteter Dinge verabschieden wir uns, am Ende des Monats darf ich meinen Personalausweis abholen.

Meine jahrzehntelange Abwesenheit von Deutschland bereitet mir immer wieder bürokratische Probleme. Wenn man im Alter von 53 Jahren noch nie krankenversichert war, ist es beispielsweise unglaublich schwierig, Zugang zum Gesundheitssystem zu bekommen. Das Gleiche trifft auf das Bankwesen zu, das Finanzamt muss einem erst eine neunstellige persönliche Identifikationsnummer geben, bevor man überhaupt steuerrechtlich erfasst werden kann, und so weiter. Für andere Menschen mag der damit verbundene Papierkrieg lästig sein, aber für mich bedeutet jeder erfolgreiche Antrag, dass ich wieder ein Stückchen näher dran bin, ein Mitglied der Gesellschaft zu werden. Der Personalausweis, die Krankenversicherungs- und die EC-Karte und sogar meine BahnCard sind handfeste Beweise, dass ich nun dazugehöre.

In den Augen meiner Zeitgenossen begann meine eigentliche Menschwerdung aber wohl in dem Moment, als mir jemand zum ersten Mal ein Handy in die Hand drückte. Das geschah schon am Tag meiner Ankunft in Deutschland, inmitten des Trubels am Frankfurter Flughafen. Dort überreichte mir einer meiner Freunde ein Mobiltelefon als Symbol meiner neuen Freiheit, denn als Häftling waren mir solche Geräte verboten gewesen. Bis zu diesem Augenblick hatte ich Handys tatsächlich nur im Fernsehen gesehen, selbst die Wärter durften sie normalerweise nicht mit ins Gefängnis bringen.

Als ich 1986 verhaftet wurde, hatten die meisten Telefone schon Tasten, aber in Privathaushalten konnte man durchaus noch Apparate mit Wählscheiben finden. Selbstverständlich standen die Geräte jedoch in Wohnzimmern und Büros und waren mit Kabeln an das Netzwerk der Deutschen Bundespost angeschlossen. Damals besaßen nur die Superreichen drahtlose Telefone, wobei diese Geräte ihre eigenen Aktenkoffer benötigten, in denen Hörer, Kabel, Batterie und Funkgerät transportiert wurden. Für normale Leute ergab dieses elektronische Spielzeug keinen Sinn, zumal an fast jeder Ecke eine Telefonzelle stand.

Im Gefängnis konnte ich die technischen Entwicklungen in der freien Welt natürlich mitverfolgen, aber selber an ihnen teilzuhaben war mir nicht erlaubt. Bis zu meiner Entlassung durfte ich nur über die sechs Rückrufapparate im Gemeinschaftssaal telefonieren, solange ich nicht bereit war, mir ein illegales Handy zu besorgen. Das wäre durchaus möglich gewesen, denn im

Strafvollzug kann man alles kaufen außer der Freiheit. Einige Wärter verbessern ihre Einkommen, indem sie Drogen, Zigaretten oder auch Handys ins Gefängnis schmuggeln. Sollten sie dabei auffliegen, dürfen sie kündigen und sich sechs Monate später in einer anderen Strafvollzugsanstalt bewerben. Zuletzt gibt es auch Wärterinnen, die sich prostituieren, ich selber kannte mehrere dieser Frauen in nahezu jeder Strafvollzugsanstalt. Wer Bargeld hatte, bekam 15 Minuten in einer Besenkammer, die als *boom boom room* bekannt war.

Im Privatgefängnis Lawrenceville in Virginia, wo das Wachpersonal noch schlechter bezahlt wurde als in den staatlichen Anstalten, nahm die Prostitution derartig überhand, dass die US-Bundespolizei verdeckte Ermittler einschleuste, um den Ring aufzubrechen. In meinem vorletzten Gefängnis Brunswick wurden so viele Wärterinnen mit Häftlingen erwischt, dass der Direktor sie nicht alle feuern konnte, ohne den reibungslosen Betrieb seiner Anstalt zu gefährden. Stattdessen versetzte er sie auf besonders schlechte Posten, sodass ihre peinlichen Fehltritte für alle ersichtlich wurden.

In dieser Atmosphäre der allgemeinen, allgegenwärtigen Korruption war es fast selbstverständlich, dass es auch Handys zu kaufen gab. Einer meiner Bekannten, ein afroamerikanischer Salafist namens Jim, war der wichtigste Mobiltelefonhändler im Privatgefängnis Lawrenceville gewesen, bis er ertappt und in meine Haftanstalt Buckingham verlegt wurde. Er erzählte mir, dass der Wärter, der ihm regelmäßig Handys zum Weiterverkauf brachte, ein Captain gewesen sei, also den zweithöchsten Rang im gesamten Strafvollzug innehatte. Nachdem Jim aufgeflogen war, gab er den Namen seines Lieferanten nicht preis, wofür sich der Captain revanchierte, indem er Jim in das relativ zivilisierte Gefängnis Buckingham verlegen ließ statt in eine Anstalt der höheren Sicherheitsstufe.

Mehrere meiner Bekannten in Buckingham hatten Handys, die

sie an andere Häftlinge vermieteten. Die nutzten die Geräte jedoch in der Regel nicht, um ihre Familien anzurufen, sondern um Pornovideos im Internet zu sehen. Genau deswegen waren die Mobiltelefone so begehrt und oftmals Auslöser für gewalttätige Konflikte. Einer meiner Bekannten wurde mit einem Messer von drei anderen Insassen bedroht, die ihm sein Handy abnehmen wollten. Obwohl er dabei an der Hand verletzt wurde, verriet er seine Angreifer nicht, was ihm unter den Gefangenen enormen Respekt einbrachte.

Ich hatte auf einen solchen Irrsinn keine Lust und vermied es daher, im Strafvollzug Mobiltelefone zu kaufen oder auch nur zu mieten. Als mir ein Freund am Flughafen mein erstes Handy gab, wusste ich darum noch nicht einmal, wie ich den Bildschirm aktivieren konnte. Und auch in den nächsten Tagen kostet mich das kleine Gerät einige Nerven.

Der Frust beginnt an einem Morgen, als ich kurz alleine zu Hause bin, weil die gesamte Familie zum Joggen und Brötchenholen ausgeflogen ist. Ausgerechnet in diesem Moment klingelt mein Handy zum allerersten Mal. Meine Freunde haben alle wichtigen Nummern schon vor meiner Ankunft eingespeichert, sodass mir der Name meines Anrufers angezeigt wird. Und so sitze ich vor meinem klingelnden Telefon, in der freudigen Erwartung, mit meinem Freund sprechen zu können, weiß aber nicht, wie der Anruf anzunehmen ist. Ich drücke und drücke auf das Symbol mit dem kleinen grünen Hörer, ohne Erfolg. Das Klingeln macht eine kurze Pause, offensichtlich hat mein Anrufer aufgegeben. Nach einigen Sekunden versucht er es noch mal. Wieder drücke ich auf dem Touchscreen herum, vergeblich. Ich denke an all die Zehn-, Elfjährigen, die wie selbstverständlich mit dem Handy am Ohr durchs Leben gehen, und schäme mich für meine Hilflosigkeit. Wenn ich es nicht hinbekomme, einen einfachen Telefonanruf anzunehmen, würde ich es niemals schaffen, mein Leben in dieser hochtechnologisierten

Welt zu organisieren. Bevor ich mich zu sehr in meine Verzweiflung hineinsteigern kann, kommt jemand zur Tür herein und zeigt mir, wie man den kleinen grünen Hörer von links nach rechts schiebt.

Nun weiß ich also, wie ich Anrufe annehme, aber in den nächsten Tagen vergesse ich nach Telefonaten ständig, zum Auflegen auf den kleinen *roten* Hörer zu tippen, sodass ich unfreiwillig mein halbes Leben mit der Welt teile. Kurzmitteilungen sende ich dauernd an falsche Nummern, auch gerne halb fertig, und lautlos ist mein Handy immer dann, wenn ich gerade einen wichtigen Anruf erwarte, aber leider nie nachts.

Etwas anders verhält es sich mit dem Tablet, das mir meine Literaturagentin einige Tage nach meiner Ankunft zum Schreiben gibt. Davon habe ich eine entfernte Ahnung, da ich 1985 an der University of Virginia einen Computerkurs belegt hatte. Das war damals noch ziemlich ungewöhnlich, denn die meisten Menschen konnten sich nicht vorstellen, dass Computer eines Tages allgegenwärtig sein würden. An der Uni besaß fast jeder Student seine eigene Schreibmaschine, aber ich kannte niemanden, der privat Zugang zu einem Computer hatte.

Unter Heimcomputern verstand man damals Modelle wie den Commodore 64, mit 64 KB Arbeitsspeicher, oder den Radio Shack TRS-80, mit externem Datenspeicher auf Musikkassetten. Meine Freunde und ich betrachteten diese Maschinen als Spielzeuge, mit denen wir unsere Zeit nicht vergeuden wollten. Die Computersysteme an der Uni waren schon interessanter, aber sie befanden sich in einem separaten Gebäude, sodass ihre Nutzung jedes Mal mit einem gewissen Aufwand verbunden war. Im Computerraum angekommen, musste man seinen Namen in ein Logbuch eintragen, erst dann hatte man Zugang zu einem sogenannten *dumb terminal*, das selber über keine Prozessorleistung verfügte, aber mit einem Großrechner verbunden war.

Es vergingen 15 Jahre bis zu meinem nächsten Kontakt mit

Computern. Im Jahr 2000 wurde ich in das vergleichsweise humane Gefängnis Brunswick verlegt, was den seltenen Ruf hatte, die Rehabilitation von Häftlingen ernst zu nehmen. Dort reichte ich den Antrag ein, ein Studium an der Fernuniversität Hagen beginnen zu dürfen. Dieser Antrag wurde abgelehnt, weil seit 1996 sämtliches fremdsprachiges Lesematerial in den Haftanstalten von Virginia verboten war, aber zur Entschädigung durfte ich einen Computerkurs belegen, der eigentlich Insassen vorbehalten war, die kurz vor der Entlassung standen. Auf diese Weise bekam ich die Gelegenheit, sechs Monate lang die Geheimnisse des *personal computers* und vor allem das damals hochmoderne Textverarbeitungsprogramm Microsoft Word 98 zu ergründen.

Dieses Wissen konnte ich in den folgenden acht Jahren in der Leihbibliothek in Brunswick einsetzen, die – einmalig im gesamten Strafvollzugssystem Virginias – neun uralte *dumb terminals* besaß. Auf diesen Computern durften Häftlinge Texte schreiben, die der Leihbibliothekar zensierte und ein einziges Mal ausdruckte. Oftmals drehte es sich dabei um persönliche Briefe oder Charakterbeschreibungen und Lagepläne für das unter Häftlingen äußerst beliebte Rollenspiel Dungeons & Dragons. Ich hingegen benutzte diese Computer, um die endgültigen Fassungen meiner Bücher zu tippen.

Um mich zumindest theoretisch auf eine Zukunft außerhalb des Gefängnisses vorzubereiten, bestellte ich mir immer wieder Lehrbücher, die Senioren über die Wunder des Internetzeitalters aufklären sollten. Diese Ratgeber gefielen mir, weil sie tatsächlich für Menschen wie mich geschrieben wurden, die noch an Wählscheiben und Schreibmaschinen gewöhnt waren. Sie enthielten viele Fotos und Grafiken, und die Erklärungen waren in höchstem Maße kleinteilig und detailliert. Als ich zum ersten Mal ein Tablet aufstelle, habe ich daher wenig Berührungsangst und finde mich innerhalb weniger Tage in meiner Dropbox und dem E-Mail-Programm zurecht.

Meine ersten Schritte im Internet amüsieren alle meine Freunde dann allerdings sehr. Jedes Mal, wenn ich eine Seite verlassen und eine andere aufrufen oder das Tablet ausschalten möchte, frage ich resigniert, wie ich denn bloß wieder »raus« käme. Irgendwie verstört mich der Gedanke, dass ich das Internet nun, da ich die Tür einmal aufgestoßen habe, nicht wieder verlassen kann. Außerdem empfinde ich es als beunruhigend, eine Seite nicht zu schließen, wenn man auf eine andere wechselt, so wie man ein Buch ja auch erst zuklappt und zurück ins Regal stellt, bevor man das nächste liest.

Als ich meine Frage, wo es denn nun »raus« gehe aus dem Internet, zum x-ten Mal wiederhole, wird mir ein Video vorgespielt von einer uralten Werbung mit Boris Becker. Ich habe das Wimbledon-Finale 1989 im Gefängnis verfolgt und mit ihm gefiebert, darum freue ich mich, ein vertrautes deutsches Gesicht zu sehen. In der zwanzig Jahre alten Werbung loggt sich Boris Becker zum ersten Mal ins Internet ein und freut sich darüber, dass er schon »drin« ist. Vielleicht liegt es in meiner Biografie begründet, dass ich stattdessen überall zuerst frage, wie man wieder »raus« kommt.

Die allererste App, die ich auf mein Tablet lade, ist ein Audio-Streaming-Dienst. Nach dem Abend, an dem ich beim Musikhören zwei Stunden lang weinte, will ich unbedingt ausprobieren, ob ich auf diese Weise noch einmal Zugang zu meinen Gefühlen finde. Schließlich spielte Musik seit meiner Kindheit eine große Rolle in meinem Leben. Im Alter von elf Jahren begann ich, klassische Gitarre zu lernen, mein Held war Andrés Segovia. Nach zwei Jahren wurde ich ein Beatles-Fan und stieg von der akustischen auf eine elektrische Gitarre um. Weitere zwei Jahre später gründeten vier Freunde und ich eine Oldies-Rockband, mit der wir in den folgenden drei Jahren Konzerte bei Schulfesten und Partys gaben. *Ground zero* nannten wir uns, eine Anspielung auf den damals noch so gefürchteten, womöglich bevorstehenden Atomkrieg.

Zu jener Zeit waren Vinylschallplatten der bevorzugte Tonträger, obschon die meisten Menschen im Alltag die viel praktischeren Musikkassetten nutzten. Der Sony Walkman und seine Nachahmer gehörten damals zur Grundausstattung eines jeden Teenagers, der etwas auf sich hielt. Erst Mitte der 1980er-Jahre sah ich die ersten unglaublich teuren CD-Spieler in den Elektronikläden, es waren Tischmodelle in der Größe eines Plattenspielers. Daneben stand meist ein einsamer Aufsteller mit dem gesamten damaligen Angebot von CDs, hauptsächlich ein paar Dutzend Best-of-Sammlungen.

Dann kam ich ins Gefängnis und hinkte den nächsten beiden technischen Revolutionen in der Musikindustrie hoffnungslos hinterher. Weil die Justizbehörde in Virginia so technologiephobisch war, durften Häftlinge bis zum Ende der 1990er-Jahre nur Musikkassetten und Walkman-Nachahmungen besitzen. Um die Jahrtausendwende wurde jedoch immer weniger Musik auf Kassetten veröffentlicht, also gab die Justizbehörde nach und erlaubte Gefangenen endlich, die ersten CDs und CD-Spieler zu kaufen. Um den Spaß aber nicht ausufern zu lassen, durfte jeder Insasse nur zehn CDs besitzen, auch das Austauschen war strikt verboten.

Ich selber kaufte mir keinen CD-Spieler, denn ich verbrachte fast das gesamte erste Jahrzehnt des neuen Jahrtausends mit Meditation. Um die innere Stille zu pflegen und stärken, vermied ich sämtliche Störgeräusche, die aus Lautsprechern kamen. Erst im Jahr 2010, nachdem ich meinen Glauben verloren und die Meditation aufgegeben hatte, sah ich ab und zu wieder ein wenig fern oder hörte Musik.

Im Strafvollzug von Virginia fand im Laufe der 2000er eine ähnliche Entwicklung mit CDs statt wie in den 1990er-Jahren mit Musikkassetten. Während der Rest der Welt von CDs auf MP3 umstieg, durften Gefangene weiterhin nur CDs kaufen, bis immer weniger Musik auf CDs veröffentlicht wurde. Erst 2014 war es den

Insassen gestattet, besondere Strafvollzugs-MP3-Spieler zu erwerben. Ab sofort durften Häftlinge so viel Musik kaufen wie sie wollten, denn die Firma JPay, die das MP3-System betrieb, beteiligte die Justizbehörde an den Profiten. Vermutlich wird die Technologie der Streaming-Dienste das Gefängnissystem von Virginia erst dann erreichen, wenn ein Weg gefunden ist, damit mehr Geld aus den Häftlingen zu pressen als mit dem Download von MP3s.

Auf den MP3-Player lud man nicht nur seine Musik, sondern auch alle E-Mails, die man in der zwanzigminütigen Sitzung am Terminal nicht lesen konnte. Das Gerät war darum meine wichtigste Verbindung zur Außenwelt, wenn es ausfiel, erreichten mich täglich Dutzende Nachrichten nicht. Damit hatte, ähnlich wie Smartphones über die Menschen hier draußen, auch über mich ein Häufchen Elektroschrott zuletzt eine ungeheure Macht gewonnen.

Wie jeder andere Gefängnisdienstleister nutzte auch die Firma JPay ihre Monopolstellung schamlos aus und verkaufte uns den größten Ramsch. Die Player gingen mindestens zweimal im Jahr unvermittelt kaputt, bis man einen neuen bekam, musste man manchmal monatelang warten. Die ganze Wut über das zynische System, von dem man so offenkundig abhängig war, konzentrierte sich ab sofort auf den desolaten Apparat.

Jetzt, in der Freiheit, merke ich, dass ich diesen regelrechten Hass auf Elektrokleingeräte aus dem Gefängnis mitgebracht habe. Mit meinem Smartphone lebe ich zwar nach Anfangsschwierigkeiten in friedlicher Koexistenz – immerhin kann ich mittlerweile telefonieren und Nachrichten verschicken –, aber der Bluetooth-Kopfhörer entpuppt sich eines Nachmittags überraschend als Radaubruder. Er will sich partout nicht mit dem Telefon verbinden lassen. Ich lese die Bedienungsanleitung, erst auf deutsch, dann auf englisch, recherchiere im Internet wie wild nach Lösungsansätzen, schalte alles etliche Male ein und wieder aus, flehe und fluche im Wechsel, auch erst auf deutsch, dann auf englisch, doch es passiert absolut nichts. Nach wenigen Minuten erreicht ein Team aus Handy und Kopfhörer, was selbst der mächtigste Staat der Welt in mehr als 33 Jahren nicht geschafft hat: Ich gebe auf.

10

Bloß nicht nach unten gucken. Ich stehe auf einem Stuhl im Flur der Wohnung und wechsele eine Glühbirne. Die vierzig Zentimeter, die mich vom Fußboden trennen, liegen wie eine tiefe Schlucht unter mir. Die hölzerne Sitzfläche wippt ein wenig auf dem Stahlgestell, wenn ich meine Position ändere. Ich gehe etwas in die Knie, um mehr Stabilität zu erlangen. Jetzt bloß nicht nach unten gucken. Gerne würde ich mich an der Stuhllehne festhalten, doch ich brauche beide Hände, um den Schirm der Lampe aus seiner Halterung an der Decke zu drehen. Ein Mitglied meiner Gastfamilie hält mich an der Hüfte fest und spottet, was für ein waghalsiger Typ ich doch sei, mich in solch schwindelerregende Höhen zu begeben. Ich lasse mich nicht zum Lachen provozieren, ein unkontrolliert bebender Brustkorb ist das Letzte, das ich in dieser Situation gebrauchen könnte. Und bloß nicht nach unten gucken.

In den Strafvollzugsanstalten Virginias gibt es keine Leitern, allgemein ist es Häftlingen verboten, auf irgendetwas zu klettern, und sei es auch nur ein Stuhl, schließlich könnte es sich dabei um einen Ausbruchs- oder Selbstmordversuch handeln. Glühbirnen werden von einer besonderen Wartungsmannschaft aus Häftlingen gewechselt, die unter strenger Beobachtung eines Wärters steht. Drei Jahrzehnte lang war der höchste Punkt über dem Fußboden, den ich je erreichte, das obere Stockwerk des Etagenbetts

114

gewesen. Dort konnte ich mich jedoch nicht aufrichten, weil die Decke der Zelle so niedrig war, daher wurde mir auch nicht schwindelig. Nun, da ich zum ersten Mal den Erdboden unter mir lasse und auf einen Stuhl klettere, bin ich darum so unsicher auf meinen Beinen wie ein Hochseilartist im Seitenwind.

Obwohl ich im Gefängnis nie den festen Beton verlassen konnte, kenne ich das Gefühl, wenn alles um mich wackelt und sich ein Abgrund unter mir auftut, nur zu gut: Der Prozess, meine Aussage, meine vielen Zeitungs-, Radio- und Fernsehinterviews aus der Haft, die Verhöre während der neuen Ermittlungen, die Gespräche mit den Medien nach meiner Entlassung – immer hing mein Leben davon ab, was ich sagen würde. Im entscheidenden Moment durfte ich nicht an die Fallhöhe denken, ich musste ausblenden, was alles schieflaufen könnte, und mich allein auf das Ziel konzentrieren. Bloß nicht nach unten gucken, sondern nach vorne. Immer nach vorne.

Als ich die Birne gewechselt habe, steige ich unter dem tosenden Applaus meiner Gastfamilie vom Stuhl und schalte die wiederbelebte Lampe ein. Diese kleinen Erfolgserlebnisse machen mich stolz, für einen kurzen Moment fühle ich mich wie ein Teufelskerl. Ohne mich, so sagt meine Gastfamilie, um mich in meinem Hochgefühl zu bestärken, säßen wir alle im Dunklen. Dieser schöne und lustige Moment ist der Auftakt eines ereignisreichen Tages, denn wie zur Belohnung für meine Heldentat macht die ganze Familie spontan einen Ausflug ins Grüne.

Im Gefängnis gibt es keinerlei Natur, abgesehen von Ameisen, Kakerlaken und Ratten. Diese Geschöpfe haben sicherlich ihren Platz in der ökologischen Ordnung, doch unter Gefangenen sind sie verhasst, weil sie die wertvollen Einkäufe aus dem Kiosk fressen. Bei einem Stundenlohn von nur 30 Cent wird man schon wütend, wenn man den Spind öffnet und eine Ameisenkolonie in der Chipstüte entdeckt.

Glücklicherweise verkauft der Kiosk ein effektives Mittel, um

Ungeziefer fernzuhalten, nämlich besonders starke Pomade, gedacht für das krause Haar schwarzer Insassen. Auch Weiße kaufen dieses klebrige, fettige Zeug, um daraus unüberwindbare Barrieren für Kakerlaken und Ameisen zu bauen.

Trotz ihrer Abneigung gegen Insekten empfinden Häftlinge eine Sehnsucht nach Natur, die zuweilen groteske Blüten treiben kann. Während meiner Zeit in der Haftanstalt Brunswick wurden wir im Herbst und Frühling von Scharen kanadischer Gänse besucht, die auf ihren Zugrouten bei uns zwischenlandeten. Einem Gefangenen gelang es, einen dieser Vögel mit Leckereien aus dem Kiosk zu zähmen, wofür wir alle ihn bewunderten. Gerne schauten wir dabei zu, wie er die Gans fütterte und liebevoll mit ihr sprach. Nach einigen Tagen hörte das Tier auf den Namen Aflac und kam angerannt, wenn es von seinem stolzen Dompteur gerufen wurde.

Einem hochrangigen Wärter missfiel der Auflauf von Häftlingen, die sich um diesen berührenden Anblick scharten, und er befahl, die »unautorisierte Gruppierung« aufzulösen und das Füttern zu beenden. Der Insasse, der den Vogel gezähmt hatte, konnte jedoch nicht akzeptieren, dass er von seiner Gans getrennt werden sollte. Erst beschimpfte er den Wärter, dann dessen Verstärkung, die unverzüglich angerückt war. Auch weigerte er sich, in den Wohntrakt zurückzukehren. Als der Eingreiftrupp versuchte, ihn zu fassen, riss sich der Gefangene los und lief in seiner Verzweiflung wild schreiend auf dem Areal vor der Kommandozentrale hin und her. Schließlich wurde er niedergeknüppelt und von vier Wärtern in die Strafzellen gezerrt. Von dort wurde der Gänseflüsterer vermutlich in eine Haftanstalt der höheren Sicherheitsstufe verlegt, wir sahen ihn nie wieder.

Rückblickend erscheint es mir als eine besonders grausame Art der Folter, Menschen jahre- oder sogar jahrzehntelang jeden Umgang mit Tieren und Pflanzen zu verweigern. Auch ich hatte ein besonderes Naturerlebnis – mit dem Baum auf einem Parkplatz hinter der Augenarztpraxis. Auch für mich hatte der kurze direkte Kontakt mit der unberührten, unverdorbenen Umwelt nach all den Jahren der Trost- und Freudlosigkeit eine heilsame Wirkung. Und auch für mich war es hinterher schier unerträglich, in die Trostlosigkeit der Haftanstalt zurückzukehren. An dieses Erlebnis und die Gans Aflac muss ich denken, als ich zum ersten Mal mit meiner Gastfamilie ein Naturschutzgebiet in der Nähe von Hamburg besuche.

Heute nieselt es leicht, ein paar Fetzen Nebel hängen in der Luft, doch das nasskühle Wetter stört mich nicht im Geringsten. Im Gefängnis durften wir nicht auf den Sportplatz, wenn es regnete, also genieße ich das ungewohnte Gefühl der Regentropfen auf meiner Haut. Der Regen, der auf dem weichen Erdboden aufkommt, klingt und riecht anders als Regen, der auf den harten Asphalt einer Straße fällt. Vor allem der modrige Geruch von nassem Holz trifft meine Sinne unmittelbar, weil er mich an den Wald hinter dem Haus meiner Großeltern väterlicherseits erinnert, wo ich zuletzt als Kind war.

Die vorbeiziehenden Nebelfetzen verbergen erst einen Teil der Szenerie, dann eröffnen sie den Blick auf einen anderen, wie ständige Kulissenwechsel in einer aufwendigen Theaterproduktion. Wir gehen unter den riesigen Ästen uralter Eichen hindurch, durchqueren Sanddünen und eine Heidelandschaft mit Kiefernständen und erreichen zuletzt einen endlosen Weg, der von Birken gesäumt ist. Hier kann sich Winni austoben, sie rennt so ausgelassen hin und her, dass sie sich vor Freude buchstäblich überschlägt.

Unser Spaziergang führt vorbei an einem Teich, der als Laichstätte für eine geschützte Krötenart dient. In diesem Moment prasselt ein Regenschauer nieder, sodass ich beobachten kann, wie unendlich viele Tropfen auf der Wasseroberfläche tanzen. Ich schaue nach oben und öffne den Mund, um den Regen zu schmecken. In diesem Moment nehme ich die pure, wilde Natur mit jedem meiner Sinne in mich auf. Im Gefängnis ist alles anorganisch und unbeseelt, man ist ständig darauf bedacht, sich von der unheilvollen Umgebung abzugrenzen. Die Sinne dienten mir dort als Warnung, als Alarmanlage, jetzt ermöglichen sie mir, eins mit meiner Umwelt zu werden.

Wir haben keine Schirme, und unsere Kapuzen halten dem Platzregen nicht länger stand, darum flüchten wir uns in ein Wäldchen. Winni sucht zusätzlichen Schutz zwischen unseren Beinen und schüttelt sich dort das Wasser aus dem Fell. Mit klatschnassen Hosen machen wir uns wieder auf den Weg, der uns an einer Koppel mit vier Pferden vorbeiführt. Schon als Kind habe ich eine besondere Liebe zu diesen majestätischen Tieren entwickelt, auch erwies es sich als entscheidender strategischer Vorteil, in den Reitställen der einzige Junge inmitten all der pferdeverrückten Mädchen zu sein. In den Schulferien verbrachte ich darum mehrere glückliche Sommer auf einem Reiterhof in Niedersachsen, seitdem habe ich Pferde nur noch auf einem Fernsehbildschirm gesehen.

Eines der Pferde auf der Koppel ist neugierig genug, um sich mir zu nähern, vermutlich erhofft es sich einen Apfel oder eine Möhre. Leider muss ich diese Erwartung enttäuschen, dennoch lässt mich das schöne Tier seine zarte, weiche Nase streicheln. Dieser kurze körperliche Kontakt wirkt auf mich, wie so vieles Schöne und Angenehme in dieser Zeit, ambivalent. Einerseits weckt er glückliche Kindheitserinnerungen, andererseits ruft er auch die Trauer über all die verlorenen Jahrzehnte wieder wach.

Diese Melancholie hallt noch lange in mir nach. Mein Bauchgefühl sagt mir, dass ich mich diesen wiederkehrenden zwiespältigen Emotionen stellen muss, um in der Gegenwart anzukommen. Deshalb unternehme ich noch am selben Abend mithilfe der Internet-Suchmaschine eine weitere Reise durch die Vergangenheit. Ich gebe den Namen eines Mithäftlings ein, den ich als Teenager in der britischen U-Haftanstalt HMP Brixton kennengelernt hatte. Ich saß dort zwischen 1986 und 1990 in Auslieferungshaft, Finn wartete in dieser Zeit zwei Jahre lang auf seinen Prozess.

Ende der 1980er-Jahre hätte ich Finn vermutlich noch vorbehaltlos als Freund bezeichnet, so arglos war ich damals. Nach meiner Auslieferung in die Vereinigten Staaten musste ich jedoch lernen, dass echte Freundschaften im Strafvollzug nahezu unmöglich sind. Der Überlebenskampf ist dermaßen unerbittlich, dass man das Risiko nicht eingehen darf, sich anderen Insassen gegenüber zu öffnen und damit verwundbar zu machen. Tut man es trotzdem – und ich versuchte es immer wieder in den 33 Jahren meiner Haft –, wird man fast unweigerlich psychisch oder physisch ausgebeutet. Ich erinnere mich an nur drei, vielleicht vier Freundschaften, die sich nicht irgendwann als nüchtern kalkulierter Eigennutz entpuppten.

Finn könnte als mein fünfter oder, besser gesagt, erster Freund gelten, deshalb möchte ich herausfinden, wie es ihm ergangen ist, und suche ihn heute Abend im Internet. Während unserer gemeinsamen Zeit in HMP Brixton sprachen wir nie über die Verbrechen, die uns vorgeworfen wurden, das wäre ein Verstoß gegen die ungeschriebenen Regeln des Gefängnislebens gewesen. Meine Neugierde in dieser Hinsicht hielt sich aber ohnehin in Grenzen, ich wollte lieber nicht allzu genau wissen, wozu die Menschen, mit denen ich auf engstem Raum zusammenleben musste, fähig waren.

Bei prominenten Fällen ließ sich aber nicht vermeiden, dass die Haftgründe bekannt wurden, und so wusste Finn aus Zeitungsberichten von den Haysom-Morden, und ich hatte mitbekommen, dass er als aktives Mitglied der terroristischen Organisation IRA (Irish Republican Army) einen Polizisten ermordet haben sollte. Er war gebürtiger Amerikaner und nach der Tat in sein Heimatland geflüchtet, wurde jedoch viele Jahre später nach England ausgeliefert. Somit hatte Finn die gleiche Route zurückgelegt, die mir bevorstand, jedoch in die entgegengesetzte Richtung. Sein Prozess vor dem traditionsreichen britischen Gericht Old Bailey endete im Februar 1988 mit einem Schuldspruch und einer lebenslangen Haftstrafe.

Über das Internet bringe ich nun in Erfahrung, dass Finn 1999, also nur elf Jahre nach seiner Verurteilung, im Rahmen des Good-Friday-Friedensabkommens entlassen wurde und nach Irland zurückkehrte. Demnach war ich genau dreimal so lange inhaftiert wie ein Polizistenmörder und berüchtigter Terrorist. Ich recherchiere weiter und lande bei einem alten Zeitungsbericht über seinen Prozess. Auf einem Schwarz-Weiß-Bild demonstrieren seine Mutter und sein Bruder für Finns Entlassung, dabei halten sie ein Foto von ihm in den Händen.

Mit Macht werde ich zurückgeworfen in die Zeit, aus der das Bild stammt. Als ich im Hochsicherheitstrakt der Untersuchungshaftanstalt Brixton ankam, war ich mit 19 Jahren der einzige Teenager dort und zudem der einzige Insasse, dem die Hinrichtung auf dem elektrischen Stuhl drohte. Alle anderen Häftlinge waren gediegene Schwerverbrecher wie Finn, viele von ihnen hatten mehrere Menschenleben auf dem Gewissen, aber keiner sollte dafür gehenkt werden.

Nichts in meinem vorherigen Leben als behüteter Diplomatensohn und Einserabiturient hatte mich auf den psychischen Terror in Her Majesty's Prison Brixton vorbereitet, und auch körperlich war ich der bedrohlichen Situation nicht gewachsen. Als schmächtiger Junge mit Kindergesicht, großer Brille und keinerlei Nahkampferfahrung war ich ein leichtes Opfer, und als prominenter Häftling wäre mein Skalp für jeden Berufsverbrecher eine wertvolle Trophäe gewesen. In jedem wachen Moment köchelte darum die blanke Panik in mir.

In jenen Jahren lebte ich in doppelter Todesangst, einerseits vor meinen älteren, stärkeren Mitgefangenen, andererseits vor den Gerichten und Behörden, die mich für eine Tat, die ich nicht begangen hatte, hinrichten wollten. Das väterlich-freundschaftliche Verhältnis zu dem wesentlich älteren Finn bewahrte mich davor, an meinen Ängsten zugrunde zu gehen, weil wir uns gegenseitig unseren Kummer anvertrauen konnten. Finn erzählte mir von der übersteigerten Sehnsucht nach seiner irischen Wahlheimat, ich sprach über die Angst, ich könnte mein Leben verloren haben, noch bevor es wirklich angefangen hatte.

Heute Abend, als ich den alten Zeitungsbericht über Finn lese, wallt die alte Todesangst wie ein Déjà-vu in mir auf. Zwar habe ich mein Leben nicht verloren, wie damals befürchtet, aber noch immer hat es nicht richtig begonnen. In diesem Moment erkenne ich, dass ich es meinem 19-jährigen Selbst nach all der Qual schuldig bin, aus den Jahren, die mir nun bleiben, etwas Gutes zu machen, sie sinnvoll zu nutzen und zu genießen.

Einige Minuten später klappe ich das Tablet zu, das Foto von Finn und seiner Familie verschwindet. Der Hausherr hat für uns alle gebackenen Schafskäse und Gulasch gekocht, ich mache eine Flasche Wein auf und zünde die Kerzen an. Dann essen wir gemeinsam, hören irische Folk Music und planen, irgendwann zusammen nach Irland zu reisen.

Bis zu meiner nächsten Reise in die Vergangenheit vergehen mehrere Tage. Dieses Mal will ich eine verlorene Liebe aufspüren. Im Herbst 2003 lehnte der Bewährungsausschuss meinen ersten Antrag auf vorzeitige Entlassung ab. Diese Entscheidung enttäuschte mich zwar, überraschte aber auch nicht sonderlich, denn damals war es üblich, dass der erste Antrag abgelehnt wurde, erst beim zweiten durfte man sich Hoffnung machen. Zudem hatte der damalige Gouverneur von Virginia den Bewährungsausschuss gerade vollkommen neu besetzt, und es war noch nicht klar, welche Politik die neuen Mitglieder verfolgen würden.

Zu diesem Zeitpunkt hatte ich 17 Jahre abgesessen, aus meiner damaligen Sicht eine sehr lange Zeit. Zudem hatte ich keinen einzigen Eintrag in meinem Gefängnisführungszeugnis, mein erstes

Buch war gerade veröffentlicht worden, und im Fall einer Entlassung würde man mich nach Deutschland abschieben können. Kein anderer Antragsteller konnte diese Kombination von positiven Faktoren vorbringen, dennoch entschied der Ausschuss gegen mich und ordnete überdies an, dass ich erst nach drei Jahren wieder vorstellig werden dürfe. An diesem seelischen Tiefpunkt erschien mir der Besuch einer jungen Frau wie ein kleiner Lichtblick am düsteren Horizont.

Rebecca hatte mein erstes Buch *The Way of the Prisoner* gelesen und mir daraufhin einen begeisterten Brief geschrieben, in dem sie anbot, mich im Gefängnis zu besuchen. Ich lud sie ein, erlaubte mir aber keinerlei Hintergedanken, als wir uns angeregt über den Text unterhielten. Rebecca war sieben Jahre jünger als ich und außergewöhnlich schön, umso mehr war ich überrascht, als sie mir einige Tage später schrieb, sie habe sich heillos in mich verliebt. Ich ging auf das Angebot einer Fernbeziehung ein und fühlte zum ersten Mal seit meiner Inhaftierung so etwas wie ein bisschen Glück.

Beim zweiten Besuch von Rebecca küssten wir uns kurz, das war am Anfang und Ende jedes Treffens erlaubt. Es waren meine ersten Küsse seit dem Tag meiner Verhaftung im Jahr 1986. In all den vielen, langen Jahren dazwischen war ich nur ein Gefangener gewesen, nicht mehr als eine Nummer im Strafvollzugsregister. Doch in den wenigen Sekunden, in denen unsere Lippen sich berührten, wurde ich wieder zu einem Mann, der geliebt und begehrt wurde. Ich hörte für einen kurzen Augenblick auf, Häftling Nummer 179212 zu sein, und wurde wieder Jens.

Doch unser Glück war nicht von Dauer. Weil der Bewährungsausschuss angeordnet hatte, dass ich drei Jahre warten musste, bis ich einen neuen Antrag stellen durfte, verlor Rebecca irgendwann die Hoffnung. So lange konnte sie nicht warten, nach anderthalb Jahren, im Frühling 2005, brach sie die Beziehung ab. Sie hatte einen anderen Mann kennengelernt.

Ihre Entscheidung tat mir weh, doch ich konnte sie nachvollziehen. Ihr neuer Freund war ein freier Mann und immer für sie verfügbar, sie konnte ihn sehen und fühlen, wann immer sie wollte. Ich hingegen konnte ihr keinerlei Garantie geben, jemals entlassen zu werden oder sie auch nur ein einziges Mal richtig in den Arm zu nehmen. Sie hatte nun die konkrete Möglichkeit, glücklich zu werden, die musste sie ergreifen. In den darauf folgenden Jahren schrieben wir uns unregelmäßig, bis sie heiratete. Seit etwa zehn Jahren habe ich keinen Kontakt mehr zu Rebecca.

Als ich nun ihren Namen in die Suchmaschine eingebe, erscheinen viele Bilder von Frauen, die denselben Namen tragen. Auf nur einem der Fotos meine ich, meine ehemalige Freundin zu erkennen, sie ist noch viel schöner als in meiner Erinnerung. Im Gegensatz zu dem Bild von Finns Familie löst dieses Foto jedoch keine Gefühlswallungen in mir aus. Ich habe diese Geschichte zu meinem eigenen Schutz tief in mir vergraben, vermutlich werde ich nie wieder einen emotionalen Zugang zu ihr finden.

Zudem habe ich im Laufe der Zeit so viele alternative Lebenswege verloren, dass dieser eine kaum ins Gewicht fällt. Die junge Frau hingegen hätte sich ihr Leben zerstört, wenn sie an mir festgehalten hätte. Denn auch mein nächster Antrag auf Entlassung wurde abgelehnt. Und der übernächste. Und der überübernächste. Insgesamt wurden 14 Anträge abgelehnt, bis der 15. Antrag 2019 angenommen wurde. So lange hätte Rebecca auf mich warten müssen. Ich bin froh, dass sie es nicht getan hat, und hoffe, dass sie heute glücklich ist.

Wenn ich nicht gerade im Internet herumstöbere, begleite ich meine Freunde und die Gastfamilie in den ersten Januartagen gerne in verschiedene Geschäfte, um kleine Besorgungen zu machen. Alleine unternehme ich derartige Entdeckungsreisen nicht, denn die Menschenmengen auf den Bürgersteigen und in den Läden verunsichern mich nach wie vor. Wie im Gefängnis gibt es auch in der freien Welt ungeschriebene Regeln, die ich als Frischling erst noch lernen muss.

Einmal, als ich auf einer Rolltreppe stehe, höre ich hinter mir ein entrüstetes Schnauben. Ein Freund zieht mich zur Seite und erklärt mir, dass es in Deutschland erste Bürgerpflicht ist, auf einer Rolltreppe rechts zu stehen und links zu gehen. Vielleicht ist es auch genau andersherum, ich erinnere mich nicht mehr. Offensichtlich muss ich mir noch den ein oder anderen bösen Blick einhandeln, bis mir diese Dinge in Fleisch und Blut übergegangen sein werden.

Eine andere Art Problem erwartet mich in den Geschäften selber. An der Wursttheke bei Edeka weiß mein Begleiter genau, was er will, und fragt mich danach, was ich haben möchte. Ich schaue in die Auslage, es scheint Hunderte verschiedene Arten Wurst und Schinken zu geben, darunter alleine zehn Sorten Salami. Ich sehe mir alles genau an und lese die Schilder. Ob Schinken wohl anders schmeckt als die nahezu identisch aussehende Mortadella? Und wenn ja, welches von beiden würde ich wohl auf meinem Brot bevorzugen? Und macht es einen geschmacklichen Unterschied, ob die Wurst von Schwein, Pute oder Rind kommt? Mag ich Wurst geräuchert? Oder vielleicht mit Kräutern? Und möchte ich einen Haselnuss- oder Pfefferrand, und soll es lieber der schwarze oder der bunte Pfeffer sein? Ich fühle mich so überfordert, dass ich meiner Begleitung sage, ich hätte keinen Appetit auf Wurst.

Kurz danach, in der Obst- und Gemüseabteilung, habe ich erneut die Qual der Wahl. Mein Begleiter fragt wieder, was ich möchte, und ich merke, dass dieselbe Angst wie an der Wursttheke in mir aufsteigt. Offenbar ist der Winter in Deutschland Apfelsaison, denn überall stehen körbeweise Äpfel aus der Region. Ich zähle sechs verschiedene Sorten, die alle saftig und appetitlich aussehen. Meine Angst, einen Fehler zu machen, ist wieder größer als meine Neugierde, doch dieses Mal entdecke ich plötzlich einen Ausweg aus der Unentschlossenheit. Etwas versteckt, oben rechts auf dem Regal, liegen verloren ein paar quietschgrüne Granny Smith-Äpfel aus Neuseeland, die ich aus dem Gefängnis kenne. Ich nehme mir einen und lege ihn in den Einkaufswagen.

Die übersteigerte Angst, einen Fehler zu machen, jemandem im Weg zu stehen oder im Supermarkt eine Salami auszusuchen, die ich später nicht mag, ist einerseits meiner Unerfahrenheit geschuldet, aber andererseits auch Ausdruck meiner Abhängigkeit. Ich habe keine eigene Familie, die mich selbstverständlich auffängt, kein Geld, keinen Beruf, nicht einmal eine Ausbildung, darum bin ich zunächst auf die Großzügigkeit meiner Freunde angewiesen. Diese Menschen haben einem Fremden selbstlos ihre Hilfe angeboten, und ich möchte unbedingt, dass sie meine Dankbarkeit spüren. Ich möchte sie nicht enttäuschen, und ich möchte sie nicht verlieren. Sollte das passieren, werde ich alleine dastehen.

Auf meinen Spaziergängen durch die Einkaufsstraßen sehe ich verwahrloste Menschen, die bei Eiseskälte auf dem Bürgersteig sitzen und betteln. Während einer Busfahrt zur Elbe sehe ich sogar eine ganze Obdachlosenkolonie unter einer Brücke. Ich denke darüber nach, dass diese armen Seelen vermutlich, genauso wie ich, von einem unvorhersehbaren Bruch aus ihrem Leben gerissen wurden, aber niemand da war, der sie auffing. Ich ertaste den Wohnungsschlüssel in meiner Jackentasche und denke, was für ein Glückspilz ich doch bin.

11

Das Leben hinter Gittern habe meine Augen verändert, erklärt mir der Optiker. Ich bin zu ihm zurückgekommen, weil die Brille, die er mir vor zwei Wochen verkauft hat, nicht richtig funktioniert. Die Dinge in meiner Nähe und in mittlerer Distanz kann ich gut sehen, aber Objekte in der Ferne sind verschwommen.

Im Laufe der Jahrzehnte haben sich meine Augen dem visuellen Umfeld im Gefängnis angepasst, sagt der Optiker. Dort, in der Zelle und im Gemeinschaftssaal, habe es keine Möglichkeit gegeben, in die Ferne zu schauen, deshalb habe sich die Linsenmuskulatur an die nahen und mittleren Bereiche gewöhnt. Nun müssen meine Augen erst wieder lernen, in die Weite zu blicken.

33 Jahre lang habe ich mich bemüht, mich meinem vermeintlichen Schicksal nicht zu fügen: Als die Geschworen mich für schuldig befanden, weigerte ich mich, das Urteil hinzunehmen und kämpfte seitdem für meine Rehabilitierung. Im Strafvollzug lehnte ich die in sich geschlossene Gefängniskultur ab und wurde zum Außenseiter, der Bücher schrieb. Vor dem Bewährungsausschuss schlüpfte ich nicht in die Rolle des reuigen Sünders, sondern bestand auf meiner Unschuld. Für mich gab es kein richtiges Leben im falschen, darum war ich stolz darauf, mich in der Situation niemals einzurichten, sondern stattdessen unermüdlich gegen sie anzukämpfen.

Einzig meine Augen haben den Kampf offenbar schleichend aufgegeben und sich den Gegebenheiten angepasst. Zurück in der Freiheit müssen sie nun lernen, die Arbeit wieder aufzunehmen, während sich der Rest von mir im Müßiggang übt.

Im Gefängnis war ich äußerst diszipliniert, denn ich hatte mein Leben dem Freiheitskampf gewidmet und wollte stets für die nächste Schlacht gewappnet sein. Deshalb mied ich selbst gebrauten Alkohol, Drogen, Kartenspiele, Sportwetten und alles andere, das mich geschwächt oder vom Wesentlichen abgelenkt hätte. Stattdessen achtete ich akribisch darauf, jede Nacht acht Stunden zu schlafen, mich gesund zu ernähren und täglich Sport zu treiben. Ich befasste mich mit Politik, dem amerikanischen Recht und der US-Geschichte, um das Justizsystem, das mich gefangen hielt, besser verstehen zu können.

Die meisten meiner Mithäftlinge kamen aus Milieus, in denen der Alltag nicht grundsätzlich anders aussah als der im Gefängnis. Diese Männer fanden meinen strikten Lebensstil darum größtenteils zutiefst befremdlich. Einige von ihnen verspotteten mich, um ihren bequemen Fatalismus nicht hinterfragen zu müssen – es war ihnen offensichtlich lästig, dass jemand einen mühsamen Weg aufzeigte, der nicht in Selbstaufgabe oder Selbstzerstörung mündete. Andere jedoch bewunderten meine Disziplin, und vereinzelt konnte ich junge Mithäftlinge motivieren, sich selber ebenfalls nicht aufzugeben.

Nun, in der Freiheit, nach dem Ende meines langen Kampfes, kann ich diese eiserne Disziplin loslassen. Auf dem Tisch in meinem Schlafzimmer steht eine gerahmte Postkarte mit den Worten »Ich. Muss. Gar. Nix.«, diese Parole mache ich zu meiner Lebensphilosophie in den ersten Wochen nach meiner Entlassung. Endlich kann ich die Zügel schleifen lassen, Unmengen von Schokolade essen, Wein trinken, spät ins Bett gehen und gegen Mittag verkatert aufstehen, die Nachrichten ignorieren und schlaue Bücher ungelesen in den Schrank stellen.

In bestimmten Situationen fällt es mir allerdings noch schwer, die Anspannung des Gefängnislebens hinter mir zu lassen. Eines Tages, auf dem Rückweg aus der Innenstadt, überkommt mich plötzlich das Gefühl, dass ich verfolgt werde. Dieses innere Warnsignal, dass sich jemand von hinten nähert, kenne ich aus der Haft, dort nannten wir es unser Radar. Im Strafvollzug war es überlebensnotwendig, denn die allermeisten Schlägereien begannen mit Angriffen aus dem Hinterhalt.

Als mein Gefängnisradar auf dem Hamburger Bürgersteig anschlägt, drehe ich mich instinktiv um. Und tatsächlich geht ein junger Mann in grauem Anzug hinter mir, für mein Empfinden kommt er mir viel zu nah. Er verhält sich nicht so, als ob ich ihn bei einem geplanten Angriff ertappt hätte, dennoch behalte ich ihn im Auge. Als wir die nächste Kreuzung erreichen, biegt er rechts ab. Ich schaue ihm hinterher und fühle, wie die Spannung aus meinem Körper weicht.

Nur einige Minuten später passiert das Gleiche, allerdings mit vertauschten Rollen. Vor mir geht eine junge Frau, sofort verlangsame ich meine Schritte, um ihr Radar nicht versehentlich anschlagen zu lassen. Einige Häftlinge waren so traumatisiert, dass sie in solchen Situationen automatisch mit einem präventiven Erstschlag reagierten, also bin ich wachsam. Wieder dauert es ein paar Sekunden, bis ich gedanklich in der Freiheit ankomme, meinen Mitmenschen Vertrauen entgegenbringen und mich entspannen kann. Dann überhole ich die Frau, ohne wie im Gefängnis einen großen Bogen um sie zu machen – nur um zu genießen, dass ich es kann.

In einer anderen Situation ist es nicht die Häftlingsmentalität, die mich einholt, sondern der Schock meiner Verhaftung am 30. April 1986. In den Monaten zuvor waren meine ehemalige Freundin Elizabeth und ich auf der Flucht vor der Polizei gewesen – das dachten wir jedenfalls, tatsächlich suchte bis zuletzt niemand offiziell nach uns.

Wir reisten durch die ganze Welt und letztlich nach London, wo wir unseren Lebensunterhalt mit kleinen Scheckbetrügereien finanzierten. Spät eines Nachmittags waren wir auf dem Heimweg vom Vorort Richmond zu unserer gemieteten Ferienwohnung in Marylebone, als sich die Türen der U-Bahn nicht schlossen. Wir wunderten uns, warum die Fahrt nicht weiterging, als plötzlich ein Polizist vor uns stand und uns aufforderte, ihm zu folgen. Dies waren meine letzten Schritte in Freiheit.

Jetzt, im Januar 2020 in Hamburg, betrete ich zum ersten Mal seit jenem verhängnisvollen Tag einen U-Bahn-Waggon. Er ist sehr viel geräumiger und sauberer als der Waggon in London, doch ist die geschäftige Atmosphäre die gleiche. Zunächst amüsiere ich mich noch über meine Erinnerungen, doch dann merke ich, dass meine Hände klamm und zittrig werden. Hektisch blicke ich von links nach rechts, auf der Suche nach einem Polizisten. Dieses Déjà-vu dauert nur ein paar Sekunden, dann realisiere ich, dass ich nichts zu befürchten habe. Tatsächlich lässt mich das beklemmende Gefühl aber erst wieder los, als wir unser Reiseziel erreichen und aussteigen.

Am 17. Januar 2020 laden mich meine Gastfamilie und Freunde in ein italienisches Restaurant ein, um das einmonatige Jubiläum meiner Entlassung zu feiern. Ich kann es kaum fassen, dass nur 31 Tage seit meiner Ankunft in Frankfurt vergangen sind, so viel habe ich in den letzten vier Wochen erlebt.

Richtig angekommen bin ich in der mondänen Überflussgesellschaft hier draußen aber noch nicht. In dem Restaurant steht das Menü auf einer großen Schiefertafel, die der Kellner mit Schwung auf einen Stuhl neben dem Tisch stellt, zusätzlich trägt er die verschiedenen Spezialitäten des Tages mündlich vor. Das alles geschieht in einer atemberaubenden Geschwindigkeit, ich muss um Wiederholung bitten. Auch beim zweiten Hören und Lesen empfinde ich die Auswahl als überwältigend und bitte meine Freunde um Rat. Ihre Empfehlung, Thunfischtatar und gebratene Kalbsleber, nehme ich gerne an und konzentriere mich fortan auf die korrekte Verwendung von Messer und Gabel.

Während der vielen Mahlzeiten in meinem neuen Zuhause habe ich wieder lernen müssen, wie man mit Tischbesteck umgeht. Einerseits habe ich das Gefühl dafür verloren, weil es im Gefängnis nur den *spork* gab, andererseits sind die Gepflogenheiten in Amerika andere als in Europa. In den Vereinigten Staaten zerschneidet man das Essen zuerst, dann legt man das Messer zur Seite und isst mit der Gabel, während die andere Hand auf dem Schoß liegt. Diese Unsitte geht angeblich zurück auf den Wilden Westen, wo der Cowboy immer eine Hand am Colt haben musste. Darüber hat sich meine Gastfamilie köstlich amüsiert, bis ich es leid war und bat, man möge mir europäische Tischmanieren beibringen. Diese soll ich bei unserem Restaurantbesuch zum ersten Mal in der Öffentlichkeit anwenden. Nachtisch, so wird mir gesagt, gebe es nur, wenn ich alles richtig mache.

Auch im Gefängnis gab es Festmahlzeiten, zum Beispiel wenn die Fans eines bestimmten American Football Teams einen Sieg über den Erzfeind feierten. Für solch besondere Gelegenheiten bereiteten Häftlinge Pizzas aus Einkäufen vom Kiosk zu. Sie zerrieben Salzcracker, vermischten die Brösel mit Wasser und formten den Brei zu einem Teigboden. Darauf quetschten sie Dutzende kleine Ketchuppäckchen, die sodann mit Plastikkäse verschmiert und mit Würstchenscheiben belegt wurden. Wenn man die richtigen Verbindungen zu den Moslems in der Gefängnisküche hatte, konnte man diese kulinarische Kreation zusätzlich mit gestohlenen Paprika und Zwiebeln garnieren. Das alles wurde dann im Mikrowellenherd des Gemeinschaftssaals aufgewärmt, bis es zu einem klebrigen Schlamm verschmolz.

Daran muss ich heute Abend denken, als ich meine Kalbsleber genieße. Besonders denke ich an meinen letzten Zellenmitbewohner Frankie, der gutes Essen so sehr liebte, dass er mich bat, ihm Fotos von meinen ersten Mahlzeiten in Freiheit ins Gefängnis zu schicken. Wie würde er sich über dieses Essen freuen. Ich überlege, ob ich ihm ein Bild senden soll, doch ich bringe es nicht übers Herz, ihm die Annehmlichkeiten meines neuen Lebens auf diese Weise vorzuführen. Stattdessen wird meine Gastfamilie Frankie etwas Geld schicken, damit er sich im Kiosk die Zutaten für eine Knastpizza kaufen kann.

Einige Tage nach meinem einmonatigen Jubiläum trete ich meine erste Reise innerhalb Deutschlands an, sie führt mich ausgerechnet zurück an den Ort, wo ich vor einem Monat angekommen bin. In Frankfurt lebt meine Literaturagentin und Freundin mit ihrem Mann, die ich mit dem Zug besuchen will.

Das Abenteuer beginnt auf dem Internetportal der Deutschen Bahn, wo ich meinen ersten Online-Kauf tätige. Entgegen allen Befürchtungen bereitet es mir keinerlei Schwierigkeiten, den passenden Zug zu finden und einen Sitzplatz zu reservieren. Im Gegenteil, ich finde es eher beängstigend, wie schnell alles geht und wie reibungslos ich zum Bezahlen zu PayPal weitergeleitet werde. Das ist zwar praktisch, aber irgendwie habe ich die Sorge, dass es mir zu leicht gemacht wird, mein Geld auszugeben. Im analogen Zeitalter, aus dem ich stamme, war das Einkaufen ein viel bewussterer Akt: Als man den Hundert-D-Mark-Schein an der Kasse noch kurz in der Hand hielt, änderte man seine Meinung vielleicht noch mal, bevor man unnötigen Krempel kaufte. Vermutlich wird es mir das Online-Shopping sehr viel schwerer machen, einen vernünftigen Umgang mit Geld zu lernen.

Als ich den Hamburger Hauptbahnhof erreiche, bin ich etwas eingeschüchtert von dem Menschenwirrwarr vor und im Gebäude. Neben dem Haupteingang sitzen wieder viele Obdachlose, daneben bläst ein Straßenmusikant in sein Saxophon. Auf der anderen Seite steht eine Ansammlung von jungen Leuten, denen man ihren jahrelangen Drogenmissbrauch deutlich ansieht. Überall liegen Zigarettenkippen auf dem Boden, hier und dort gibt es schmutzige Pfützen.

Ich bemerke, dass die Menschen auf dem Bahnhofsvorplatz bunter gemischt sind, als ich es aus dem Deutschland meiner Kindheit in Erinnerung habe. Als ich meinen Begleiter frage, ob es sich bei den vielen südländisch aussehenden jungen Männern um die Asylanten handele, die 2015 im Zuge der berühmten Flüchtlingswelle gekommen seien, ernte ich ein Rüge: Das Wort »Asylanten«, so erfahre ich, sei heutzutage nicht mehr üblich.

Sofort denke ich an die USA. Dort ist das endlose Ringen um eine diskriminierungsfreie Sprache mittlerweile zum Volkssport unter privilegierten Weißen geworden. Dabei weiß niemand so gut wie afroamerikanische Häftlinge, dass echter Rassismus nicht als unbedachte Äußerung, sondern in Form wohlüberlegter, politisch korrekt formulierter Gesetzestexte daherkommt. Meinem schwarzen Zellenmitbewohner Frankie wäre es völlig egal, wie er genannt wird, wenn seine Kinder denn nur endlich die Bildungschancen bekämen, die er nie hatte.

Auf dem Bahnsteig angekommen begegnen mir dann auffallend viele grimmig dreinschauende Menschen. Ich wurde bereits von meiner Familie darauf vorbereitet, dass die Bahn ein Reizthema der Deutschen sei, weil die Züge sich grundsätzlich verspäteten und auch sonst nichts funktioniere. Es gehöre darum gewissermaßen zum guten Ton, so lernte ich, sich darüber aufzuregen und nach jeder Reise zu beklagen. In dieser Hinsicht bin ich wohl noch weit davon entfernt, ein ordentlicher Bürger dieses Landes zu sein, ich finde den ICE von Hamburg nach Frankfurt nämlich fantastisch und bin auch bereit, das dem sichtlich irritierten Schaffner zu sagen. Der Wagon ist hell und großzügig, das WLAN funktioniert lückenlos, die Toilette ist sauber, der Kaffee schmeckt hervorragend, und pünktlich ist der Zug außerdem. Es schreit nicht einmal ein Baby, um das durchweg positive Bild zu trüben.

Die ersten Minuten der Zugfahrt führen uns über eine eindrucksvolle Brücke am Hamburger Hafen. Mich fasziniert die

Betriebsamkeit der vielen Menschen, die an den Schiffen, Kränen und Containerterminals arbeiten, dort wird im wahrsten Sinne des Wortes etwas bewegt. Im Gegensatz dazu lebte ich bis vor Kurzem in einer Welt, in der Menschen systematisch von Bewegung und produktiver Arbeit abgehalten wurden.

Bis in die 1990er-Jahre hinein war *rehabilitation*, Resozialisierung, das Leitmotiv des amerikanischen Strafvollzugs gewesen, viele Justizbehörden nannten sich Department of Corrections, weil die Insassen korrigiert, also verbessert werden sollten. Dann, nach der Verschärfung des *war on crime* durch US-Präsident Bill Clinton, galt nicht mehr die Resozialisierung als Ziel der Haft, sondern *incapacitation*, Stilllegung. Das neue Schlagwort war *warehousing*, Gefängnisse sollten zu Lagerhallen werden. Dafür wurden Ausbildungsmöglichkeiten abgeschafft und Hofgänge auf drei Stunden in der Woche reduziert, sodass Insassen ihre Zellen und Gemeinschaftssäle so wenig wie möglich verließen. In der Supermax-Haftanstalt Wallens Ridge sagte man uns sogar, dass unsere Rationen beim Mittagessen gekürzt würden, damit wir durch die geringere Kalorienzufuhr buchstäblich weniger Energie hätten.

Das rege Treiben im Hamburger Hafen liegt bald hinter uns, dann führt mich die Reise durch Niedersachsen, wo ich zum ersten Mal deutsche Felder und Wälder aus der Nähe sehen kann. Der Zug nimmt Fahrt auf, die Bauernhäuser, Bäume und Windräder huschen am Fenster vorbei, hier und da kann ich Kühe und Pferde erahnen. Als ich im Großraumwagon um mich schaue, merke ich, dass die anderen Passagiere in ihre Tageszeitungen, Handys und Tablets vertieft sind. Meine kindliche Faszination für das platte norddeutsche Land erscheint mir nun selber etwas albern.

Dreieinhalb Stunden später komme ich am Frankfurter Hauptbahnhof an. Meine Freundin und ihr Mann warten schon ungeduldig auf mich, weil sie mit mir in den Bahnhofsbuchladen gehen möchten. Sie haben gesehen, dass mein letztes Buch *Nicht schuldig!* hier an gleich zwei Stellen ausliegt, und wollen mir das nun unbedingt zeigen. Mehr als sieben Jahre ist es her, dass das Buch, in dem ich mein Leben bis zu jenem Zeitpunkt niedergeschrieben habe, veröffentlicht wurde, aber ohne Happy End wollte es damals keiner kaufen. Jetzt steht es unübersehbar auf einem großen Tisch nahe dem Eingang und in einem Regal weiter hinten im Geschäft. Dies ist ein besonderer Moment für mich, und zwar nicht nur, weil es mich als Schriftsteller stolz macht.

Jeder Mensch empfindet den Drang, etwas Nachhaltiges und Wertvolles zu schaffen, auch Häftlinge in einer der Verwahranstalten des amerikanischen Strafvollzugs. Dort sind die Möglichkeiten jedoch so begrenzt, dass es außerordentlicher Anstrengungen bedarf, auch nur kleine Geschenke für die Familie zu basteln. Ein Insasse, den ich etwas besser kannte, hatte sich selber beigebracht, Papierblumen herzustellen, die so kunstvoll waren, dass seine Schwester sie bei eBay verkaufen konnte. Dieser kleine Erfolg gab ihm einen Lebensinhalt, der ihm zumindest zeitweise ermöglichte, mit seinem Schicksal fertig zu werden. Im Alter von 16 Jahren war er zu einer lebenslangen Haft ohne die Möglichkeit einer frühzeitigen Entlassung verurteilt worden.

Für mich waren es meine sieben veröffentlichten Bücher, die mir das Gefühl gaben, dass mein Leben doch nicht vollkommen umsonst war. Aufgeregt beobachte ich in der Frankfurter Bahnhofsbuchhandlung, wie eine scheinbar fachkundige Käuferin zum Regal geht, in dem *Nicht schuldig!* liegt – jedoch in letzter Sekunde nicht zu meinem Buch greift, sondern zu der Biografie Donald Trumps.

Abends führt der Bruder meiner Freundin die Familie und mich in ein italienisches Restaurant aus. Er ist, so habe ich mir sagen lassen, ein bekannter Fernsehmoderator, dementsprechend unterhaltsam wird das Tischgespräch. Nach dem Essen gehen wir gemeinsam in eine Bar, auf dem Weg dorthin stürzt ein Mann in heller Aufregung auf uns zu, woraufhin ich zur Seite trete, um ihm den Weg zu seinem Idol nicht zu versperren. Völlig unerwartet spricht der Mann aber nicht meinen berühmten Begleiter an, sondern mich: Er habe alle meine Bücher gelesen und freue sich sehr über meine Entlassung. Offensichtlich ist er so ergriffen von unserem zufälligen Zusammentreffen, dass er den Fernsehstar neben mir gar nicht bemerkt. Für den ist es ein ungewohntes Erlebnis, nicht derjenige zu sein, der von einem Fremden angesprochen wird. Für mich ist es eine große Erleichterung, dass der erste Zwischenfall dieser Art ein so erfreulicher war.

Am folgenden Tag, dem Geburtstag meiner Freundin, lädt sie zwei Dutzend ihrer Freunde zu einer privaten Führung durch das Historische Museum ein. Mich beeindruckt ein Ausstellungsstück besonders, das Diorama des Frankfurter Stadtzentrums am Ende des Zweiten Weltkriegs. Außer einem Schornstein und dem Teil einer Backsteinwand war alles dem Erdboden gleichgemacht worden, es blieb nur Asche und Ruß.

Ich bleibe vor dem Glaskasten mit dieser grau-schwarzen Mondlandschaft stehen, als die anderen zu einer Münzsammlung weitergehen. Auf erschreckende Weise erkenne ich in dem Diorama mein Leben wieder. Es ist keine achtzig Jahre her, dass Frankfurt, genauso wie mein Leben heute, in Trümmern lag. Erst vor wenigen Minuten, auf dem Weg zum Museum, habe ich die wiederaufgebaute Stadt gesehen, die Fachwerkhäuser und die Glastürme. Augenscheinlich ist es möglich, aus Ruinen aufzuerstehen.

Am selben Abend und als krönenden Abschluss meiner Reise dürfen der Mann meiner Freundin und ich die Generalprobe des Stückes »jedermann (stirbt)« im Schauspielhaus Frankfurt ansehen, denn der Chor, in dem meine Freundin singt, wirkt bei diesem Theaterstück mit. Es geht um die Angst vor dem Tod, der laut dem Autor Ferdinand Schmalz wie ein Damoklesschwert über jedem von uns hängt.

Nicht ganz, würde ich ihm widersprechen: Wer lebenslänglich oder jahrzehntelang in einem amerikanischen Gefängnis dahinvegetiert, wer darum nichts zu verlieren hat als seine Verzweiflung, dem kann das eigene Ende als Erlösung scheinen. Aber erst die Angst vor dem Tod gibt dem Leben einen Wert – vermutlich bin ich darum an dem Abend in dem Frankfurter Theater der einzige Zuschauer, der für seine Todesangst regelrecht dankbar ist.

12

Jens Söring ist zweifelsfrei schuldig. Das behauptete die Frankfurter Allgemeine Zeitung in einem Gastbeitrag vom 25. November 2019, dem Tag, an dem meine Entlassung auf Bewährung bekannt gegeben wurde. Jeder deutsche Journalist, der meinen Namen zu jener Zeit in eine Suchmaschine eingab, stieß unweigerlich auf diesen Satz. Und somit hatte ein höchst einseitiger Artikel den Ton für die Berichterstattung der folgenden Wochen gesetzt.

Im Abschiebegefängnis Farmville hatte ich keinen Zugriff auf ein E-Mail-Konto, darum lasen mir meine Freunde einige Zeitungsberichte am Telefon vor. Als ich die Worte am Anfang des FAZ-Artikels hörte, traute ich meinen Ohren kaum: Jens Söring ist zweifelsfrei schuldig. Ich fühlte mich an meinen Prozess erinnert und daran, wie ich damals bereits vor dem ersten Sitzungstag des Gerichts als *German monster* medial hingerichtet worden war. Wie schon vor dreißig Jahren spürte ich nun, wie mir einmal mehr jede Chance auf eine faire Begutachtung meiner Schuld genommen würde und dass ich wieder gegen Windmühlen ankämpfen müsste.

Zwischen dem Urteil und dem FAZ-Artikel liegen drei Jahrzehnte, mittlerweile ist längst klar, dass ich nicht zweifelsfrei schuldig bin. Die Aussage des wichtigsten Zeugen der Staatsanwaltschaft wurde entkräftet, neue forensische Gutachten wurden angefertigt und bisher unbekannte entlastende Beweise zutage gefördert. Darum wechselte der ursprüngliche führende Ermittler der Mordkommission vor vier Jahren die Seiten und unterstützte meinen Antrag auf eine Unschuldserklärung. Ebenfalls taten dies ein amtierender Sheriff, eine ehemalige stellvertretende Justizministerin, ein pensionierter FBI Special Agent, ein Kriminalbeamter im Ruhestand und viele andere intime Kenner des amerikanischen Justizsystems. In ihren Gutachten kamen sie alle zu dem Schluss, dass ich nicht verurteilt würde, wenn ich heute vor Gericht stünde, weil es durchaus berechtigte Zweifel an meiner Schuld gebe. Privat deuteten sie mir gegenüber an, dass sie mich darüber hinaus tatsächlich für unschuldig hielten.

Natürlich hat jeder das Recht auf eine eigene Meinung zu der Frage, ob ich die Eltern meiner damaligen Freundin ermordet habe. Und solange ich den letztendlichen Beweis meiner Unschuld nicht erbringen kann, wäre es journalistisch unseriös, zu behaupten, ich sei ohne jeden Zweifel *unschuldig*. Aber die Behauptung, ich sei zweifelsfrei *schuldig*, ist mindestens ebenso illegitim. Zumal die Frankfurter Allgemeine Zeitung vor gerade einmal 15 Monaten, im August 2018, zu einem wesentlich differenzierteren Urteil gekommen war, was die Frage meiner Schuld betraf. Anlässlich einer Fernsehausstrahlung der Dokumentation *Das Versprechen* schrieb das Blatt damals wörtlich, dass ich offensichtlich keinen fairen Prozess bekommen hätte und die Wahrheit niemals gefunden würde.

Gerne hätte ich sofort nach meiner Ankunft mit der deutschen Presse gesprochen, denn ich wollte die Öffentlichkeit hierzulande sehen lassen, dass ich weder ein Mörder noch ein Lügner bin. Aber nach den nervenaufreibenden Monaten, die hinter mir lagen, dauerte es mehrere Wochen, bis ich mich für diese Herausforderung bereit fühlte. Und dann erreichte mich ein Brief, der mich eben daran hindern wollte. Der Verfasser des Schreibens war ein Rechtsanwalt aus Berlin, der vorgab, Elizabeth Haysoms Interessen zu vertreten. Ob das stimmt, kann ich nicht klären, weil es eine meiner Bewährungsauflagen ist, die Familie der Opfer nicht zu kontaktieren – und Elizabeth ist deren Tochter. In seinem Brief kündigte der Anwalt an, mich wegen Verleumdung zu verklagen, sollte ich meine Version der Ereignisse in der Tatnacht weiterhin öffentlich verbreiten.

Ende März 1985 fuhr ich mit Elizabeth für ein Wochenende von Charlottesville nach Washington, DC. Darüber, warum wir fuhren und was danach passierte, herrscht bis heute Uneinigkeit. Wenn es nach der Staatsanwaltschaft geht, diente unser Ausflug der Beschaffung eines Alibis für einen angeblich von langer Hand geplanten Doppelmord. Laut Anklage fuhr ich am Abend des 30. März alleine, nur mit einem kleinen Taschenmesser bewaffnet, nach Bedford County, um auf Elizabeths Geheiß ihre Eltern umzubringen. Sie blieb angeblich in Washington, um dort zwei Kinokarten zu beschaffen, mithilfe derer wir dann beweisen wollten, die Stadt nicht verlassen zu haben. Währenddessen soll ich Derek und Nancy Haysom auf brutalst mögliche Weise getötet haben, indem ich die Kehlen der beiden durchtrennt und Dutzende Male auf sie eingestochen habe. Nach der Tat soll ich dann blutüberströmt und nur in ein Bettlaken gehüllt ins Hotel zurückgekehrt sein und meine Freundin angewiesen haben, die blutgetränkten Sitze des Mietautos mit Coca-Cola zu reinigen, während ich mich schlafen legte.

Unser Tatmotiv, so behauptete die Staatsanwaltschaft, habe darin bestanden, dass Elizabeths Eltern sich gegen unsere Beziehung gestellt hätten. Vor Gericht konnte jedoch kein einziger Angehöriger oder Freund der Familie bestätigen, dass Derek und Nancy Haysom sich jemals negativ über mich geäußert hatten. Warum auch, ich hatte die beiden nur ein einziges Mal Anfang 1985 kurz zum Mittagessen getroffen. Sie hatten keinerlei Grund, mich nicht zu mögen, zumal ich als biederer Begabtenstipendiat, verglichen mit den zwielichtigen Partnern, die Elizabeth ihren Eltern in der Vergangenheit präsentiert hatte, einen passablen

139

Schwiegersohn abgegeben hätte. Einen handfesten Beweis für ihre Offenheit mir gegenüber findet man in einem Brief aus dem Dezember 1984, in dem Elizabeth beschreibt, wie sie vor den Eltern mit ihrem deutschen Freund geprahlt habe und ihre Mutter daraufhin vorschlug, mich zu besuchen. Angeblich schmiedeten wir zu diesem Zeitpunkt bereits Mordpläne.

Nicht nur das vermeintliche Tatmotiv, auch jeden anderen Vorwurf der Staatsanwaltschaft bestreite ich vehement. Bei meinem Prozess trat ich darum selber in den Zeugenstand, um meine Erinnerungen an die Tatnacht wiederzugeben. Ich sagte aus, dass wir in das Hotel in Washington gefahren waren, um an dem Wochenende ein bisschen Privatsphäre abseits des Studentenwohnheims zu genießen. Doch laut meiner Aussage hielt die Idylle nicht lange, weil mir meine Freundin überraschend gestand, nach längerer Abstinenz wieder Drogen genommen zu haben; nun habe sie angeblich Schulden bei ihrem Dealer angehäuft und müsse darum in seinem Auftrag Ware quer durch Virginia transportieren. Elizabeth hatte in der Vergangenheit immer wieder vergeblich gegen ihre Heroinabhängigkeit angekämpft, darum kaufte ich ihr diese abenteuerliche Geschichte ab. Natürlich, so erinnerte ich mich, wollte ich sie jedoch nicht alleine fahren lassen und drängte darauf, sie zu begleiten. Letztlich, so meine Schilderungen weiter, ließ ich mich nur abschütteln, weil mich Elizabeth bat, ihr für die Zeit ihrer Abwesenheit ein Alibi in Form von Kinotickets zu verschaffen, mit dem sie, sollte der Drogendeal auffliegen, ihre Eltern besänftigen könnte. Ich glaubte nicht, dass ein solch dürftiges Alibi im Notfall standhalten würde, aber weil Elizabeth meine Kooperation zum Lackmustest für meine Liebe erklärte, gab ich schließlich nach. Gegen Nachmittag, so sagte ich aus, verließ meine Freundin Washington mit dem Mietauto, ich kaufte mehrere Kinotickets und bestellte Essen für zwei beim Room Service.

Elizabeth sei dann erst nach Mitternacht zurück ins Hotelzimmer gekommen, sagte ich dem Gericht, und habe mir dort offenbart, ihre Eltern umgebracht zu haben. Gemäß meiner Aussage wiederholte sie damals bleich und sichtlich verstört immer wieder die drei Gedanken: Sie habe unter Drogen gestanden, ihre Eltern hätten den Tod verdient und nun müsse sie auf dem elektrischen Stuhl schmoren. Weil Elizabeth mir zuvor erzählt hatte, dass ihre Mutter sie mit Wissen ihres Vaters sexuell missbraucht hatte, empfand ich, so sagte ich aus, trotz der Ungeheuerlichkeit dieser Sätze großes Mitgefühl für sie.

Im Glauben, meine Freundin vor der Todesstrafe schützen zu müssen, beschloss ich, die Tat auf mich zu nehmen. Weil mein Vater deutscher Vizekonsul war und ich einen Diplomatenpass besaß, ging ich fatalerweise davon aus, im Falle einer Strafverfolgung an mein Heimatland ausgeliefert zu werden. Also, so sagte ich aus, verbrachten Elizabeth und ich die nächsten Stunden damit, ein plausibles Geständnis für mich zu erfinden.

Die Theorie, mit der die Staatsanwaltschaft damals aufwartete, ist offenkundig falsch. Der Täter hatte im Haus der Haysoms geduscht, floh also nicht blutüberströmt vom Tatort. Passend dazu konnte auf den Sitzen des Mietautos selbst mit Luminol nicht das kleinste bisschen Blut nachgewiesen werden. Im Waschbecken im Bad, wo der Täter ebenfalls Blut abgewaschen hatte, wurde zudem ein fremdes Haar gefunden, das nicht meins war (ob es Elizabeth gehörte, wurde angeblich nie getestet), und ein Sportschuhabdruck im Blut war zu klein, um von mir zu stammen. Außerdem habe ich für die Tatzeit ein Alibi.

Es existieren die Kinokarten und eine Room-Service-Rechnung aus der Tatnacht, darum bestreitet nicht einmal die Staatsanwaltschaft, dass einer von uns, Elizabeth oder ich, am Abend des 30. März in Washington gewesen sein *muss*. Eigentlich wäre es ein Leichtes gewesen, zu klären, wer von uns beiden die Morde nicht begangen haben konnte, denn die Kinotickets wurden in meinem Zimmer gefunden, und nur ich konnte die Anfangszeiten der Filme korrekt wiedergeben. Außerdem konnte ich die Rechnung für die Room-Service-Bestellung plausibel aufschlüsseln: Der Betrag war gering, weil ich die günstigsten Speisen von der exklusiven Karte geordert hatte, nämlich zwei Krabbencocktails und zwei Welsh-Rarebit-Sandwiches. Elizabeth hingegen behauptete, sie habe zwei Mahlzeiten sowie harten Alkohol bestellt und sich im Zimmer hemmungslos betrunken – in diesem Fall hätte die Rechnung laut dem Hoteldirektor jedoch ein Vielfaches betragen müssen. Außerdem gab Elizabeth fünf unterschiedliche Versionen der Kinobesuche zu Protokoll, keine entsprach den tatsächlichen Anfangszeiten der Filme, in einer war sie in der Tatnacht gar nicht im Kino gewesen.

Trotzdem entschied der Staatsanwalt, nicht Elizabeth, sondern mich offiziell zum Täter zu erklären, was sicher nicht in erster Linie an meinem löchrigen Geständnis lag. Offenbar hatten alle schnell erkannt, dass ich niemals gegen Elizabeth aussagen, sie mich aber sehr wohl über die Klinge springen lassen würde. Der ehemalige FBI Special Agent Stan Lapekas erklärt es so: Wer es zuerst unter den Baum schafft, bekommt den Schatten. Es war Elizabeth, die sich schließlich in den Schatten rettete, indem sie sich als Kronzeugin gegen mich zur Verfügung stellte. Zur Belohnung bekam sie statt zweier lebenslanger Haftstrafen, so wie ich, lediglich neunzig Jahre. Bereits nach neun Jahren durfte sie auf eine frühzeitige Entlassung hoffen, denn bei ihrer ersten Anhörung 1995 sagte Staatsanwalt Updike vor dem Bewährungsausschuss zu ihren Gunsten aus, Elizabeth habe ihm bei meinem Prozess unerlässliche Hilfe geleistet. Trotzdem wurde sie nicht entlassen, weil der damalige Gouverneur von Virginia just in dieser Zeit dabei war, die Bewährungsregeln und -gesetze zu verschärfen – Elizabeths Plan ging nicht auf.

In den letzten dreißig Jahren hatte ich Hunderte Interviews gegeben, in denen ich meine Erinnerungen an die Mordnacht detailliert schilderte. Dass mir dies nun, trotz all der Ungereimtheiten in dem Fall, ausgerechnet von Elizabeth verboten werden könnte, erschien mir zunächst absurd. Zumal mich diese Frau Jahrzehnte meines Lebens gekostet hatte. Wenn sie mich nun auch noch auf Schadensersatz verklagen würde, sollte mir das herzlich egal sein. Aber ich möchte mich an die Gesetze in meiner neuen Heimat halten, sie vorsätzlich zu brechen kommt für mich nicht infrage.

In den folgenden Tagen und Wochen wurde ich darum zum Experten für die Straftatbestände Verleumdung, üble Nachrede und Beleidigung. Keines dieser Delikte habe ich begangen, der Einzige, den ich jemals zu Unrecht einer Straftat bezichtigt habe, bin ich selber. Weil das Gericht mir aber nicht gefolgt war, nachdem ich damals mein falsches Geständnis widerrufen hatte, muss ich fortan ganz genau aufpassen, was ich öffentlich sage.

Die Aussicht darauf, in Zukunft um den heißen Brei herumreden zu müssen, macht mich nervös. Bisher habe ich in Interviews immer unumwunden die volle Wahrheit sagen können, ich musste keiner Frage aus dem Weg gehen. Doch wegen der neuen juristischen Einschränkungen bin ich nun gehemmt. Ich fürchte, ich könnte künftig beim Beantworten gewisser Fragen zögern, und jede Pause könnte als Zeichen von Unehrlichkeit gedeutet werden.

Diese Sorge begleitet mich, als ich zu Hause drei Journalisten vom Magazin Der Spiegel in Empfang nehme. Einerseits freue ich mich auf die Gelegenheit, aus meinem Leben zu erzählen und meine Sicht der Geschehnisse wiederzugeben. Andererseits muss ich vermeiden, dass mein Versuch, mich an deutsche Gesetze zu halten, fehlinterpretiert wird. Ob mir dieser Spagat gelingt, wird sich in den nächsten sieben Stunden zeigen, so lange will mich das Trio interviewen.

Um mir den Rücken zu stärken und mir etwas mehr Sicherheit zu geben, sind ein Anwalt und ein medienerfahrener Freund permanent anwesend. Sie sollen aufpassen, dass ich mich wegen der ungewohnten Sprechverbote nicht um Kopf und Kragen rede. Außerdem gleichen sie die zahlenmäßige Überlegenheit der Fragesteller aus.

Nachdem alle Mikrofone und Aufnahmegeräte auf- und angestellt worden sind, beginnt das Gespräch relativ unverfänglich mit dem Thema Haftbedingungen in den USA. Bereitwillig erzähle ich von den überbelegten Strafvollzugsanstalten, dem schrecklichen Essen und den zahlreichen sexuellen Übergriffen zwischen den Gefangenen. Besonders von meinen eigenen Erfahrungen in diesem Bereich will das Reporterteam mehr hören.

Gleich zu Beginn meiner amerikanischen Haftzeit im Herbst 1991 entging ich nur knapp einer Vergewaltigung durch einen schwarzen Bodybuilder mit dem Spitznamen Flickin' Joe. Dieser riesige Kerl wurde so genannt, weil er den lieben langen Tag im Gemeinschaftssaal stand, die Wärterin im Kontrollraum anstarrte und sich dabei mit den Fingern gegen das Glied schnipste. Fälschlicherweise hatte ich aus diesem Verhalten geschlossen, dass er ausschließlich an Frauen interessiert und darum für mich ungefährlich sei.

Als ich eines Tages aus der Dusche kam, warf Joe mich gegen das Geländer der Galerie, packte meine Arme von hinten in einem Ringergriff, drückte sich gegen meinen Rücken und fragte, was ich wohl tun würde, wenn er mich in seine Zelle zerrte. Ich konnte mich keinen Millimeter bewegen, denn jahrzehntelanges Hantelstemmen hatte aus Joe einen Herkules gemacht.

Die Wärterin in der Kontrollkabine schaute mir direkt in die Augen, sie konnte also ohne Zweifel genau sehen, was sich in ihrem Trakt abspielte. In aller Seelenruhe leckte sie ihren Zeigefinger und blätterte die Seite ihrer Illustrierten um. Dann wandte sie den Blick von mir ab und las weiter.

Obwohl mein Schicksal besiegelt schien, wehrte ich mich nach Kräften. Panisch schrie ich aus voller Kehle so laut ich nur konnte. An meine Worte erinnere ich mich nicht, womöglich stieß ich nur einen einzigen langen Ton aus. Und dann, völlig unerwartet, ließ Joe von mir ab. Blitzschnell lief ich in meine Zelle und sperrte mich ein, meine Seife und das Shampoo blieben neben der Dusche liegen.

Dankbar, der Situation körperlich unbeschadet entkommen zu sein, und aus Angst vor Vergeltung meldete ich diesen Zwischenfall nicht. Allerdings musste irgendein Insasse geplaudert haben, denn am nächsten Tag wurde ich in einen anderen Trakt verlegt.

Joes Angriff war ein Weckruf für mich, und ich beschloss, selber Hanteln zu stemmen, damit ich mich in Zukunft besser verteidigen könnte. Einige Wochen später ging ich auf den kleinen Sportplatz neben Wohngebäude 4, wo hinter dem Basketballplatz eine Hantelbank stand. Es war ein kalter, windiger Tag, also war nur ein einziger anderer Gefangener dort draußen, Flickin' Joe.

Selbstverständlich hätte ich umdrehen und zurück ins Wohngebäude gehen können, doch dann wäre schnell das Gerücht umgegangen, dass ich ein Feigling sei, und das hätte unweigerlich zu weiteren Angriffen geführt. Also hätte ich stattdessen Stärke zeigen, eine Hantel nehmen und sie Joe über den Kopf ziehen sollen. Doch das hätte monatelange Isolationshaft bedeutet und meine minimale Chance auf eine Entlassung vollends zunichtegemacht. Vor die Wahl zwischen zwei gleichermaßen unattraktive Alternativen gestellt, wählte ich eine dritte. Ich ging zur Hantelbank und begann zu trainieren, als ob nichts wäre.

Nach ein paar Wiederholungen brauchte Joe einen zuverlässigen Partner beim Bankdrücken. Unter Bodybuildern gibt es einen Ehrenkodex, auf den er sich nun berief: Bankdrücken macht man nur mit Trainingspartner – wer immer gerade da ist, muss dafür sorgen, dass einem die schwere Hantel über dem Hals nicht aus der Hand rutscht. Und so stellte ich sicher, dass Joe gefahrlos seine Hantel stemmen konnte, und als ich an der Reihe war, sicherte er im Gegenzug meinen Hals ab.

145

In den nächsten drei Jahren trainierten Joe und ich ein- bis zweimal die Woche zusammen, wann immer wir alleine auf dem Hantelareal waren. Irgendwann begannen wir, miteinander zu sprechen, und es stellte sich heraus, dass Joe ein wahrer Ehrenmann war. Zumindest aus seiner Sicht.

Im Gefängnis sei es immer so gewesen, sagte er, dass sich große schwarze Gefangene kleine weiße Frischlinge schnappten, das gehöre einfach zum Leben hinter Gittern. Im Gegensatz zu anderen Schwarzen würde er die Weißen jedoch immer fragen, bevor er sie in seine Zelle zerrte, und in all den Jahrzehnten sei ich der Erste gewesen, der Nein gesagt habe. Also habe er mich laufen lassen, schließlich sei er kein Vergewaltiger. Fünf Jahre später starb Joe im Gefängniskrankenhaus von Greensville an einer AIDS-Infektion.

Letztlich muss ich Joe dankbar sein, denn in amerikanischen Haftanstalten gehört es tatsächlich zum Alltag, dass große Schwarze junge Weiße vergewaltigen. Dies ist eine direkte Konsequenz des Rassismus in der US-Gesellschaft, die sich im Strafvollzug rollenverkehrt widerspiegelt. Dort, hinter Gittern, sind Afroamerikaner in der Mehrheit, nun können sie sich an den weißen Mithäftlingen für die Versklavung ihrer Vorfahren und die eigene Diskriminierung rächen. In all meinen Jahrzehnten im Gefängnis habe ich von keinem einzigen Fall gehört, in dem ein weißer Insasse einen schwarzen vergewaltigt hätte.

Meine Vorfahren hatten keine Afrikaner versklavt, auch war ich nie Nutznießer des Alltagsrassismus der USA gewesen, deshalb wollte keiner meiner afroamerikanischen Mitgefangenen sich an mir rächen. Ein schwarzer Häftling, der die Umstände meiner Verurteilung kannte, sagte mir sogar einmal, dass er mich, wie sich selber, als Opfer der herrschenden amerikanischen Klasse ansah. Er bezeichnete mich darum scherzhaft als *German nigga*, dieser Status gab mir einen gewissen, sehr begrenzten Schutz.

Nachdem das Spiegel-Team mich zum Gefängnisleben befragt hat, wendet es sich der Tatnacht und meinem Prozess zu. Dies sind die Themen, die mir besonders wichtig sind – und gleichzeitig muss ich mich nun sehr vorsichtig äußern. Als einer der Reporter mich fragt, wer meiner Meinung nach die Morde begangen habe, darf ich nicht so antworten, wie ich es 1990 vor Gericht und seitdem in jedem Interview getan habe. Stattdessen sage ich, dass ich das nicht wissen könne, schließlich sei ich nicht dabei gewesen. Diese Antwort befriedigt mich ebenso wenig wie die Journalisten, doch ich sage damit so viel von der Wahrheit, wie ich kann, ohne Gefahr zu laufen, gegen deutsche Gesetze zu verstoßen.

Ein weiteres Thema, das die Journalisten beschäftigt, sind die DNA-Testergebnisse, die unbestreitbar zu meiner Entlassung beigetragen haben. Zu der Zeit meines Prozesses stellte das Forensische Institut Virginias fest, dass Blut der Blutgruppe 0 am Tatort gefunden worden war. Nahezu jeder zweite Einwohner Amerikas hat diese Blutgruppe, einer von ihnen war damals ich. Eine Genanalyse, die eine präzisere Zuordnung ermöglicht hätte, wurde nicht durchgeführt, angeblich weil entsprechende Proben nicht mehr zur Verfügung standen. Weil die beiden Opfer die Blutgruppen A und AB hatten, sagte der Staatsanwalt den Geschworenen 26 Mal, dass diese Spuren ausschließlich von mir hätten stammen können.

Im Jahr 2009 fanden sich dann überraschenderweise doch einige Proben der Blutgruppe 0, die vom forensischen Institut auf ihre DNA getestet werden konnten. Leider konnten nur Teile der genetischen Profile bestimmt werden, aber diese genügten, um mich mit absoluter Sicherheit als Quelle auszuschließen. Somit war offiziell, dass das Blut, welches beim Prozess 26 Mal mir zugeschrieben worden war, nicht von mir stammte.

Die Beweisführung der Staatsanwaltschaft war damit vollständig in sich zusammengebrochen. Nach meinem rechtsstaatlichen

Verständnis hätte ich nun sofort entlassen werden müssen oder wenigstens einen neuen Prozess bekommen sollen, aber beides geschah nicht. Acht weitere Jahre vergingen, bis zwei renommierte Wissenschaftler die Ergebnisse näher analysierten und zu dem Schluss kamen, dass das Blut am Tatort von *zwei* unbekannten Männern stammen müsste. Diese Erkenntnis erwischte mich eiskalt, nun hatte auch ich überhaupt keine Vorstellung mehr von dem, was in der Tatnacht im Haus der Haysoms geschehen war. Ich hoffte mehr denn je, dass der Fall neu aufgerollt würde, um endlich die Wahrheit zu finden, aber weiterhin unternahm die Staatsanwaltschaft nichts.

Nähere Analysen der Blutuntersuchung ergaben, dass die beiden Teil-DNA-Profile auffallend viele Übereinstimmungen mit der DNA des männlichen Opfers aufwiesen. Darum kamen andere Experten zwischenzeitlich zu der Überzeugung, dass es sich bei dem angeblichen Blut der Blutgruppe 0 eigentlich um das A-Blut von Derek Haysom handelte. Das hieße, dass die Blutgruppe vor dem Prozess falsch bestimmt worden war, also jemand geschlampt hatte, und zwar zufälligerweise zu meinem Nachteil. Bevor dieser Sache weiter nachgegangen werden konnte, wurde ich bekanntermaßen entlassen – angeblich wegen abgegoltener Schuld und aus Kostengründen.

Auch die Spiegel-Journalisten haben sich ausgiebig mit der Frage nach den ominösen Spuren der Blutgruppe 0 befasst und können sich die widersprüchlichen Erkenntnisse nicht erklären. Verständlicherweise haken sie darum mehrmals nach, aber weil keiner von uns ein Experte auf dem Gebiet der Genetik ist, entwickelt sich die Diskussion zu diesem Thema sehr mühsam und verläuft häufig im Sande. Nach dem intensiven Gespräch scheinen die drei Reporter fast so müde wie ich.

Für die Bilder im Artikel und auf der Titelseite des Magazins ist ein Fotograf beauftragt worden, den ich zu Hause besuche. Er empfängt mich im Keller seines wunderschönen Hauses, wo er ein gemütliches Atelier eingerichtet hat. Die Aufnahmen dauern so lange wie das Interview, dabei entstehen mehr als dreitausend Fotos. Mal trage ich ein weißes T-Shirt, mal ein schwarzes, mal habe ich einen nackten Oberkörper, mal soll ich lächeln, mal ernst schauen, mal eine Brille tragen, mal nicht. Aber eigentlich geht es augenscheinlich darum, mein Gesicht in einem Moment zu erwischen, in dem es einen unverfälschten Blick auf den Menschen Jens Söring zulässt.

Um meine Persönlichkeit wahrheitsgetreu abzubilden, muss der Fotograf meinen Panzer, meinen Schutzschild aufbrechen, sagt er. Dafür macht er alberne Grimassen, fuchtelt wild mit den Armen, ruft schräge Dinge, nähert sich plötzlich mit seiner Kamera und zieht sich genauso plötzlich zurück. Ich merke, wie er mich langsam aus der Reserve lockt und ich Vertrauen zu diesem verrückten Fremden aufbaue. Meine Fassade bröckelt, aber ich fühle mich in der intimen Atmosphäre so gut aufgehoben, dass ich keinerlei Angst habe, mich genau so zu zeigen, wie ich bin.

Zum Abschied lädt mich der Meister zu einem besonderen Abendessen in ein paar Tagen ein. Ich freue mich über sein Vertrauen, denn noch immer treibt mich die Sorge um, dass Menschen in mir einen Doppelmörder sehen könnten. Offensichtlich hat dieser Mann in den letzten sieben Stunden tief genug in meine Seele geblickt, um zu erkennen, wer und was ich bin – und was nicht.

Als ich zum Abendessen erscheine, sind die meisten Gäste schon da, es ist eine bunt gemischte Truppe: ein Ägyptologe, ein Cellist, ein Experte für Akustik, ein Fliesenleger, ein Sternekoch, ein Schauspieler und ein Zahnarzt, alle mit ihren Partnern. Der Cellist gibt ein ergreifendes Kammerkonzert, dann servieren zwei Mitarbeiter des Kochs ein Festessen, das ich in seiner Raffinesse gar nicht richtig zu würdigen weiß. Jeder der Gäste trägt anschließend ein paar Worte zum Thema »Sinnlichkeit« vor, ich spreche über das allmähliche Absterben sinnlicher Empfindungen im Gefängnis. Als ich an diesem Abend nach Hause gehe, fühle ich, dass meine Sinne wieder ein bisschen lebendiger geworden sind.

Auch meine Gastfamilie möchte mir helfen, den Kreis meiner Hamburger Bekanntschaften zu erweitern, darum laden wir in den nächsten Wochen einige ihrer Freunde zum Essen ein. Im Laufe dieser gemeinsamen Abende merke ich, wie ich gelassener werde, einmal nehme ich sogar ein paar Züge an einer Zigarette. Ein anderes Mal verkünde ich, dass ich meine neue Freiheit ausleben wolle, indem ich mich spontan zum ersten Mal seit dem Jahr 1984 betrinken würde. Erst als alle lachen, merke ich, dass ich Spontaneität wohl noch etwas üben muss.

Eine Freundin hatte vor meiner Entlassung einen Psychiater gefragt, welche Gefahren er auf mich zukommen sehe, und er sagte ihr, sie solle mich vom Alkohol fernhalten. Ich glaube zwar nicht, dass ich gefährdet bin, ein Trinker zu werden, aber ich werde dennoch aufpassen. Nicht nur, weil ich meine alkoholkranke Mutter vor Augen habe, sondern auch, weil ich nach Jahrzehnten permanenter Anspannung kaum mehr zur Lockerheit in der Lage bin und den Alkohol als bequemes Instrument entdecken könnte, meine Kontrolliertheit endlich ablegen zu können.

Trotzdem möchte ich mich an diesem Abend einmal gehen lassen. Nach 33 Jahren erzwungener Abstinenz muss ich den Umgang mit Alkohol jedoch erst wieder neu lernen. Offenkundig habe ich nämlich überhaupt kein Gespür mehr für die Mengen und stürze den Wein herunter, als wäre es Limonade. Außerdem ist mein Körper nicht mehr an die Wirkung gewöhnt, nach drei Gläsern Weißwein tanze ich in der Küche zu einem Potpourri aus deutschen Liedern.

Meine Freunde nutzen meine Wehrlosigkeit, um mir die Musik meines Heimatlandes näherzubringen – außer Udo Lindenbergs »Mit dem Sakko nach Monakko« konnte ich im amerikanischen Gefängnis keine deutschsprachigen Lieder auf meinen MP3-

Player laden (warum es ausgerechnet *dieses* Lied gab, wird für immer ein Geheimnis bleiben). Beim Tanzen stelle ich überrascht fest, dass es mittlerweile eine Menge tolles Liedgut in meiner Muttersprache gibt, das Bild vom Schlager und Volksmusik hörenden Deutschen ist wohl nur noch ein bösartiges Klischee.

Es ist ein wunderbares Gefühl, als mir für ein paar Stunden meine verkorkste Vergangenheit, meine ungewisse Zukunft und alles andere einmal völlig egal sind. Der schreckliche Kater am nächsten Tag erscheint mir selber als Heimsuchung, aber es ist sicher ganz im Sinne des besorgten Psychiaters, dass ich gleich für meinen ersten Rausch einen hohen Preis zahlen muss.

An einem anderen Abend macht mir einer meiner neuen Bekannten das Angebot, mich beim Start in mein neues Leben zu unterstützen. Er baut momentan ein Internetportal auf, dafür müssen englischsprachige Werbetexte geschrieben werden. Als Schriftsteller, der bisher fast ausschließlich auf Englisch gearbeitet hat, sei ich dafür bestens geeignet, meint er. Zwar wäre dies nur ein kleiner Job, doch würde er mein erstes in Freiheit selbst verdientes Geld einbringen.

Ich nehme sein Angebot voller Vorfreude an und erzähle ihm, dass in meinem Leben normalerweise ich derjenige war, der Jobs an seine Bekannten vermittelte. Im Strafvollzug von Virginia gibt es absichtlich nicht genug Arbeitsplätze für alle Häftlinge, damit das Wachpersonal sie als Druckmittel einsetzen kann, um von Gefangenen Kooperation zu erzwingen. Grundsätzlich bekommen Insassen nur dann eine bezahlte Aufgabe und den damit verbundenen Durchschnittslohn von einem Dollar pro Tag, wenn sie nebenbei als Informanten arbeiten.

Von diesem Grundprinzip gibt es nur sehr wenige Ausnahmen. Einige Häftlinge bekommen Arbeit, um sie ruhigzustellen. Ich war einer davon, denn ich hatte Zugang zu den Medien. Meistens muss man jedoch einen Kapo bestechen, wenn man eine Stelle will, ohne dafür selber zum Spitzel zu werden. Und so bezahlt man erst einmal anderthalb Monatslöhne, bevor man anfangen darf, die Duschen für einen Hungerlohn zu schrubben.

In meinem letzten Gefängnis hatte ich drei Bekannte, die weder eigenes Geld noch Familien hatten. Sie waren vollkommen mittellos und daher regelmäßig hungrig, trotzdem waren sie nicht bereit, einen Pakt mit dem Teufel zu schließen. Weil mich diese Charakterstärke beeindruckte, besorgte ich allen dreien Arbeitsplätze von einem Kapo, zu dem ich gute Beziehungen hatte. 1991 waren wir zur gleichen Zeit aus der U-Haft in den Strafvollzug gekommen, damals hatte ich Briefe an seinen Pflichtverteidiger geschrieben, weil er selber Analphabet war. Das hatte dieser Mann nie vergessen und war deshalb nun bereit, Jobs für einen Freundschaftspreis an meine Bekannten zu vermitteln. Ich stotterte meine Schulden ab, indem ich ihm über Wochen hinweg etliche Tüten Studentenfutter im Kiosk kaufte.

Nun, da ich mein erstes Geld verdienen werde, ist es an der Zeit, mich um meine Finanzen zu kümmern. Ende Februar wird ein Konto aufgelöst, auf das im Laufe der Jahre nicht nur Bekannte, sondern auch wildfremde Menschen Spenden für mich eingezahlt haben. Diese gelebte Nächstenliebe und mein kleines Gehalt ermöglichen es mir, eigenständig erste kleine Anschaffungen zu machen. Jetzt kann ich selber losgehen und meine eigenen Lebensmittel einkaufen und mir aus eigenen Mitteln online ein Bahnticket buchen. Aber besonders freut es mich, dass ich nun endlich die Gelegenheit bekomme, mich nach und nach bei all den Helfern, die mir so viel Lebenszeit gewidmet haben, wenigstens mit kleinen Gesten zu revanchieren.

Im Internet bestelle ich ein Dutzend Bilderrahmen, in die ich das Datum meiner Entlassung gravieren lasse und ein Foto vom Moment meiner Ankunft in Frankfurt montiere. Diese gerahmten Bilder schicke ich meinen Unterstützern in Amerika, die an diesem Tag, auf den auch sie so fieberhaft hingearbeitet hatten, weder persönlich noch live am Fernseher dabei sein konnten. Als

Nächstes möchte ich mich nach zweieinhalb Monaten der Beherbergung bei meiner Gastfamilie bedanken. Um einen ersten kleinen Beitrag zur Wohnungsgestaltung zu leisten, besorge ich in einem Dekorationsladen Seifenschalen, weil es alle ständig ärgert, wenn das Seifenstück ins Waschbecken rutscht. Außerdem kaufe ich einen Ball und Leckerlis für Winni, und weil ich selber nur Nudeln und Rühreier kochen kann, lade ich die ganze Familie in ihr Lieblingsrestaurant ein.

Es ist ein grandioses, fast surreales Gefühl, nach dem Essen die Rechnung zu bestellen, dem Kellner meine EC-Karte zu geben und mich zum ersten Mal nach Jahrzehnten für einen kurzen Moment nicht als Bittsteller und Hilfeempfänger zu fühlen. Auch meine anderen deutschen Unterstützer führe ich nacheinander in Cafés und Restaurants aus und genieße es, endlich nicht mehr der traurige Klotz an ihrem Bein zu sein, sondern ihnen greifbar Freude bereiten zu können.

Eine erste Selbstanalyse ergibt, dass ich tendenziell eher gefährdet bin, mein Geld allzu leichtfertig auszugeben, als dem Geiz anheimzufallen. Nachdem ich 33 Jahre lang die monatlich immer gleichen überschaubaren Ausgaben hatte und es zudem keinerlei Gelegenheit zum Prassen gab, muss ich nun aber schnellstmöglich lernen, mit meinen finanziellen Mitteln vernünftig umzugehen. Ich habe keinen Beruf, der mir ein dauerhaftes Einkommen gewährleistet, und das Bett, in dem ich schlafe, der Stuhl, auf dem ich sitze, und der Teller, von dem ich esse, gehören mir nicht. Und sollte mir die Aufmerksamkeit für meine Geschichte in nächster Zeit größere Geldsummen einbringen, werde ich als Erstes an meine Alterssicherung denken müssen. Sosehr ich mir wünschte, alle ständig in die feinsten Restaurants einzuladen, und sosehr meine Freunde das verdient hätten, müssen sie sich darum stattdessen vornehmlich mit meinen verkochten Nudeln und leicht angebranntem Rührei begnügen.

Am 29. Februar erscheint das Interview im Spiegel. Ich schlage ein Heft auf und sehe mein lächelndes Gesicht fast lebensgroß neben der ersten Seite des Artikels. Auf allen Fotos aus dem Gefängnis schaute ich traurig, grimmig oder hoffnungslos. Auf den Bildern meiner Ankunft war ich zwar überschwänglich fröhlich, aber ich trug eine schreckliche Knastbrille, mit der jeder Mann aussieht wie der seltsame Nachbar, der den Mädchen nachstellt. Jetzt hat der Fotograf aus den Tausenden Bildern das richtige ausgesucht. Als ich mir in die Augen schaue, sehe ich einen nachdenklichen, aber zuversichtlichen Menschen. Ich sehe mich selber.

13

Es grenze an ein Wunder, dass wir uns noch einmal wiedersehen, sagt der Fernsehproduzent, als er mich in seinem Büro begrüßt. Fast 13 Jahre sind vergangen seit unserem letzten Treffen in der Haftanstalt Brunswick, damals besuchte er mich zusammen mit dem Moderator Johannes B. Kerner. Meine Geschichte habe ihn seitdem nicht mehr losgelassen, gesteht er mir nun. Mein erster und vorerst einziger Fernsehauftritt nach meiner Entlassung soll in seiner Sendung stattfinden, die mittlerweile von Markus Lanz moderiert wird.

Um die Redaktion über die neuen juristischen Einschränkungen zu informieren, bitte ich um ein Treffen im Vorfeld. Gemeinsam erinnern wir uns an die schwierigen Bedingungen, unter denen wir uns 2007 kennenlernten. Zwar hatte die Gefängnisleitung das Interview genehmigt, doch der Schichtführer hatte dem Kerner-Team einen winzigen Raum zugewiesen, der normalerweise für Anwaltsbesuche reserviert war. Auf fünf Quadratmetern mussten der Moderator, der Produzent, ich, die große Fernsehkamera sowie ein Mikrofon samt Ständer Platz finden.

Dies war seinerzeit erst das dritte Interview mit deutschen Reportern seit meinem Prozess 1990. In den folgenden 17 Jahren geriet ich in Deutschland fast vollkommen in Vergessenheit, bis zu einer Reportage in der Süddeutschen Zeitung Anfang 2007. Darauf folgte eine Dokumentation in der ZDF-Sendung 37 Grad und schließlich die Talkshow von Johannes B. Kerner. Ich freute mich damals, nach so vielen Jahren in Kontakt mit meinem Heimatland zu kommen und endlich wieder Deutsch sprechen zu können.

Nach Ausstrahlung der Sendung erreichten mich zahlreiche Briefe meiner Landsleute, die mir Hilfe anboten oder einfach nur ihr Mitgefühl zum Ausdruck brachten. Auf diese Weise gelang es mir, einen Freundeskreis in Deutschland aufzubauen, der mich emotional, organisatorisch und finanziell und bis zu meiner Entlassung zwölf Jahre später tragen sollte. Deshalb fühle ich mich den Journalisten und Fernsehmachern, die meine Geschichte nach Deutschland brachten, bis heute verbunden.

Am Ende dieser kurzen Reise in die Vergangenheit betritt auch Markus Lanz den Raum und begrüßt alle freundlich. Er ist erkältet und berichtet mit heiserer Stimme von seinem Interview mit Amanda Knox, einer amerikanischen Studentin, die in Italien für einen grausamen Mord zunächst verurteilt worden und vier Jahre lang inhaftiert war. Nach weitergehenden forensischen Untersuchungen sprach ein Berufungsgericht die junge Frau in letzter Instanz frei. Ich habe sie 2018 ebenfalls kennengelernt, allerdings erzählte sie mir nicht ihre Geschichte, sondern ich erzählte ihr meine. Amanda Knox interviewte mich im Gefängnis für einen Podcast, was eine besondere Erfahrung war, schließlich war es das erste Mal, dass ich mit einem Menschen sprechen konnte, der etwas Ähnliches erlebt hatte wie ich. Auch ihr wurde in einem fremden Land ein brutaler Mord vorgeworfen, auch sie wurde von den Medien vorverurteilt und vom Gericht zu Unrecht für schuldig befunden, und auch sie wurde von einer ganzen Nation gehasst.

Markus Lanz sagt mir, dass es ihm bei seinem Interview mit Amanda Knox in keinem Moment um ihre Schuld oder Unschuld gegangen sei, ihn hätten lediglich der Mensch und seine persönliche Geschichte interessiert. Mit mir will er es ebenso handhaben, weil es ein seiner Meinung nach aussichtsloses und zutiefst ermüdendes Unterfangen wäre, die Frage meiner Schuld ein weiteres Mal öffentlich zu bearbeiten. Aus diesem Grund werde es auch keinen zweiten Gast geben, der die Beweismittel erklären oder den Mord kriminalistisch analysieren würde. Ich bin einerseits froh, dass es in der Sendung offenbar zu keinem Tribunal kommen wird, andererseits hätte ich natürlich die Gelegenheit gerne genutzt, die Öffentlichkeit von meiner Unschuld zu überzeugen.

Nach etwa zwanzig Minuten müssen sich die beiden Männer auf die Aufzeichnung der nächsten Sendung vorbereiten, darum bleibt nur noch wenig Zeit, über den eigentlichen Grund meines Besuches zu sprechen. Schnell erkläre ich, warum ich nicht länger über meine Erinnerungen an die Tatnacht reden darf, so wie ich es vor Gericht und im Kerner-Interview konnte. Der Moderator und der Produzent sagen mir, dass sie sich dieser juristischen Problematik bewusst seien und sicherstellen werden, dass dennoch ein vernünftiges Interview zustande kommt.

In den folgenden Tagen führt eine junge Mitarbeiterin der Lanz-Redaktion ein letztes klärendes Gespräch mit mir, um mich auf die Abläufe im Studio vorzubereiten. Auch hilft sie mir, Platzkarten für meine Freunde zu organisieren, die bei der Aufzeichnung im Studiopublikum sitzen wollen. Einige von ihnen sind bereits dabei, Bahn- und Flugtickets für die Reise nach Hamburg zu buchen, doch dann kommt alles ganz anders.

Am 8. März 2020 stirbt erstmals ein Deutscher an SARS-CoV2, dem Coronavirus.

Am 18. März hält Bundeskanzlerin Angela Merkel eine Fernsehansprache an die Nation. Sie bezeichnet Corona als die größte Herausforderung seit dem Zweiten Weltkrieg.

Am 22. März ordnen Bund und Länder ein umfangreiches Kontaktverbot an. Fortan sind in der Öffentlichkeit Zusammenkünfte von mehr als zwei Personen verboten.

An dem Tag, an dem die Sendung mit mir als Gast aufgezeichnet werden sollte, spricht die Weltgesundheitsorganisation erstmals von einer Pandemie. Natürlich konzentriert sich die Lanz-Redaktion nun auf diese globale Krise, fortan werden Virologen, Epidemiologen und Politiker als Gäste geladen. Das Wohl der Allgemeinheit steht auf dem Spiel, für Einzelschicksale hat verständlicherweise keiner die Muße. Erst wenn der Anschein von Normalität zurückgekehrt ist, wird man daran denken können, sich einer Geschichte wie meiner zu widmen.

Etwa drei Monate nach meiner Rückkehr aus Amerika hält das Wort Lockdown jetzt Einzug in den allgemeinen deutschen Sprachgebrauch. Viele meiner Freunde fühlen sich unweigerlich an die Lockdowns erinnert, die ich im Strafvollzug miterleben musste, sie bemitleiden mich nun, weil ich schon wieder eingeschlossen werde. Doch ich kann sie schnell beruhigen, die Sicherheitsmaßnahmen der Hansestadt Hamburg haben nichts gemein mit den Massendurchsuchungsaktionen im Gefängnis in Virginia.

Viermal im Jahr werden dort alle Insassen in ihre Zellen gesperrt, bis die gesamte Haftanstalt durchsucht worden ist. Meistens dauert solch eine Aktion ein bis zwei Wochen, in Ausnahmefällen auch länger. Für Gefangene sind diese Lockdowns eine echte Qual, vor allem weil sie, im Gegensatz zur Corona-Quarantäne, vollkommen sinnlos sind.

Das vorgebliche Ziel der Zellendurchsuchungen ist es, Drogen, Alkohol, Waffen und Pornohefte zu beschlagnahmen. Allerdings werden diese verbotenen Gegenstände so gut wie nie gefunden, denn Häftlinge haben immer die Gelegenheit, sie in Luftschächten oder Körperöffnungen zu verstecken, auf dem Hof zu vergraben oder im letzten Moment in der Toilette herunterzuspülen, bevor der erste Wärter die erste Tür aufschließt. Zudem hat die Suchmannschaft gar kein gesteigertes Interesse daran, etwas Illegales zu finden, denn die Entdeckung von Schmuggelware würde unweigerlich dazu führen, dass ein Bericht geschrieben werden müsste. Um das zu vermeiden, warnt das Wachpersonal seine Kapos am Vorabend des Lockdowns, wohl wissend, dass diese Information blitzschnell an alle anderen Insassen weitergereicht wird. Auf diese Weise garantieren die Wärter, dass nichts mehr zu finden ist, wenn sie einige Stunden später mit der Massendurchsuchung beginnen.

Alle kennen und verstehen dieses Spiel und seine Sinnlosigkeit, laut Vorschrift muss es dennoch regelmäßig durchgeführt werden. Also werden in einer typischen Haftanstalt wie Buckingham 1100 Mann alle drei Monate für ein bis zwei Wochen in ihre Zellen gesperrt, die knapp zwei mal dreieinhalb Meter messen. Auf diesen sieben Quadratmetern finden erstaunlicherweise neben zwei Bewohnern auch ein Etagenbett, ein Spind, zwei Plastiktruhen für Klamotten, ein Plastikstuhl, ein Waschbecken sowie eine Kloschüssel Platz. Es bleibt so wenig Freiraum, dass eigentlich immer nur ein Mann stehen kann, der andere muss auf seiner Pritsche liegen.

Bei Lockdowns, die im Sommer stattfinden, kommt erschwerend hinzu, dass der Körpergeruch der beiden Zellenbewohner fast unerträglich wird. Ältere Gefängnisse wie Buckingham sind nicht klimatisiert, von April bis September erreicht die Außentemperatur 35 bis 40 Grad, in den Zellen wird es oft noch heißer. Weil Durchzug bei geschlossenen Türen unmöglich ist, sitzt man den ganzen Tag und die halbe Nacht in einer Schweißpfütze. Das ist außerhalb eines Lockdowns nur auszuhalten, weil man sich dann jederzeit unter der Dusche abkühlen kann. Doch während des Lockdowns wird man nur an jedem dritten Tag zu den Duschkabinen eskortiert, dementsprechend sind die olfaktorischen Konsequenzen.

Etwa zweimal täglich müssen die beiden Zellenbewohner ihren Stuhlgang erledigen, auch das ist schwer zu ertragen, weil die Tür geschlossen und das Fenster nur ein Schlitz ist. Wenn man Pech hat, ist der Zellenmitbewohner ein zwanghafter Onanierer, der sich mehrmals täglich selbst befriedigen muss, oder ein Drogenabhängiger, der seinen Stoff nicht bekommt und nun einen unfreiwilligen Entzug durchmacht. Oder er hat eine psychische Störung und erträgt den zusätzlichen Stress des Eingesperrtseins nicht, oder aber er ist ein Fitnessfanatiker, wie ich es lange Zeit einer war, der Hunderte Liegestütze macht, obwohl er sich danach nicht duschen kann. Da wundert es nicht, dass Zellenmitbewohner, die normalerweise gut miteinander auskommen, während einer Massendurchsuchung zu erbitterten Feinden werden können und sich die angespannte Situation in Gewalt entlädt. Wenn die Zellentüren sich wieder öffnen, sieht man bei seinen Nachbarn nicht selten blaue Augen und geschwollene Nasen.

So sehen die Lockdowns aus, mit denen ich vertraut bin. Wenn man diesen Ausdruck nun auf die deutschen Sicherheitsmaßnahmen in der Coronakrise anwendet, kann ich nur müde lächeln. Zumal ich die Menschen um vieles beneide, was sie momentan als Last empfinden oder was ihnen Probleme macht. Ich hätte gerne Kinder, die zu Hause beschult werden müssen, oder einen vollwertigen Beruf, den ich eine Zeit lang im Homeoffice erledigen muss. Aber immerhin kann ich mich in einer komfortablen Wohnung frei bewegen, jederzeit draußen im Freien joggen und in einem Supermarkt einkaufen gehen, der mehr Obstsorten anbietet, als ich aufzählen kann. Und die Familie, die zeitweise mit mir in einem Haushalt wohnt, stinkt nicht und macht mir keinerlei Angst, im Gegenteil, ich genieße es, jetzt noch mehr Zeit mir ihr zu verbringen. Außerdem kann ich in die ganze Welt telefonieren, sogar Videotelefonie habe ich, sodass ich zum ersten Mal sehen kann, wie meine Freunde wohnen und wie ihre Familien aussehen. Für all diese Freiheiten und Annehmlichkeiten bin ich dankbar.

Darüber hinaus ist selbst dieses limitierte Leben weiterhin so aufregend, dass ich die Einschränkungen im Alltag entweder gar nicht wahrnehme oder nicht als schmerzhaft empfinde. Wie jeder andere Deutsche würde natürlich auch ich dem Schmuddelwetter gerne entfliehen, die Reisebeschränkungen ignorieren und in die Sonne fliegen. Aber nach den wenigen Wochen in Hamburg habe ich noch kein Fernweh, so wie vermutlich viele, die jeden Stein in ihrer fußläufigen Umgebung kennen. Und natürlich wäre es gut, wenn ich meinen Horizont mit dem Kulturprogramm, das meine Freunde von langer Hand erstellt haben, erweitern könnte. Aber weil mein kulturelles Leben jahrzehntelang aufs Bücherlesen beschränkt war, fällt mir gar nicht auf, dass Kinos, Theater, Opernhäuser und Konzertsäle geschlossen sind.

Und so ist es einerseits angenehm, nach all der Entbehrung noch so genügsam zu sein, dass mich die Corona-Einschränkungen im Gegensatz zu anderen Menschen kaum belasten. Andererseits macht mich die Tatsache, dass ich einfach nichts habe, das ich vermissen kann, manchmal auch traurig.

Vermutlich berührt es mich noch mehr als andere, als ich lese, dass Kranke, Alte und sogar Sterbende alleine zu Hause oder in ihren Heimen sitzen und keinen Besuch empfangen dürfen. Körperliche und seelische Vereinsamung kann erwiesenermaßen krank machen. Menschen können bereits nach kurzer Zeit depressiv werden, wenn sie ihre Freunde und die Familie nicht sehen dürfen. An das Gefühl der Einsamkeit habe auch ich mich in all den Jahrzehnten niemals gewöhnen können. Zwar ist man im Gefängnis niemals alleine, weil es nicht einmal eine Toilette gibt, in die man sich zurückziehen kann, dennoch war ich immer einsam, weil mir in jedem Moment ein Mensch gefehlt hat, den ich in die Arme hätte schließen und mit dem ich Freude und Trauer hätte teilen können. Jetzt genieße ich es sehr, endlich einen Rückzugsort zu haben, während ich mit meiner Gastfamilie liebevolle Menschen in meiner Nähe weiß.

Für den Aufbau eines größeren Freundeskreises hätte ich meine vielen neuen Bekanntschaften gerne lückenlos weiter gepflegt. Der Spiegel-Fotograf wollte mich durch die Jazzclubs Hamburgs schleppen, und eine Nachbarin wollte mit mir Fahrradfahren üben. Das alles lässt sich gewiss irgendwann nachholen, wirklich traurig bin ich allerdings über die Absagen meiner amerikanischen Freunde, die mich in den Frühlingsmonaten besuchen wollten. Jason Flom und John Grisham wollten sich demnächst einmal genauer angucken, für wessen Freilassung sie sich all die Jahre eingesetzt hatten, meine ehemalige Anwältin Gail Ball plante, mich auf ihrer Rückreise aus Israel zu besuchen, und Sheriff Chip Harding, der zuletzt eifrigste aller meiner Unterstützer, wollte eine Familienfeier in Paris mit einem Besuch in Hamburg verbinden. Wir hatten uns vorgenommen, auf einer gemeinsamen Reise Chips liebstem Hobby nachzugehen, dem Fliegenfischen. Es war bereits ein deutscher Angelexperte ausgemacht, der uns begleiten sollte, doch dazu wird es nun nicht kommen.

Chip Harding war nicht immer ein Befürworter meiner Entlassung gewesen. Als mein Anwalt Steve Rosenfield ihn 2017 bat, sich meine Akte anzusehen, willigte er zwar ein, warnte aber, dass er mich auf Grundlage der Medienberichte für schuldig hielt. Erst als er sich tief in meinen Fall eingearbeitet hatte, so sagte er später in Interviews, wuchs seine Überzeugung, dass ich zu Unrecht verurteilt worden war.

Zu diesem Zeitpunkt war Chip der amtierende Sheriff seines Wahlkreises, darum konnte er in seiner Polizeibehörde einen Raum mit allen Ermittlungsberichten, forensischen Gutachten und Prozessprotokollen zu den Haysom-Morden einrichten. Im Laufe der Jahre bekam dieses Zimmer den Namen *The War Room*. Zudem überzeugte Chip zwei weitere Polizisten, sich ebenso intensiv mit der Akte zu befassen: Richard Hudson, ein Detective Sergeant a.D. der Polizeibehörde Charlottesville, sowie Stanley Lapekas, ein pensionierter FBI Special Agent. Wie Chip gingen auch diese beiden zunächst davon aus, dass ich Derek und Nancy

Haysom ermordet hatte, erst nach vielen Besuchen im *War Room* kamen sie zu der Überzeugung, dass der Schuldspruch der Geschworenen ein Fehlurteil gewesen war. In den folgenden zweieinhalb Jahren investierten diese drei Polizisten zusammen mehr als tausend Stunden ihrer Zeit in weitere Untersuchungen, fanden neue entlastende Beweismittel und schrieben detaillierte Ermittlungsberichte.

Dabei arbeiteten sie eng mit Chuck Reid zusammen, dem Ermittler des Bedford County Sheriff's Office, der die Mordkommission im Haysom-Fall in den ersten zwölf Monaten geführt hatte. Keiner kennt die Details der damaligen Ermittlungen so gut wie er, schließlich hatten alle anderen Polizisten ihm zugearbeitet. Seit Jahren waren seine Zweifel an meiner Schuld gewachsen, bis er endlich im Herbst 2016 die Seiten wechselte, mich in der Haftanstalt Buckingham besuchte und mir sagte, dass er mich nun für unschuldig hielt. Dies war ein überaus mutiger Schritt, denn fortan war Chuck das Ziel öffentlicher Anfeindungen durch seine ehemaligen Kollegen im Sheriff's Office.

Ohne diese vier erfahrenen Ermittler würde ich heute noch im Gefängnis sitzen. Weil Chip auf absehbare Zeit nicht mit mir wird fischen gehen können, schickt er mir nun Fotos und Videos von Angelausflügen, die er mit seinen Freunden in Virginia unternimmt. Auf meinem Tablet kann ich sehen, wie die alten Cops in ihren brusthohen Wathosen im Fluss stehen und ihre Haken auswerfen, immer im Corona-Abstand von 1,5 Metern.

Auch in Hamburg werden die Sicherheitsmaßnahmen penibel eingehalten, gerade in diesen ersten Tagen der Pandemie. Im Gefängnis war es üblich, dass sich bei Krankheitsausbrüchen kaum jemand an die Vorschriften zur schnellen Eindämmung hielt. Als sich im Sommer vor meiner Entlassung die Krätze ausbreitete, weigerte sich ein Großteil der Insassen, die verschriebene Salbe regelmäßig zu verwenden. Darum brach die Seuche wieder und wieder aus, was das Wachpersonal schier zur Verzweiflung trieb und den renitenten Häftlingen so eine gewisse Befriedigung verschaffte. Es ist wohltuend, nun Teil einer Gemeinschaft zu sein, in der die allermeisten in der Lage sind, Verantwortung für sich und andere zu übernehmen. Allerdings weckt die anhaltende Ausnahmesituation nicht nur gute Seiten in den Menschen.

Noch ist nicht geklärt, wie gefährlich das Virus wirklich ist, daher wird jedes Fehlverhalten eines Mitbürgers sofort aufs Schärfste gerügt. Als ich eines Tages im Supermarkt an der Kasse warte, geraten zwei ältere Herren, die vor mir in der Schlange stehen, in einen Streit, der so hitzig wird, dass eine Mitarbeiterin dazwischengehen muss.

Ich erinnere mich an den Tag meiner Entlassung, als ich mich darüber wunderte, wie selbstverständlich die Passagiere im Flugzeug auf ihre Plätze drängelten. Damals legte ich es ihnen als Respektlosigkeit aus, heute weiß ich, dass es Ausdruck tiefen Vertrauens war: Auch wenn man den Nachbarn im Eifer des Gefechts anrempelte, führte dies nicht zu einer Schlägerei. Mich erschreckt, wie die ständige Wachsamkeit und das permanente Misstrauen die Menschen nun auch hier draußen verändern. Gerade als mein Knastradar auf der Straße nicht mehr anschlägt, wenn sich mir jemand nähert, springen plötzlich alle anderen panisch zur Seite, sobald ich ihnen auf dem Bürgersteig entgegenkomme.

Zudem empfinde ich es als verstörendes Déjà-vu, wieder allerorten rote Linien auf dem Fußboden zu sehen, in nahezu jedem Lebensmittelgeschäft dienen die Markierungen der Mahnung, den notwendigen Abstand zu den anderen Kunden einzuhalten. Im Supermax-Gefängnis Wallens Ridge gab es die gleichen roten Linien vor jeder Zelle, vor jeder Tür, vor den Telefonen und Duschen sowie vor dem Büro des diensthabenden Wärters im Gemeinschaftssaal. Wenn man diese Linien überschritt, ohne vorher eine Erlaubnis eingeholt zu haben, wurde man vom Wachpersonal im Kontrollraum unter Beschuss genommen.

Bevor ich selber von einem Gummigeschoss getroffen wurde, hatte ein anderer Häftling ohne Erlaubnis die Linie vor dem Mülleimer übertreten, um seinen Abfall zu entsorgen. In anderen Fällen wurde geschossen, weil ein Wärter einem Insassen zwar die Erlaubnis erteilt hatte, dann aber vergaß, seinen Kollegen im Schießstand zu informieren. Oder weil ein Gefangener dachte, der Wärter im Kontrollraum habe ihm das Zeichen gegeben, er dürfe die Markierung überqueren, doch tatsächlich war der Wink für einen anderen Häftling bestimmt gewesen.

Selbstverständlich ist mir bewusst, dass die roten Linien vor der Supermarktkasse nicht dasselbe Gefahrenpotenzial bergen wie die roten Linien im Supermax. Trotzdem passiert es mir immer wieder, dass ich in der Schlange stehe und auf meine Fußspitzen achte, damit sie nur ja nicht die Linie berühren. Bei diesem Blick nach unten, auf den Linoleumboden, die signalrote Linie und meine Schuhe, sehe ich genau das, was ich mehrmals täglich im Gefängnis sah. Zwei, drei Sekunden lang bin ich wieder dort, im Supermax. Dann hebe ich meine Augen, sehe die Gefriertruhe mit den Fertigpizzas und kehre zurück nach Hamburg.

In den letzten Märztagen ruft mich ein Mitarbeiter der Lanz-Redaktion an, weil der Produzent einen neuen Termin für die Aufzeichnung angesetzt hat. Er will die Sendung jetzt aufnehmen, damit sie umgehend ausgestrahlt werden kann, sobald sich die Gefahrenlage in Deutschland etwas entspannt. Einige Tage später werde ich von einem Fahrer zu Hause abgeholt.

Angekommen im Studio in Hamburg-Altona bringt mich eine nette junge Dame in einen Aufenthaltsraum, und ich spüre plötzlich eine immense Anspannung in mir aufsteigen. Ich frage mich, wie Markus Lanz mit meinem juristischen Maulkorb umgehen wird und wie ich vor einer Kamera reagieren werde, wenn ich blitzschnell zwischen der ungefilterten Wahrheit und einer juristisch unverfänglichen Version entscheiden muss. Während ich mich selber mit hypothetischen Super-GAU-Szenarien verunsichere, kommen endlich auch mein Anwalt und der Freund, die schon beim Spiegel-Interview dabei waren. Mittlerweile sind wir drei ein eingespieltes Team, der Blick in die vertrauten Gesichter gibt meinen wirren Gedanken ein bisschen Orientierung. Außerdem hilft mir die Gewissheit, in jeder Sekunde von zwei Menschen begleitet zu werden, die nichts anderes als mein Wohlergehen im Sinn haben. Einer der beiden hat mir im Vorfeld versprochen, nackt die Bühne zu stürmen und so einen Abbruch der Sendung zu erzwingen, sollte ich mir den Mund hoffnungslos verbrennen.

Zuletzt kommt Professor Bernd Maelicke in den Warteraum, der Jurist und Sozialwissenschaftler wird als zweiter Gast mit mir gemeinsam auftreten. Professor Maelicke ist ein Spezialist für die Resozialisierung von Langzeithäftlingen, auch kennt er sich bestens mit deutschen und amerikanischen Haftbedingungen aus. Ich freue mich, dass wir vor der Sendung das Eis brechen und uns etwas kennenlernen können. Wir nutzen die halbe Stunde für ein Gespräch über mein Leben und seine Arbeit, bevor uns die Visagistin ruft.

Als wir gepudert und ordentlich gekämmt sind, werden Maelicke und ich ins Studio und dort in unsere Sessel eskortiert. Trotz all der Interviews, die ich gegeben habe, ist dies das erste Mal, dass ich in einem Fernsehstudio sitze. In der Vergangenheit kamen die Reporter- und Kamerateams zu mir ins Gefängnis, also gewissermaßen in mein Wohnzimmer. Die meisten Journalisten hatten nie zuvor eine Haftanstalt von innen gesehen, darum schüchterte sie die kalte, feindselige und latent aggressive Atmosphäre in den ersten Momenten ein. Das verschaffte mir zu Beginn der meisten Interviews einen gewissen Souveränitätsvorsprung, der mir über die Nervosität hinweghalf.

In dem durchgestylten Hightech-Hochglanzstudio in Hamburg bin erstmalig ich derjenige, der von der fremden Umgebung eingeschüchtert ist. Ich schaue mich um und bin erleichtert, weil coronabedingt auf den Stufen hinter der Bühne kein Publikum sitzt. Als ich darüber nachdenke, dass mir ohne Corona etwa zweihundert Augenpaare, verschwörerisches Flüstern und deplatziertes Kichern im Rücken säßen, fühle ich mich für einen kurzen Moment als größtmöglicher Krisengewinnler.

Jetzt betritt auch Markus Lanz das Studio und begrüßt uns in sichtbarer Vorfreude auf das Interview, bevor er für den Einspieler, der die Sendung später eröffnen wird, einen kurzen Text in die Kamera sagt. Dann nimmt auch er in seinem Sessel Platz, und die Aufzeichnung beginnt. In einem unaufgeregten, aber konzentrierten Gesprächsklima geht es um die Morde und den Prozess, um das Leben in und nach der Haft sowie um die Frage, welche Rolle die Liebe bei meinem seelischen Gesundungsprozess spielt. Dies sind sehr ernste, für mich teilweise sogar schmerzhafte Themen, deshalb ist es schön, dass zumindest eine vergleichsweise heitere Anekdote zwischendurch für ein wenig Belustigung in der Runde führt.

Nachdem Flickin' Joe mich beinahe vergewaltigt hatte, wollte ich mich verzweifelt vor zukünftigen Angriffen schützen. Hantelstemmen alleine würde nicht genügen, denn ich hatte nicht die körperliche Konstitution, um in kurzer Zeit furchteinflößende Muskeln aufzubauen. Schutzgeldzahlungen würden ebenso wenig funktionieren, denn wer so schwach ist, dass er einen Leibwächter anheuern muss, bestätigt damit nur seinen Status als potenzielles Opfer. Also musste ich schon gleich zu Beginn meiner Haftzeit einen Weg finden, wie ich einen höheren Rang in der Häftlingshackordnung einnehmen könnte.

Ich überzeugte zwei ältere schwarze Kredithaie davon, dass sie mehr Geld mit weniger Arbeit verdienen würden, wenn sie mit mir zusammenarbeiteten. Schließlich hatte ich als junger Student an der University of Virginia für nahezu ein ganzes Semester Betriebswirtschaftslehre studiert, daher konnte ich Chuck und Arthur ein paar Tipps zur Optimierung ihrer geschäftlichen Abläufe geben.

Tipp Nummer eins: Kartellbildung. Jeder vernünftige Unternehmer versteht, dass freier Wettbewerb viel zu anstrengend ist. Statt gegeneinander zu wirtschaften, sollten wir drei miteinander kooperieren, zusammen konnten wir die gesamte schwarze und weiße Kundschaft bedienen.

Tipp Nummer zwei: Kreditwürdigkeitsprüfung. Derzeit konnten zahlungsunfähige Insassen bei Chuck neue Schulden aufnehmen, um die alten bei Arthur abzustottern. Diese Praxis würden wir fortan unterbinden, indem wir wöchentliche Absprachen über unsere Schuldner trafen.

Tipp Nummer drei: Marktsegmentierung. Ich bot an, den Kredithaien das lästige Kleingeschäft mit Chips, Keksen und Cola abzunehmen, so konnten sich die zwei auf den lukrativeren Zigarettenverleih konzentrieren. Dafür mussten sie noch nicht einmal von ihrem Lieblingsplatz am Pokertisch aufstehen.

Tipp Nummer vier: Kundenpflege. Bislang verprügelten Chuck und Arthur ihre Kunden, wenn sie zahlungsunfähig wurden, doch Schuldner konnten ihre Kredite nicht bedienen, wenn sie auf der Krankenstation lagen. Selbst im Gefängnis musste der Kunde König sein, meine verlässlichsten Schuldner bekamen sogar kleine Weihnachtsgeschenke.

Als Team verdienten die beiden Kredithaie und ich für Gefängnisverhältnisse viel Geld, doch für mich war der finanzielle Erfolg nur ein erfreulicher Nebeneffekt. Viel wichtiger war, dass ich, als Chuck und Arthurs Geschäftspartner, eine Position in der Sträflingshierarchie einnahm, die mich zumindest vor körperlichen Angriffen schützte. Auf diese Weise überlebte ich die gefährlichen Frischlingsjahre von 1991 bis 1996, ohne Schaden zu nehmen oder anderen Schaden zufügen zu müssen.

Während sich Markus Lanz sichtlich über die Vorstellung amüsiert, dass im knallharten US-Hochsicherheitsgefängnis dieselben Methoden der Kundenbetreuung greifen wie in der Kreissparkasse, gefällt Maelicke diese Anekdote besonders, weil er sich als Kriminologe mit den gewaltsamen Untiefen der Gefängnisgesellschaft bestens auskennt. Er erklärt den Zuschauern, dass »Frischfleisch« in deutschen Strafanstalten ebenso gefährdet ist, wie ich es damals war, und attestiert mir einen besonders »kreativen« Umgang mit der bedrohlichen Situation. Im Gespräch mit den beiden Männern vergeht die Zeit wie im Flug, und als Markus Lanz erst seine Gäste und dann die Zuschauer verabschiedet, kann ich kaum fassen, dass die 75 Minuten schon um sind.

Zur Einstimmung auf die Sendung habe ich mir vor einigen Tagen das Gefängnis-Interview mit Johannes B. Kerner aus dem Jahr 2007 angeschaut. Immer wenn mein Name am Bildrand eingeblendet wurde, erschien darunter auch ein kurzer erklärender Satz. Einmal stand unter meinem Gesicht »Jens Söring wird vermutlich im Gefängnis sterben.« Als der Produzent von damals und heute nun zufrieden lächelnd das Studio betritt, um sich bei Maelicke und mir zu bedanken, fällt nicht nur wegen der gelungenen Sendung eine enorme Last von mir ab.

14

Die Staatsanwaltschaft Frankfurt leitet ein Ermittlungsverfahren wegen Mordes gegen mich ein, und zwar für den Doppelmord in Virginia, für den ich gerade 33 Jahre im Gefängnis gesessen habe. Dies teilt der zuständige Staatsanwalt meinem Anwalt im April telefonisch mit. Der deutsche Staat habe einen grundsätzlichen Strafanspruch auf die Taten seiner Bürger, so sagt er, egal, ob sie im In- oder Ausland begangen wurden. Zwar dürfe niemand innerhalb des Schengenraums für dieselbe Tat zweimal bestraft werden, doch für Länder wie die Vereinigten Staaten gelte diese Regelung nicht. Deshalb könne ich in Deutschland noch einmal für die Haysom-Morde angeklagt, verurteilt und inhaftiert werden, obwohl dies bereits in Virginia geschehen sei.

Der Staatsanwalt werde von dieser sogenannten Doppelverfolgung nach Ermessen absehen, sagt er meinem Anwalt am Telefon. Doch dafür müsse ich schriftlich nachweisen können, dass es ein Urteil gegen mich sowie eine nach deutschem Recht ausreichend strenge Strafe gegeben habe. Solche Dokumente habe er leider nicht vorliegen, deshalb sei er nun gezwungen, gegen mich zu ermitteln und gegebenenfalls Anklage zu erheben.

Mein Anwalt, der mittlerweile ein Freund geworden ist, weiß, dass dies für mich keineswegs schlechte Nachrichten sind. Im Gegenteil. Er trifft darum beim Überbringen der Botschaft den richtigen Ton: Es gebe gute Neuigkeiten, sagt er mir, ein deutsches

Gericht prüfe eine Anklage gegen mich wegen des Mordes an den Haysoms. Noch bevor ich mich zu sehr über die Aussicht auf einen neuen, fairen Prozess freuen kann, löst mein Anwalt die Situation auf und erklärt mir, dass es dazu nicht kommen werde. Es gehe um einen rein formalen Akt, ich müsse lediglich bei der Staatsanwaltschaft ein Dokument vorlegen, mit dem ich meine lange Haftstrafe nachweisen könne.

Natürlich werde ich genau das tun, am liebsten aber würde ich mich der Aufforderung widersetzen und eine zweite Verhandlung in meiner Heimat erzwingen. Für einen Moment steigere ich mich so weit in diesen abwegigen Gedanken hinein, bis ich es bedaure, dass Prozesse in Deutschland nicht live im Fernsehen übertragen werden. In einem kurzen Tagtraum kann ich die vielen neuen Hinweise auf meine Unschuld, die in den letzten dreißig Jahren zutage befördert wurden, an die Öffentlichkeit bringen und endlich allen beweisen, dass ich kein Mörder bin.

Ich bin überzeugt davon, dass eine Hauptverhandlung in Deutschland rechtsstaatlichen Ansprüchen genügen würde, was man von dem Urteil aus dem Jahr 1990 genauso wenig behaupten kann wie vom Umgang mit meinen Berufungen und Verfassungsbeschwerden zwischen 1991 und 2001 oder der Abfertigung meiner Bewährungs- und Unschuldsanträge zwischen 2003 und 2019. Mir ist bewusst, dass die meisten Menschen müde abwinken, wenn sich ein verurteilter Doppelmörder über die Ungerechtigkeit des Justizsystems beschwert. Trotzdem spreche ich mit Deutschen oft über das Thema, denn ich habe die Erfahrung gemacht, dass die meisten meiner Landsleute nicht wissen, wie das Rechtssystem in den USA im Allgemeinen und in Virginia im Besonderen funktioniert. Wenn ich es dann anhand meines Falles erkläre, sind sie erstaunt bis ungläubig, dass es in einer hochentwickelten westlichen Demokratie derartige Zustände geben kann.

Fassungslos macht die meisten schon die Auswahl des Richters, der meinen Prozess geleitet hat. William Sweeney hieß dieser Mann, er war vierzig Jahre lang mit dem Bruder der ermordeten Nancy Haysom befreundet gewesen und grüßte ihn im Gerichtssaal mit Vornamen. Auch hatte er beide Opfer bei einer Feier kennengelernt, als sie Anfang der 1980er-Jahre nach Bedford County gezogen waren. Unter den Augen seines Jugendfreundes sollte er nun von Amts wegen herausfinden, ob die Opfer ihre Mörderin selber großgezogen hatten oder ob das Böse durch den Fremden in ihr Haus gekommen war. In seiner Hand sollte es maßgeblich liegen, ob nach dem schrecklichen Tod zweier Menschen auch noch die Schande eines Elternmordes über die Familie gebracht würde. Als mein Strafverteidiger daraufhin einen Befangenheitsantrag stellte, lehnte Sweeney ihn ab.

Vier Monate später stellte mein Anwalt erneut einen Befangenheitsantrag, nachdem das Magazin Albemarle einen Artikel veröffentlicht hatte, in dem Sweeney mit seinen eigenen Worten zitiert wurde. Meine damalige Freundin Elizabeth sei überrascht gewesen, so der Richter zu der Reporterin, dass ich auf ihre Mutprobe eingegangen wäre. Mit der »Mutprobe« meinte er den brutalen Doppelmord, offensichtlich hatte er sich bereits vor dem Verfahren ein Urteil gebildet und dies öffentlich zum Ausdruck gebracht. Wieder lehnte Sweeney den Befangenheitsantrag ab.

Nach meiner Verurteilung ging mein Strafverteidiger in Berufung, dabei war einer seiner wichtigsten Kritikpunkte, dass Sweeney laut § 3-B-9 und § 3-E-1 des Kanons richterlicher Ethik zwingend vom Prozess hätte zurücktreten müssen. Doch solange man ihnen keinen offenen Amtsmissbrauch nachweisen kann, dürfen *Circuit Judges* in Virginia über ihre eigene Befangenheit selber urteilen. Daher lehnten die Berufungsgerichte den Antrag meines Anwalts wenig überraschend ab.

Rein rechtlich wäre es möglich gewesen, die Befangenheit des Richters in einer Verfassungsbeschwerde weiter zu thematisieren. Doch mein Anwalt hatte es versäumt, während der Berufung anzukündigen, dass die richterliche Befangenheit auch eine verfassungsrechtliche Komponente hatte. Wegen dieses Formfehlers konnte meine spätere Anwältin Gail Starling Marshall dieses Argument nie von einem US-Bundesgericht prüfen lassen, wo ich womöglich bessere Chancen gehabt hätte.

Eine der vielen fragwürdigen Entscheidungen, die Sweeney im Laufe meines Prozesses fällte, war die über den Ort des Verfahrens. Nach vier Jahren reißerischer lokaler Berichterstattung war es in Bedford County kaum möglich, unvoreingenommene Personen für den Jurydienst zu finden, darum wäre es unbedingt notwendig gewesen, die Verhandlung in eine entfernte Großstadt zu verlegen. Stattdessen ordnete Richter Sweeney an, die Geschworenen aus der wenige Kilometer entfernten Nachbargemeinde Nelson County zu holen, in der die gleichen Fernseh- und Radiosender empfangen und die identischen Tageszeitungen gelesen wurden wie im Heimatort der Mordopfer.

Um wenigstens den Anschein von Neutralität zu wahren, schreibt das amerikanische Gesetz vor, potenzielle Geschworene zunächst offen nach ihrer Befangenheit zu befragen. Wegen der jahrelangen medialen Hetzjagd auf mich war nicht davon auszugehen, dass es Richter Sweeney gelingen würde, in jenem Landesteil ausreichend Menschen zu finden, die mir vorurteilsfrei gegenübertreten würden. Und doch schockierte es mich, als bei meinem Prozess vierzig Prozent der Juryanwärter ungeniert angaben, dass sie schon vor Beginn der Verhandlungen von meiner Schuld überzeugt seien und es an mir läge, meine Unschuld zu beweisen. In vielen anderen US-Bundesstaaten würde eine solche Aussage logischerweise zum sofortigen Ausschluss des Jurykandidaten führen, doch in Virginia verhält es sich anders. In einer zweiten Auswahlstufe befragte Richter Sweeney die offenkundig einäugigen Juryanwärter ein zweites Mal. Diesmal wollte er wissen, ob sie ihr Vorurteil beiseitelassen und die Sachlage noch einmal neu bewerten könnten. Einige der Geschworenen, die diese Frage bejahten, durften der Jury angehören und über mein Schicksal entscheiden.

Es sind zwar die Geschworenen, die letztlich das Urteil fällen und damit das abschließende Wort im Prozess haben. Doch alle gestalterische Macht liegt in den Händen von Staatsanwalt und Strafverteidiger, die im Laufe der Verhandlung unterschiedliche Bilder vom Angeklagten zeichnen. Die Juroren entscheiden im Anschluss nur noch, wessen Bild ihnen plastischer erscheint, und geben ihm entweder die Überschrift »schuldig« oder »nicht schuldig«. Bei meinem Prozess war es Staatsanwalt James Updike, der das Schreckgespenst eines mörderischen Psychopathen an die Wand malte. Der Rechtsanwalt, der mich als liebestrunkenen Deppen porträtierte, hieß Richard Neaton.

Vier Jahre nach meinem Prozess reichte ich eine selbst verfasste Beschwerde bei der Anwaltskammer ein, in der ich Neaton vorwarf, im Zuge meines Berufungsantrages 6 000 Dollar veruntreut, bei meiner Verfassungsbeschwerde schwere Fehler begangen und mein Prozessprotokoll unrechtmäßig einbehalten zu haben. Neaton bekannte sich in allen Punkten schuldig, gab jedoch zu seiner Entlastung an, während meines Prozesses an einer emotionalen oder geistigen Störung gelitten zu haben, die seine anwaltlichen Fähigkeiten maßgeblich beeinträchtigt hätte. Die Anwaltskammer akzeptierte Neatons Schuldeingeständnis, entzog ihm seine anwaltliche Zulassung und erstatte mir die 6 000 Dollar.

Im folgenden Jahr reichte meine neue Anwältin, die ehemalige Stellvertretende Generalstaatsanwältin Gail Starling Marshall, eine Verfassungsbeschwerde bei den US-Bundesgerichten ein, in der sie unter anderem die Unfähigkeit meines Anwalts ansprach. Nach dem sechsten Zusatz der amerikanischen Verfassung hat jeder Angeklagte das Recht auf einen kompetenten Strafverteidiger, und meiner war, wie die Anwaltskammer nun offiziell bestätigt hatte, offensichtlich inkompetent gewesen. Doch zwischen 1996 und 2001 wiesen drei US-Bundesgerichte dieses Argument zurück, mit der Erklärung, dass allgemeine oder kumulative Inkompetenz nicht ausreiche, ich müsse einen einzigen gigantischen Fehler meines Strafverteidigers nachweisen, bevor sie mir einen neuen Prozess zuerkennen würden. Mein Anwalt war also zu schlecht, um zukünftig andere Mandanten vertreten zu dürfen, aber nicht schlecht genug, als dass man deswegen mein Urteil gekippt hätte.

Im Gegensatz zu meinem Strafverteidiger war der Staatsanwalt in meinem Fall ein brillanter Jurist. Updike führte mich im Kreuzverhör erfolgreich vor und überzeugte die Zuschauer davon, dass ich ein arroganter Snob sei. Zum Schluss drückte er den Geschworenen ein Steakmesser in die Hand, das zwar nichts mit dem Fall zu tun hatte, aber allen einen Schauer über den Rücken jagte, bei der Vorstellung, dass die Tatwaffe so ausgesehen haben könnte. Mit Kreativität und raffinierten psychologischen Spielchen gewann er den Prozess trotz der dürftigen Beweislage.

Nach dem 14. Zusatz der amerikanischen Verfassung und dem Präzedenzfall *Brady v. Maryland* war Updike verpflichtet, meinem Verteidiger sämtliche Beweismaterialien zu übergeben, die dazu hätten beitragen können, meine Unschuld zu beweisen. Bereits 1996 stellte ein Richter fest, dass Updike diese verfassungsrechtliche Pflicht verletzte, weil er es unterlassen hatte, meinen Anwalt über mögliche alternative Täter zu informieren.

Dieses Versäumnis des Staatsanwalts hätte eigentlich bedeuten müssen, dass ich einen neuen Prozess bekommen würde. Doch in den 1980er-Jahren hatte es der Oberste US-Gerichtshof zur Doktrin erklärt, trotz Verfassungsbruchs keinen neuen Prozess anzuordnen, solange die Staatsanwaltschaft glaubhaft machen konnte, dass es sich um einen sogenannten »harmlosen Fehler« handelte. Dies öffnete Tür und Tor für Staatsanwälte, die Verfassungsbrüche begehen und sich darauf verlassen konnten, dass Bundesgerichte diese fast immer als »harmlose Fehler« durchgehen lassen würden.

So war es auch in meinem Fall. Das Unterschlagen von Informationen über alternative Täter war angeblich »harmlos«. Der Richter, der zu diesem Schluss kam, war William Sweeney, derselbe Mann, der meinen Prozess geführt hatte. Bei Verfassungsklagen überlässt das amerikanische Justizsystem Beurteilungen zur Harmlosigkeit fast immer den ursprünglichen Prozessrichtern. Auf diese Weise dürfen sie über ihr eigenes Handwerk urteilen, entsprechend niedrig ist die Erfolgsquote für Antragsteller wie mich.

In den meisten US-Bundesstaaten können verurteilte Menschen eine Wiederaufnahme ihres Falls beantragen, wenn neue Beweise gefunden werden. Virginia bildet die einzige Ausnahme, dort, und nur dort, gilt die sogenannte 21-Tage-Regel. Neue Beweise dürfen ausschließlich in den ersten drei Wochen nach Verhängen der Haftstrafe vorgebracht werden, danach ist dies für alle Zeiten unmöglich.

Die 21-Tage-Regel spielte eine besonders große Rolle in meinem Fall, denn in den letzten dreißig Jahren wurde eine Unmenge an neuen Beweisen gefunden, die ich nie vor Gericht bringen konnte. Ohne jeden Zweifel war der wichtigste darunter ein Fußabdruck meiner damaligen Freundin Elizabeth Haysom, der meinem Strafverteidiger und der Jury vorenthalten wurde.

Während meines Prozesses zeigte der Forensiker der Staatsanwaltschaft, Robert Hallett, den Juroren einen verschmierten blutigen Sockenabdruck vom Tatort und verglich ihn mit einem meiner Fußabdrücke. Abgesehen davon, dass mein Fuß etwa einen Zentimeter länger war als der Abdruck vom Tatort, sahen sich die beiden durchaus ähnlich. Außerdem zeigte Hallett der Jury einen Fußabdruck Elizabeths, der vollkommen anders aussah.

Laut einem Zeitungsbericht kurz nach der Urteilsverkündung war dies der Beweis, der zu dem Schuldspruch gegen mich führte. Bei Beginn der Verhandlung hielten mich sechs der zwölf Geschworenen für schuldig, sechs für unschuldig, erst nachdem sie sich die beiden Sockenabdruck-Vergleiche näher ansahen, kamen die Jurymitglieder zu der Überzeugung, dass ich der Täter sein müsse. In einer späteren eidesstattlichen Erklärung sagte einer der Geschworenen, ohne den Sockenabdruck hätte er mich nicht für schuldig befunden.

Einige Wochen nach dem Urteil entdeckte mein Strafverteidiger Richard Neaton einen bisher unbekannten Fußabdruck Elizabeths, der dem Abdruck vom Tatort von der Form her mindestens genauso ähnelte wie meiner – und sogar in der Länge übereinstimmte. Dieser Fußabdruck befand sich in der Akte des Forensikers Hallett, doch der hatte ihn weder meinem Anwalt noch den Geschworenen gezeigt. Offensichtlich hatte Hallett für seine Analyse von meinen etlichen Fußabdrücken jenen ausgesucht, der dem Abdruck am Tatort am ähnlichsten sah, während er von Elizabeths vielen Fußabdrücken jenen wählte, der am wenigsten Übereinstimmung aufwies.

Richter Sweeney lehnte Neatons Antrag auf eine erneute Beweisaufnahme ab, weil mein Anwalt eine falsche juristische Formulierung benutzt und die 21-Tage-Regel verletzt hatte. Folglich hat sich kein einziges Berufungsgericht jemals mit dem Sockenabdruck oder der eidesstattlichen Erklärung des Geschworenen befasst, obwohl Halletts tendenziöser Vergleich zu meiner Verurteilung geführt hatte. Genauso verhält es sich mit all den anderen neuen Beweisen, die in den folgenden Jahrzehnten entdeckt wurden.

2011 meldete sich ein neuer Zeuge, der meine damalige Freundin mit einem blutigen Messer und einem unbekannten Mann, der definitiv nicht ich war, gesehen haben wollte.

Im Jahr 2013 wurde bekannt, dass die Polizei das Mietauto kurz nach der Tat einer Luminol-Testung unterzogen und dabei keinen einzigen Tropfen Blut gefunden hatte. Dies beweist, dass ein zentraler Punkt in der Aussage Elizabeths – ich sei blutüberströmt und in ein blutiges Laken gewickelt Hunderte Kilometer in diesem Wagen vom Tatort nach Washington gefahren – nicht wahr sein kann.

2015 gab ein pensionierter FBI Special Agent an, dass er fünf Jahre vor meinem Prozess ein Täterprofil angefertigt hatte, das auf eine weibliche Täterin hindeutete, die in enger Beziehung zu den Opfern stand. In dem Dokumentarfilm *Das Versprechen*, englisch: *Killing for Love*, konkretisierte der FBI-Mann, er habe damals in der Schuldfrage auf die Tochter der Opfer gesetzt.

2016 stellte sich heraus, dass die Blutspuren der Blutgruppe 0, die während meines Prozesses mir zugeordnet wurden, nicht von mir stammen können, weil sie ein anderes DNA-Profil haben.

2018 fand der pensionierte Kriminalbeamte Richard Hudson einen bisher unbekannten Sportschuhabdruck auf alten Tatortfotos. Demnach mussten entweder mehrere Personen an dem Mord beteiligt gewesen sein, oder der Täter muss vor Ort passende Wechselschuhe gefunden haben – zufälligerweise oder weil er oder sie in dem Haus gelebt hatte.

Ebenfalls 2018 widerlegte Sheriff Chip Harding endgültig die wacklige Aussage eines Bekannten der Opfer, ich hätte nach der Tat Wunden an den Händen und im Gesicht gehabt. Chip machte zwei ehemalige Mitbewohner des Studentenwohnheims ausfindig, in dem meine damalige Freundin und ich zur Tatzeit gelebt hatten. Beide Kommilitonen hatten meine Freundin und mich nachweislich direkt nach der Mordnacht gesehen und mit uns gegessen. Beide waren sich absolut sicher, dass ich keinerlei Verletzungen an den Händen oder im Gesicht hatte – die ich jedoch hätte haben müssen, wenn ich in der Tatnacht geblutet hätte.

Pikanterweise waren zwei Forensiker in meinem Fall, Elmer Gist, Jr. und Robert Hallett, verantwortlich für zwei weitere, mittlerweile offiziell anerkannte Justizirrtümer. Gists fehlerhafte Analyse von Haaren führte zur Verurteilung des unschuldigen Ed Honaker zu drei lebenslangen Haftstrafen, von denen er dank eines späteren DNA-Tests glücklicherweise nur neun Jahre absitzen musste. Aufgrund Halletts Falschaussage zu Sockenabdrücken musste der nachweislich unschuldige Charles Fain 18 Jahre in den Todeszellen verbringen, bevor das Urteil gegen ihn gekippt wurde.

Bereits bei meinem Prozess 1990 befand Richter Sweeney, dass die Analyse von Sockenabdrücken keine wissenschaftlich anerkannte forensische Methode war. Trotzdem erlaubte er Robert Hallett, vor Gericht auszusagen – allerdings nicht als Experte, sondern als Laie. Diese reine Formalität machte natürlich nicht den geringsten Unterschied für die Geschworenen, es war Halletts Sockenabdruck-Vergleich, der sie schließlich von meiner Schuld überzeugte.

In den folgenden Jahren und Jahrzehnten wurde bekannt, dass pseudowissenschaftliche Forensik, *junk science* genannt, eine der häufigsten Ursachen von Fehlurteilen ist. Eine bahnbrechende Studie aus dem Jahr 2009, die sämtliche forensische Methoden auf ihre Verlässlichkeit hin untersuchte, stellte fest, dass die meisten nur scheinbar wissenschaftlich sind. Als Paradebeispiele für *junk science* nannte diese Studie die Analyse von Sockenabdrücken und Halletts Aussage gegen Fain.

Sogar im ansonsten nicht besonders fortschrittlichen US-Bundesstaat Texas ist dieses Problem mittlerweile offiziell anerkannt worden. Dort gibt es nun ein sogenanntes *junk science*-Gesetz, welches es Insassen erlaubt, ihre Verurteilung gerichtlich anzufechten, wenn sie auf pseudowissenschaftlicher Forensik beruht. Als der Versuch gemacht wurde, ein ähnliches Gesetz in Virginia einzuführen, lehnte es die *General Assembly* ab. Es hieß, bei der

Masse an Urteilen, die von einem solchen Gesetz betroffen wären, fürchtete man unbezahlbare Konsequenzen.

Mittlerweile hat Steve Northup, einer meiner amerikanischen Anwälte, das Dokument gefunden, das der Frankfurter Staatsanwalt benötigt. Wenige Tage später erhalte ich die Bestätigung, dass das Verfahren gegen mich eingestellt wurde, weil die in Amerika bereits verbüßte Haftstrafe weitaus höher ist als das in Deutschland im Falle einer Verurteilung zu erwartende Strafmaß. Also wird es trotz all der neuen Erkenntnisse und Entwicklungen in meinem Fall keine weitere Verhandlung geben, weder in Virginia noch in Deutschland.

Einerseits bedauere ich das mehr denn je, weil ich in der Zwischenzeit die Einschätzung eines ausgesprochenen Experten für deutsches Strafrecht zu der Sache gehört habe. Der Präsident eines niedersächsischen Landgerichts war auf mich zugekommen, um mich zu einem Vortrag vor seiner Kollegenschaft einzuladen. Bei einem Mittagessen erklärte mir der versierte Richter dann, warum ich in Deutschland nicht mit einer Verurteilung zu rechnen hätte. Erstens würde für mich aufgrund der dünnen Beweislage die Unschuldsvermutung gelten, und zweitens könnte ein psychologischer Gutachter schnell herausfinden, ob mein Geständnis glaubhaft ist und wer von uns beiden, Elizabeth oder ich, die Wahrheit sagt.

Dennoch ist es andererseits auch gut, dass es kein langwieriges Verfahren mehr geben wird, denn auch eine juristische Rehabilitation könnte mir die verlorenen Jahre nicht zurückgeben. Im Gegenteil, jeder weitere Tag, an dem ich um die Anerkennung meiner Unschuld kämpfe, ist ein weiterer verlorener Tag. Ein Tag, an dem ich mein neues Leben in Freiheit nicht genieße. Ein Tag, an dem mich die Vergangenheit daran hindert, mir eine Zukunft aufzubauen.

Oft ist die Beschäftigung mit meinem Fall eine Flucht aus dem Hier und Jetzt, denn ich weiß nicht, was ich mit den verbleibenden zwanzig, dreißig Jahren meines Lebens anfangen soll. So vieles habe ich verpasst, und so wenig Zeit bleibt mir, dass mich eine ungeheure Überforderung überkommt, wenn ich versuche, Prioritäten zu setzen. Normalerweise tobt sich ein Mensch in seiner Jugend aus, macht unterschiedliche Erfahrungen und erkennt früher oder später, was er möchte und was nicht. Ich kann lediglich sagen, dass ich nicht noch einmal ins Gefängnis möchte, aber vermutlich hätte ich die jahrzehntelange praktische Erfahrung nicht gebraucht, um zu dieser Erkenntnis zu gelangen.

Insbesondere fehlt mir jede Routine im Umgang mit Frauen. Ich habe nur eine einzige Frau geliebt, das liegt mehr als 35 Jahre zurück, und sie hat mich und die ganze Welt so gnadenlos belogen, dass ich bis heute keine Ahnung habe, wer diese Person eigentlich war. Zudem war meine Beziehung zu Elizabeth von kurzer Dauer. Wir lernten uns Ende August 1984 kennen, freundeten uns Mitte Oktober an und verliebten uns schließlich Anfang Dezember. Die langen Weihnachtsferien verbrachten wir getrennt, bis zu den Morden im März hatten wir also gerade einmal dreieinhalb Monate als Paar miteinander verbracht.

Dass in der Öffentlichkeit der Eindruck entstand, uns habe eine lange und innige Liebe verbunden, die in eine totale psychische Abhängigkeit mündete, liegt vermutlich an den beiden bizarren Briefen, die Elizabeth und ich uns in den Weihnachtsferien schrieben und aus denen seither immer wieder zitiert wird. Mein Brief an Elizabeth umfasste mehr als dreißig Seiten, darin bekundete ich ihr meine Liebe in überzogener Weise und philosophierte wichtigtuerisch über George Orwells Utopien. Elizabeth hingegen prahlte in ihrem Brief mit ihrem Drogenkonsum und zeichnete finstere Selbstporträts im Stil von Edvard Munch.

Etwa die Hälfte ihres Briefes handelte jedoch vom zügellosen Hass auf ihre Eltern. An einer Stelle schrieb sie, dass sie hoffte, ihre Mutter würde mit einem Schürhaken auf ihren Vater losgehen, und sie fragte, ob sie ihre Eltern mit Voodoo oder schwarzer Magie wohl zu Tode wünschen könnte. Ich ging auf diese Gewaltfantasien in meinem Antwortbrief kurz ein, indem ich Elizabeth versicherte, dass ich die ultimative Waffe gegen ihre Eltern besäße – sollte ich diese bei einem gemeinsamen Abendessen einsetzen, würden sie wahnsinnig werden, Herzanfälle bekommen oder sich selber in die ganze Welt verlieben. Diese ultimative Waffe sei, so schrieb ich, die Liebe.

Drei Monate später wurden Derek und Nancy Haysom ermordet. Unsere Briefe wurden vor Gericht und in unzähligen Artikeln und Fernsehsendungen darum nicht nur als Beleg einer angeblichen Folie à deux, sondern auch als endgültiger Beweis für meine Schuld ausgelegt. Doch es ist absurd, meine Worte als Indiz einer Psychose oder gar als Mordplan zu interpretieren, zumal unsere Liebesbeziehung erst drei Wochen alt war, als wir die Briefe verfassten.

Für mich war es die erste Verliebtheit, ich war vollkommen unerfahren, und mein einziger Wunsch war es, meine neue exzentrische Freundin nicht sofort wieder zu verlieren. Darum setzte ich alles daran, sie zu verstehen – oder sie wenigstens glauben zu lassen, dass ich ihre düsteren Gedanken nachvollziehen konnte. Ich gaukelte der wesentlich reiferen Elizabeth emotionale Tiefe vor, auch wenn mein Gemüt noch das eines arglosen Kindes war. So wie jeder Teenager hatte immerhin auch ich Probleme mit meiner Familie, und auch ich steigerte mich in mein pubertäres Elend zuweilen hinein. Viel ernster nahm ich ihre Phantasmen nicht, bis zuletzt war mir nicht klar, wie tief Elizabeths Hass auf ihre Eltern tatsächlich saß.

Nach den Morden waren wir noch für etwa ein Jahr zusammen. Ich kann nicht behaupten, Elizabeth in dieser Zeit besser kennengelernt zu haben, zwischen uns stand das schreckliche Geheimnis, das uns unüberwindbar trennte und gleichzeitig schicksalhaft miteinander verband. Seit der Tatnacht redeten wir nicht mehr darüber, was am 30. März im Haus der Haysoms passiert war, es schien, als ob wir beide versuchten, die Vergangenheit durch eisernes Schweigen ungeschehen zu machen. Ich hoffte, Elizabeth auf diese Weise irgendwie weiter lieben zu können, sie befürchtete wohl, ich könnte einknicken, wenn ich allzu viel über die Tragweite der Ereignisse nachdachte. Zudem waren wir nach unserer Flucht aus den USA vollauf damit beschäftigt, uns mit kleineren Scheckbetrügereien ein Leben aufzubauen, das wiederum auf Lügen und falschen Identitäten basieren sollte. Gelegenheit für eine ehrliche Auseinandersetzung blieb somit nicht. Und vermutlich wollte ich auch gar nicht mehr wissen über die Frau, die mir ohnehin schon viel zu viel gesagt hatte.

Schließlich wurden wir in England verhaftet, seither habe ich Elizabeth nur noch einige Male vor Gericht gesehen. Bei jedem ihrer Auftritte war sie mir fremder geworden, bis ich sie bei meinem Prozess, in dem sie mit eiskaltem Blick als Kronzeugin gegen mich aussagte, kaum noch wiedererkannte.

Elizabeth war die erste Frau, mit der ich geschlafen habe. Und während ich so unerfahren war, wie man es nur sein konnte, war sie für ihr Alter sehr reif. Aus dieser ungleichen Paarung entstand eine körperlich leidenschaftliche Beziehung: Elizabeth genoss die Rolle der *femme fatale*, und ich war mit meinen 18 Jahren voller angestauter Fantasien und zu allem bereit. Weil wir zudem beide meinten, schriftstellerisches Talent zu besitzen, schrieben wir einander sexuell ausschweifende Briefe, worin wir unser Liebesleben bis ins kleinste Detail ausbreiteten.

Doch nach unserer Verhaftung sagte Elizabeth den Psychiatern, ich sei impotent gewesen, später warf sie mir paradoxerweise zusätzlich vor, sie vergewaltigt zu haben. Das Einzige, das ich zu diesem Zeitpunkt zwischen Elizabeth und mir noch für wahrhaftig gehalten hatte, die körperliche Lust, hatte sie damit in denselben Dreck gezogen, in dem auch unsere Liebe und Loyalität längst entsorgt waren.

Offenkundig hatte ich als Teenager eine katastrophal schlechte Kenntnis von Frauen und seitdem keine Gelegenheit, sie zu verbessern. Nun bin ich aber zu alt, um erst eine Handvoll Beziehungen zu führen, bevor ich die richtige Frau finde, mit der ich eine Familie gründen könnte. Wenn ich eine lange, intensive Beziehung oder sogar die Geburt eines eigenen Kindes erleben möchte, muss ich mich jetzt binden, ohne die geringste Vorstellung, wie die Frau sein müsste, die ich dauerhaft lieben könnte. Ich weiß schlichtweg nicht, ob ich schüchterne oder forsche Frauen mag, moderne oder traditionsbewusste, chaotische oder penible, quirlige oder gemütliche, kleine oder große, runde oder drahtige. Frauen sind für mich nach dreieinhalb Jahrzehnten in Männergefängnissen unbekannte Wesen, psychologisch und auch körperlich.

Als ich zum ersten Mal eine nackte Frau sah, war ich zwölf Jahre alt. Sie hieß Monique St. Pierre und war das Centerfold in der Novemberausgabe des Playboy, ein Klassenkamerad hatte das Magazin bei seinem Vater in der Garage gefunden. Noch aus dem Gefängnis erzählte ich einem Freund diese Geschichte, und weil er so beeindruckt davon war, dass ich mir den exotischen Namen der blonden Dame bis heute merken kann, besorgte er eine Originalausgabe des 1970er-Jahre-Playboys und schenkte sie mir kurz nach meiner Ankunft. In dem Moment, als er mir das vergilbte Heft in die Hand drückte und ich es mir aus Höflichkeit sofort ansah, fühlte ich mich wie ein Jugendlicher, der mit seinen Eltern einen Film guckt, in dem unerwartet eine Erotikszene auftaucht. Die lange Haft hatte aus mir wieder einen Pubertierenden gemacht.

Während meine Entwicklung rückwärts verlief, drehte sich die Welt hier draußen immer schneller. Die Menschen sind heutzutage viel früher aufgeklärt und wesentlich offenherziger als in meiner Jugend, jeder 15-jährige hat schon einmal einen Porno im Internet gesehen und kennt jede Stellung beim Sex. Außerdem reden Frauen und Männer überall ungeniert miteinander über ihre Erfahrungen und Vorlieben. Es fühlte sich darum anfangs permanent für mich so an, als wäre ich der einzige Junge auf der Schule, der noch nie ein Mädchen geküsst hat.

Diese Verunsicherung wurde nicht dadurch geringer, dass die Menschen in meiner Anwesenheit jede sexuelle Anspielung aus Rücksicht auf meine Geschichte vermieden, während ich versuchte, mit hilflosen Anzüglichkeiten oder sarkastischen Witzen über den Sex mit Gefängniswärterinnen eine Lockerheit bei dem Thema vorzugaukeln. Dieser Krampf löst sich erst, als derselbe Freund, der mir nach meiner Entlassung das Playboyheft geschenkt hat, eines Abends alle Zurückhaltung über Bord wirft und mich direkt nach meinen sexuellen Erfahrungen fragt.

Ich erkläre ihm, dass ich im Alter von 53 Jahren noch nie einen Sexfilm gesehen und keine Ahnung hätte, was eine Frau im Bett von einem Mann erwartet. Auch sage ich ihm offen, dass ich mich für meine Unerfahrenheit schäme und, wie bei so vielen Dingen, auch hier Angst vor dem Versagen hätte.

Seine Reaktion verblüfft mich. Für ihn, antwortet er, sei die Vorstellung, so lange enthaltsam gelebt zu haben, nicht beängstigend, sondern äußerst reizvoll. Er sagt, dass er wünschte, nie einen Porno gesehen zu haben und die verstörenden Bilder liebend gern aus seinen Erinnerungen löschen würde. Er sagt, dass er viel dafür gäbe, noch einmal so ahnungslos und neugierig sein zu dürfen wie ich – die Jugend sei tatsächlich an die Jungen verschwendet, und ich könne nun den Zauber des Neuen, Unbekannten erleben, aber mit Bedacht und der Demut eines alten Mannes. Natürlich, räumt er ein, sei es unglaublich traurig gewesen, mit anzusehen, wie dankbar ich nach der langen Haft schon für eine freundschaftliche Umarmung war, aber ich sei eben in der einzigartigen Situation, jede Berührung wie ein kleines Wunder erleben zu dürfen. Er hat recht.

Weil es in Corona-Zeiten, in denen Cafés und Bars geschlossen sind, schier unmöglich ist, auf analogem Wege Bekanntschaften zu schließen, erklärt mir mein Freund im Laufe unseres Aufklärungsgespräches auch, wie man eine Dating-App nutzt. Aber ich finde das Prinzip, Menschen nach einer kurzen Musterung auszusortieren, sofort abstoßend. Zudem habe ich viel zu viel Angst davor, noch einmal mein Leben an eine vermeintliche Liebe zu verlieren, als dass ich eine Frau ohne jeden Kontext, ohne gemeinsame Bekannte oder eine längere Zeit des intensiven, freundschaftlichen Kennenlernens an mich heranlassen könnte.

Als sich der Tag meiner Verhaftung am 30. April zum 34. Mal jährt, flüchte ich mich einmal mehr aus meiner Schwermut in die Vergangenheit. Ich sitze alleine in der Wohnung und überlege, wie mein Leben ausgesehen hätte, wenn Elizabeth eine ganz normale junge Frau gewesen wäre. Mit hoher Wahrscheinlichkeit wäre unsere Beziehung nach wenigen Monaten zerbrochen, denn Jugendlieben haben im Allgemeinen eine kurze Halbwertzeit. Wie jeder andere Teenager hätte ich mich über das tränenreiche Ende unserer Liebelei mit einer neuen Romanze hinweggetröstet. Es wird geschätzt, dass US-amerikanische Studenten durchschnittlich drei bis vier Liebesbeziehungen in ihrer Studienzeit führen, vermutlich wären es bei mir eher drei als vier gewesen.

Meinen Abschluss in Chinesisch und Betriebswirtschaft hätte ich dann im Sommer 1988 gemacht, danach wäre ich nach Deutschland zurückgekehrt, um meinen Wehrdienst zu leisten. Nach dem Studienabschluss an einer deutschen Universität wäre ich vermutlich nach China gegangen, weil mich das Reich der Mitte seit meiner Jugend fasziniert, und irgendwo auf dem Weg dorthin hätte ich eine Frau kennengelernt und mit ihr eine Familie gegründet.

Doch so kam es nicht, denn Elizabeth war nicht normal, sie war krank. Dass ich dies nicht rechtzeitig realisierte, kann ich ihr nicht anlasten. Es vergeht darum kein Tag, an dem ich mir nicht Vorwürfe mache, gerade in diesen Corona-Zeiten, wenn ich Beruf, Familie und eine geordnete Zukunft besonders vermisse.

15

Fahrradfahren verlernt man doch. Das erfahre ich auf schmerzhafte Weise eines sonnigen Morgens im Mai, als meine Nachbarin mich auf den Fahrradweg vor unserem Haus bringt, damit ich mit ihr die Kunst der zweirädrigen Fortbewegung übe. Ihr Mann hat mir erlaubt, auf seinem Rad zu fahren, er selber bevorzugt die Vespa. Ich steige auf, trete in die Pedale und falle prompt um. Glücklicherweise auf den Rasen neben dem Radweg, weder das Fahrrad noch sein peinlich berührter Fahrer nimmt Schaden.

Meine Nachbarin lacht und reicht mir die Hand zum Aufstehen. Mir bedeutet es viel, dass sie und ihr Mann mir so hingebungsvoll helfen, Teil der Hausgemeinschaft zu werden. Wenn wir uns beim Gassigehen mit den Hunden treffen, grüßen wir einander nicht nur, sondern unterhalten uns oder gehen die Runde zusammen. Ich lerne ihren Sohn kennen, der Architektur studiert, sie hören geduldig zu, wenn ich wieder einmal vom Gefängnis erzähle. Erst das Gefühl, herzlich aufgenommen zu werden und willkommen zu sein, hat es mir möglich gemacht, hier ein Zuhause zu finden.

Beim zweiten Versuch, mit dem Fahrrad loszufahren, falle ich nicht um, meine Ehre ist gerettet. Doch dann muss ich anhalten, und auch das ist nicht leicht, denn mir war nicht klar, wie behutsam ich den Bremshebel ziehen muss, wenn ich nicht über den Fahrradlenker fliegen will. Noch wichtiger ist, mein Gewicht leicht nach links zu verlagern und mein linkes Bein auszustrecken, bevor das Rad zum Stehen kommt.

Ich merke an meiner Nachbarin, die neben mir fährt, dass alle diese kleinen Bewegungen bei ihr vollkommen automatisch ablaufen, sie sind ihr in Fleisch und Blut übergegangen. Im Gegensatz dazu muss ich mich auf jeden Vorgang voll konzentrieren und aktiv entscheiden, jetzt sanft die Bremse zu ziehen oder mich jetzt nach links zu lehnen. Die Koordination der verschiedenen Schritte beansprucht so viel Aufmerksamkeit, dass ich nicht gleichzeitig auf den Verkehr achten kann. Auf dem Fahrradweg ist das kein Problem, aber wenn ich nun versuchen würde, eine viel befahrene Straßenkreuzung zu überqueren, könnte es gefährlich werden. Nach einer halben Stunde des Übens kann ich verlässlich losfahren und anhalten, doch für eine Fahrt auf der Straße reichen meine Fähigkeiten bei Weitem nicht. Diese Neuigkeit sorgt bei Freunden für Erheiterung, es werden vorgeblich konstruktive Vorschläge gemacht, wobei die Wörter »Stützräder« und »Bobbycar« fallen. Mein Mobilitätslevel ist offenkundig das eines Dreijährigen, glücklicherweise kann ich mittlerweile die Ticket-App für Bus und Bahn bedienen.

Am 14. Mai, mehr als sieben Wochen nach der Aufzeichnung im Studio, wird die Markus-Lanz-Sendung mit Professor Bernd Maelicke und mir endlich ausgestrahlt. Gerne hätte ich alle meine Freunde eingeladen, um mit mir zusammen fernzusehen, doch Corona verbietet es weiterhin, dass sich Menschen aus mehreren Haushalten in geschlossenen Räumen treffen. Weil der Besuch einer einzelnen Person aber mittlerweile erlaubt ist, lade ich zumindest den Fotografen ein, der die Fotos für das Spiegel-Interview gemacht hat. Wir haben trotz der Pandemiemaßnahmen weiter Kontakt gehalten und sind tatsächlich zu Freunden geworden.

Als der Fotograf ankommt, begrüßen wir uns erst winkend mit den vorgeschriebenen anderthalb Metern Sicherheitsabstand, dann wagen wir einen kurzen Ellbogenkontakt, den Handschlag des Coronazeitalters. Unser erstes Wiedersehen seit den Ausgangsbeschränkungen feiern wir mit der Flasche Rotwein, die mein Gast mitgebracht hat. Beim Essen sprechen wir darüber, wie unterschiedlich wir den Lockdown erlebt haben. Er hat die Ruhe zunächst genossen, aber dann zunehmend unter der Einsamkeit gelitten, während ich die Einschränkungen kaum als Belastung empfunden habe. Wir beide freuen uns jedoch gleichermaßen darauf, unsere Resozialisierung heute gemeinsam zu feiern. Um kurz nach elf tragen wir unsere Stühle in die Küche und schalten den Fernseher ein. Die Lanz-Sendung startet mit Verspätung, es ist fast halb zwölf, als Maybrit Illner ihre Gästerunde zum Dauerthema »Corona« verabschiedet und an Markus Lanz übergibt.

Gleich zu Beginn der Sendung werden Szenen vom Frankfurter Flughafen gezeigt, dann sehe ich mich selber im Studio. Eine Kamera beobachtet, wie ich auf das Video von meiner Ankunft reagiere. In der Wohnung beobachtet mich wiederum der Fotograf dabei, wie ich mir selber im Fernsehen zuschaue. Es entsteht ein surreales Foto, auf dem sich mein Gesicht und mein identischer TV-Kopf gegenseitig anschauen. Für mich stellt sich die Frage, ob es einen Unterschied zwischen dem Mann vor und dem Mann im Fernseher gibt oder ob ich es während des Interviews geschafft habe, trotz aller Nervosität die Kontrolle abzulegen. Nach einigen Minuten sehe und fühle ich, wie ich im Gespräch mit Markus Lanz zur Ruhe komme und mich treiben lasse, die beiden Männer vorm und im Fernseher werden eins.

Im Laufe der Sendung werden auch immer wieder kurze Sequenzen eines Interviews mit dem Autor John Grisham gezeigt. Für mich ist es bewegend, den Menschen, dem ich so viel verdanke, nun zum ersten Mal seit meiner Entlassung auf dem Bildschirm zu sehen. Seit Dezember haben wir mehrmals telefoniert, aber als digitale Dinosaurier trauen wir uns nicht zu, eigenständig Videoanrufe zu organisieren. Vor Corona hatte Grisham feste Pläne geschmiedet, mich in Hamburg zu besuchen, er hatte bereits mit seinem Verleger darüber gesprochen, seinen neuesten Roman in der Hansestadt zu bewerben. Diese Reise ist nun auf unabsehbare Zeit verschoben.

Mit der Kompetenz eines ehemaligen Strafverteidigers erklärt Grisham bei Lanz glaubwürdig und mit vielen guten Argumenten, warum er von meiner Unschuld überzeugt ist und wieso es in den Vereinigten Staaten so oft zu Justizirrtümern kommt. Erstaunlich offen reagiert Grisham dann auf die Frage, warum der Gouverneur von Virginia mich nun, nach mehr als 33 Jahren, entlassen hat. »Politics«, sagt er.

Sheriffs, Staatsanwälte und Richter werden in den USA entweder direkt oder indirekt vom Volk gewählt, darum ist jeder Verurteilte gleichsam eine Trophäe, die einem potenziell die nächste Amtszeit sichert. Das gilt umso mehr, wenn ein Angeklagter, so wie ich, in der örtlichen Bevölkerung, also beim Wahlvolk, schon vor Prozessbeginn zum Mörder erklärt wurde. Wer in einem solchen Fall den rechtsstaatlichen Grundsatz beherzigt, einen Verdächtigen laufen zu lassen, weil berechtigte Zweifel an seiner Schuld bestehen, gilt als Weichei und wird für die Partei bei der nächsten Wahl zur Belastung. Natürlich kommt es unter diesen Umständen schnell zu Fehlurteilen, die aber schwerlich korrigiert werden können, weil sich die Befürwortung einer frühzeitigen Entlassung oder das Eingestehen eines Justizfehlers im Land des *law and order* unter Politikern ebenfalls als Karriere-Harakiri erwiesen hat.

Dass bei einer derartigen Demokratisierung des Justizapparates und der Verquickung von Judikative und Exekutive jeder Kriminalfall auch zwangsläufig eine politische Frage ist, kann einen nicht überraschen. Die drakonischen Strafen, die von US-Gerichten verhängt werden, legen alle Macht in die Hände der Politiker, auf deren Gnade der Häftling hoffen muss. Niemals hätte ich das Gefängnis lebend verlassen, wenn nicht John Grisham, Wahlbürger von Virginia, seine laute Stimme für mich erhoben und auf höchster politischer Ebene Zweifel an meiner Schuld gesät hätte.

Erst als der Abspann der Fernsehsendung auf dem Bildschirm läuft, kann ich mich entspannen. Auf meinem Handy erreichen mich Dutzende Nachrichten von Freunden, die sich mit mir über die gelungene Sendung freuen. Auch bin ich erleichtert, dass ich offenbar keinen Fehler gemacht habe, der juristische Konsequenzen nach sich zöge.

Umso erstaunter bin ich, als mir ein Freund, der für mich die Berichterstattung im Auge behält, eine Woche später erzählt, dass ein Blogger und ein Anwalt gemeinsam eine 18 Seiten lange Beschwerde beim ZDF eingereicht hätten. Sie behaupten, die Markus-Lanz-Sendung habe gegen die internen Richtlinien des Senders verstoßen, weil sie zu einseitig gewesen sei und negative Vorurteile über das US-Justizsystem befördert habe. Auch seien mehrere meiner und John Grishams Aussagen zu Richter William Sweeney und Strafverteidiger Richard Neaton ehrenrührig gewesen. Daher beantragen die beiden Beschwerdeführer nun die vollständige Löschung der Sendung aus allen Mediatheken, die Herausgabe sämtlicher Korrespondenz zwischen der Lanz-Redaktion und mir sowie eine öffentliche Distanzierung von Markus Lanz persönlich.

Im ersten Moment kann ich mir ein Grinsen nicht verkneifen. Schließlich ist es ein Klischee, dass Deutsche sehr gerne Beschwerde einlegen, wenn ihnen die Höhe der Geranien im Blumentopf des Nachbarn nicht gefällt. Für alles gibt es Vorschriften, die eingehalten werden müssen, wenn der Nachbar dies versäumt, wird notfalls sogar prozessiert. Da ist es fast schon erwartbar, dass unzufriedene Zuschauer nicht einfach den Kanal wechseln, wenn ihnen eine Fernsehsendung missfällt, sondern vor Gericht ziehen.

Doch als ich mich in den folgenden Tagen näher mit dem Blogger und dem Anwalt befasse, beschleicht mich das Gefühl, dass bei den beiden mehr dahintersteckt als ein typischer deutscher

Beschwerdefimmel. Es stellt sich heraus, dass der Anwalt derselbe ist, der mir im Januar mit einer Strafanzeige wegen Verleumdung drohte, wenn ich weiterhin meine Erinnerungen aus der Tatnacht wiedergebe. Und der Blogger ist derselbe, der im November in der FAZ behauptete, ich sei zweifelsfrei schuldig. Darüber, ob die beiden Männer schon damals koordiniert gearbeitet haben, um mich öffentlich für schuldig zu erklären und mir parallel dazu den Mund zu verbieten, lässt sich nur spekulieren.

Der Blogger ist ein ehemaliger Strafverteidiger aus Texas, der auf seinen Websites und in Gastbeiträgen in der FAZ über meinen Fall geschrieben hat. Jedes Mal kündigt er zunächst an, meine angebliche Schuld beweisen zu können, jedes Mal muss er seinen Lesern diesen Beweis natürlich schuldig bleiben. Seine Hauptquelle ist dabei ein Text, der in der FAZ fälschlicherweise als »Scotland Yard-Bericht« bezeichnet wurde. Es handelt sich vielmehr um ein privates Dokument, das im Internet auf einer anonymen Hassseite veröffentlicht wurde, entsprechend unsachlich sind Tonfall und Inhalt. Vorgeblicher Autor ist ein pensionierter britischer Kriminalbeamter, der 1986 an meinen Verhören teilnahm. Dieser ist allerdings nirgendwo auffindbar, selbst einem anderen britischen Polizisten gelingt es trotz größter Bemühungen nicht, mit ihm in Kontakt zu treten.

Der erste Artikel des texanischen Bloggers ist nicht nur ein gegen mich gerichteter Schuldspruch, sondern auch eine Anklageschrift gegen die deutschen Medien, die sich angeblich nur deshalb mit den Zweifeln an meiner Verurteilung befasst hätten, weil Journalisten hierzulande mehrheitlich links und amerikafeindlich seien. Dieser Vorwurf ist alleine deshalb sonderbar, weil auch amerikanische Medien – darunter die Washington Post und das öffentlich-rechtliche Radio von Virginia – die Rechtmäßigkeit meiner Verurteilung mittlerweile lautstark infrage stellen. Deutsche Journalisten haben meinen Fall in der Vergangenheit ausnahmslos redlich behandelt, nie hat einer von ihnen behauptet,

193

dass ich eindeutig unschuldig sei, oder belastendes Material gegen mich verschwiegen.

Wie Markus Lanz hatten auch die allermeisten Journalisten vor ihm aber schnell die Unmöglichkeit erkannt, zu einem letztendlichen Urteil über meine Schuld zu kommen. Es ging ihnen darum meist um die nüchterne Gegenüberstellung der Fakten und um die Frage, ob ich auf deren Grundlage zu Recht verurteilt worden war. Dabei gelangten viele zu dem Schluss, dass ich der Tat keinesfalls jenseits berechtigter Zweifel überführt worden sei, also zumindest im juristischen Sinne als »nicht schuldig« gelten müsse. Allein dieser rechtsstaatlichen Logik folgend sprach die deutsche Presse, genau wie die amerikanische, von meiner zweifachen lebenslangen Haftstrafe auch ohne hundertprozentigen Unschuldsbeweis zunehmend als Fehlurteil.

Auf seiner Website und seinem Twitteraccount argumentiert der Blogger weniger politisch als in den Artikeln, dort werden seine Angriffe persönlich. Während der Lanz-Sendung kommentiert er jeden meiner Sätze in einem Live-Ticker, geradezu so, als ginge es um das Endspiel der Fußballweltmeisterschaft. Und als ich mich nach dem Interview zurückziehe, um mein Leben abseits der Öffentlichkeit zu genießen, triumphiert er, nun habe er meine Freunde und mich endlich erfolgreich eingeschüchtert, sodass wir in einer Fötusstellung erstarrt seien.

Nachdem das ZDF auf seine Beschwerde mit einer Ablehnung aller Forderungen antwortet, verbreitet der Blogger dann die These, dass ich nur deshalb so überzeugend sei, weil ich meine eigenen Lügen glaube, mich also selber davon überzeugt hätte, unschuldig zu sein. Dieser Versuch, mir eine psychische Störung zu unterstellen und einzureden, ich könne mir und meinen Erinnerungen nicht trauen, ist nicht nur zutiefst unredlich, sondern geradewegs perfide.

Der geschmackliche Tiefpunkt ist allerdings erst erreicht, als er Menschen, die an meine Unschuld glauben, mit Holocaustleugnern gleichsetzt: »Der Holocaust hat – trotz offenen Fragen, die es durchaus noch gibt – stattgefunden. Die Mondlandung hat – trotz offenen Fragen – stattgefunden. Söring hat – trotz offenen Fragen – die Haysoms ermordet.« Ich bin fassungslos.

Auch melden sich jetzt vermehrt amerikanische und deutsche Unterstützer, um mich darüber zu informieren, dass derselbe Mann ihnen schreibt und sie drängt, sich von mir abzuwenden. Selbst meine engsten persönlichen Freunde versucht er in langen E-Mails gegen mich aufzubringen.

Mehr denn je stellt sich hiernach die Frage, ob und wie ich auf den völlig aus dem Ruder laufenden Feldzug des amerikanischen Bloggers reagieren sollte. Ich war immer bereit, mich mit jedem, der ein ernsthaftes Interesse an dem Fall oder meiner Lebensgeschichte hat, auseinanderzusetzen. Einem jungen Mann, der sich seit Jahren mit dem Mord an den Haysoms beschäftigt, weil ihm die kleinteilige Recherchearbeit Spaß macht, beantworte ich selbstverständlich seine Dutzende Fragen so ausführlich, wie ich es nur kann. Aber leider hat mich der Blogger nie persönlich kontaktiert, offensichtlich geht es ihm ausschließlich um eine öffentliche, medienwirksame Konfrontation. Zudem hat er mittlerweile so viele Tiefschläge gelandet, dass ich für ein vernünftiges Gespräch keine Grundlage mehr sehe. Obwohl es mir nie egal sein wird, wenn mich Menschen einen Mörder und Lügner nennen, treffe ich darum die Entscheidung, mir im Fall des Bloggers auf die Zunge zu beißen.

Es bleibt schleierhaft, was den Mann antreibt, sich mit solcher Unerbittlichkeit an mir persönlich abzuarbeiten. Noch irritierender finde ich jedoch, dass er das verdorbene Justizsystem der Vereinigten Staaten derartig vehement verteidigt. Offensichtlich möchte der texanische Blogger seine Heimat in Schutz nehmen, aber es sind seine eigenen Landsleute, denen er mit seinen Streitschriften letztlich in den Rücken fällt. Jason Flom beispielsweise hat mit viel Mühe geholfen, das Innocence Project aufzubauen, weil er den Gedanken nicht mehr ertragen konnte, dass Zehntausende Amerikaner schuldlos inhaftiert sind und einige von ihnen sogar hingerichtet werden. Genauso geht es meinem Anwalt Steve Rosenfield, der trotz einer chronischen Krankheit, die ihm permanent unerträgliche Schmerzen bereitet, Justizopfer und Todeskandidaten pro bono vertritt. Ausgerechnet meinen Prozess als leuchtendes Beispiel für das hervorragend funktionierende US-Justizsystem zu präsentieren, löst bei diesen beiden nur ungläubiges Kopfschütteln aus.

Es sind Menschen wie Flom und Rosenfield, die durch ihr unermüdliches Engagement Tausende Nadelstiche setzen und damit immer wieder kleine Veränderungen des Systems erreichen. Sie werden nicht nur benötigt, um Politiker vor sich herzutreiben, sondern auch, um Politikern durch gezielte Öffentlichkeitsarbeit die gesellschaftlichen Spielräume zu verschaffen, selber für eine humanere Justiz einzutreten.

Doch auch wenn man mittlerweile beträchtliche Fortschritte sieht, bleibt viel zu tun. Dass Strafverfahren in den USA rechtsstaatlichen Ansprüchen oft nicht genügen, das Strafmaß dann absurd hoch ausfällt und sich Verurteilte irgendwann nicht mehr in den Händen einer unabhängigen Justiz, sondern in denen gewählter Politiker wiederfinden, sind bei Weitem nicht die einzigen Probleme. Auch werden Gefangenen noch immer einige Grund- und Menschenrechte, vom Wahlrecht bis hin zum Recht auf Leben, schlichtweg entzogen.

Die Würde des Menschen ist unantastbar. Dass der wunderbare erste Artikel des deutschen Grundgesetzes nicht für amerikanische Häftlinge gilt, wurde mir während meiner Haft immer wieder vor Augen geführt. Ein besonders eindrückliches Beispiel hierfür ist eine Drogenkontrolle im Supermax-Gefängnis Wallens Ridge, bei der wir splitterfasernackt in Glaskabinen gesperrt wurden und dort wild tanzen mussten, um eventuelles Gefahrgut vom Körper zu schütteln. Dabei wurden wir von weiblichen

Wärtern nicht nur beobachtet, sondern auch gefilmt. Bei einer anderen besonderen Drogenrazzia einige Jahre später in der Strafvollzugsanstalt Brunswick wurden wir dazu gezwungen, in Gruppen von zwölf Mann Kreise zu bilden. Außerhalb jedes Kreises von Insassen stand ein größerer Kreis von Wärtern. Wieder mussten sich alle Gefangenen nackt ausziehen, mit den Rücken zu den Wärtern vornüberbeugen und mit den Händen ihre Pobacken auseinanderziehen.

Die systematische Entwürdigung amerikanischer Häftlinge findet ihren traurigen Höhepunkt in den Isolationszellen, in denen immer noch 80 000 US-Gefangene gehalten werden. Dort wird ihnen manchmal jahrelang alles verwehrt, was ein würdevolles Leben ausmacht: menschlicher Kontakt, geistige Beschäftigung, körperliche Bewegung und sinnliche Erfahrung. Ich selber habe einige Wochen in einer der gefliesten Besenkammern verbracht, in denen rund um die Uhr das Licht brennt, sodass man irgendwann kaum noch weiß, ob es Tag oder Nacht ist. Als ich nach meiner Entlassung bei Streamingdiensten und Video-Plattformen entdeckte, wie viele Dokumentationen es über diese Orte der Schande gibt, konnte ich es kaum glauben: In unserer zivilisierten Welt verkümmern Menschen unter dem voyeuristischen Blick der Gesellschaft.

Aber auch im normalen Strafvollzug sind US-Gefängnisse so lebensfeindlich, dass es gegen Tierschutzgesetze verstieß, als die Hunde für das Belohnungsprogramm in unsere unklimatisierten, engen Trakte von Brunswick einziehen sollten. Für diese katastrophalen Lebensumstände von Häftlingen in Amerika gibt es nicht nur Kostengründe. Die USA haben kein wirksames Sozialsystem, um den Frieden am wachsenden unteren Rand der Gesellschaft zu sichern. Vielen Menschen geht es in dem Land mit den weltweit meisten Milliardären trotz harter Arbeit wirtschaftlich so schlecht, dass sie in Wohnwagen leben und sich kaum gesunde Lebensmittel für ihre Kinder leisten können. Um das labile

Gerechtigkeitsgefühl in einer derart ungleichen Bevölkerung nicht noch weiter zu erschüttern, müssen im Strafvollzug besonders miserable Lebensbedingungen geschaffen werden. Gäbe es für Mörder und Vergewaltiger genießbares Essen und geräumige Zellen, würden die sogenannten *working poor* dagegen Sturm laufen – zu Recht.

Vor einigen Jahren, als ich selber noch mit Frankie in einer engen Doppelzelle saß, lief im amerikanischen Fernsehen eine Dokumentation über deutsche Haftanstalten. Darin wurde ein verurteilter Mörder gezeigt, der bei einem Freigang mit seiner Familie gemütlich in der Sommersonne saß und ein Eis löffelte. Später sah man, wie ein Gefängniskoch über die für die Insassen appetitlich angerichteten Mahlzeiten ein wenig Petersilie streute. Uns Häftlingen im Trakt B-1 des Buckingham Correctional Centers lag der *meat rock* noch schwer im Magen, und wir trauten unseren Augen kaum. Meine Mitgefangenen schwankten zwischen Wut und Staunen und sagten, jetzt verstünden sie, warum ich so dringend nach Hause wollte.

Ich weiß, dass Deutsche immer mal wieder mit ihrer laschen Justiz hadern, und wenn ich von Fällen höre, in denen Mörder mit einer Strafe davonkommen, die in den USA ein Taschendieb aufgebrummt bekäme, kann ich das gut nachvollziehen. Vermutlich verliefe der optimale Weg, wie so oft, irgendwo zwischen dem deutschen Laissez-faire und der amerikanischen Erbarmungslosigkeit. Denn obwohl drakonische Strafen erwiesenermaßen kaum eine abschreckende Wirkung auf potenzielle Straftäter ausüben, so haben Opfer und deren Angehörige dennoch das Recht auf eine gewisse Vergeltung für das Leid, das ihnen angetan wurde. Wenn der Eis essende Mörder aus der Dokumentation ein Mitglied meiner Familie umgebracht hätte, könnte auch ich es darum nur schwer ertragen, ihn nun so unbekümmert sein Leben genießen zu sehen. Ich ziehe meinen Hut vor der überaus besonnenen und in sich ruhenden deutschen Gesellschaft, die solche Zumutungen aushält.

Während ich mich von den missratenen Tweets des amerikanischen Bloggers ärgern lasse, wird die Welt weiter von der Coronapandemie terrorisiert. Um uns herum brechen die Gesundheitssysteme zusammen, aber wir Deutschen scheinen auf der Insel der Glückseligen zu leben. Alle bewundern uns für vergleichsweise wenige Infektions- und Todesfälle, meine Freunde in den USA beneiden mich darum, in diesen Tagen hier sein zu dürfen.

Mir scheint, als habe Hamburg einen guten Umgang mit der Pandemie gefunden, offensichtlich hält sich tagsüber einfach niemand mehr in seiner Wohnung auf. Der Weg um die Alster ist darum mittlerweile eine Ameisenstraße, wobei ein Zwei-Spuren-System und Schilder helfen sollen, trotzdem ausreichend Abstand einzuhalten. Auf einem Boot patrouilliert zusätzlich die Polizei mit einem Megafon und schreitet bei jeder Rudelbildung sofort ein. Auch ich treffe meine Bekannten sicherheitshalber kaum mehr zu Hause, sondern im Freien. Dabei merke ich selbst bei so unverfänglichen Unternehmungen wie einem Spaziergang noch immer, wie sehr das Gefängnis mein Verhalten geprägt hat.

Einmal, als ich im Sommer mit einem Freund um die Alster gehe, kommt es zu einem kuriosen Gespräch, als er mich fragt, ob ich böse auf ihn sei, ich sei so schweigsam. Schockiert entschuldige ich mich für dieses Missverständnis, das Gegenteil sei der Fall. Im Gefängnis ist es unter Umständen sehr gefährlich, in der Gegenwart eines anderen Häftlings zu schweigen, weil einem in der Atmosphäre von allgemeinem Misstrauen Feindseligkeit unterstellt werden könnte. Darum redet man ständig und möglichst freundlich mit jedem – aber natürlich nicht zu freundlich, das könnte ebenfalls verdächtig wirken. Nur mit ganz wenigen Vertrauten konnte ich still um den Sportplatz spazieren, das waren sehr erholsame Momente. Darum genieße ich es, so erkläre ich dem Freund, mit dem ich heute um die Alster gehe, mit ihm

nicht zu sprechen, ohne demnächst einen Präventivschlag befürchten zu müssen.

Ich will ihn jedoch nicht weiter verunsichern und rede jetzt
drauflos, aber mein Freund besteht darauf, dass wir für den Rest
der Strecke gemeinsam schweigen. Tatsächlich reden wir kein
Wort miteinander, erst als sich unsere Wege trennen, brechen wir
die Stille. Und gerade, als ich mich noch einmal bei meinem Begleiter entschuldigen möchte, dankt er mir für den Spaziergang
im *American prison style*. Mein Freund, der scheinbar immer einen
lockeren Spruch aus dem Ärmel schüttelt, sagt, dass er es als unglaublich erholsam empfunden habe, einmal zu jemandem absolut nichts sagen zu müssen – und ich habe das Gefühl, auf diesem
leisen Spaziergang mehr über ihn erfahren zu haben als in allen
Kneipengesprächen zuvor.

16

Jensis Pimmel ist wie ne vertrocknete Rosine. Das meint Hanse-Max zu wissen und verkündet es darum pflichtschuldig auf Twitter. Titusfrittiert stimmt augenblicklich zu und ergänzt, dass der von mir in Interviews geschilderte Vergewaltigungsversuch durch Flickin' Joe wohl auch eher Wunsch als Wirklichkeit gewesen sei. Gemeinsam mit KoelleKasper und TotoTomate bilden die beiden unter wechselnden Namen eine kleine Twitter-Splittergruppe, in der ab Juni 2020 Abscheulichkeiten aller Art über mich ausgetauscht werden. Es sind die letzten Versuche, meinen Seelenfrieden online zu stören, und die letzten Worte überhaupt, die ich in den sozialen Medien lese.

Im Jahr 2011 legten deutsche Unterstützer eine Facebook-Seite in meinem Namen an, um sich untereinander zu organisieren und weitere Mitstreiter zu gewinnen. Später kam ein liebevoll gestalteter Instagram-Account hinzu, dem in relativ kurzer Zeit Tausende Menschen folgten. Aus dem Gefängnis heraus besprach ich mit meinen Freunden die Inhalte der beiden Seiten und freute mich immer, wenn mir positive Resonanz gemeldet wurde. An dem Tag, als der Gouverneur verkündete, mich auf Bewährung zu entlassen, eröffnete eine weitere Unterstützerin ein zusätzliches Twitterkonto, damit ich fortan bis zu meiner Rückkehr nach Deutschland ein direktes Sprachrohr in meine Heimat hätte. Auf diesem Weg konnte ich alle meine Freunde ständig in Echtzeit

201

wissen lassen, dass es mir gut ging und ob es einen Fortschritt im Abschiebeprozess gab. Als der Generalkonsul persönlich vorbeikam, um mir meinen Pass zu bringen, meldete ich das sofort einer Unterstützerin, die es per Mausklick allen Mitfiebernden verkündete. Einige Stunden später telefonierten wir wieder, und ich ließ mir die glücklichen Reaktionen vorlesen.

Weil mich auch nach meiner Rückkehr so viele Anfragen und Glückwünsche von Wildfremden erreichten, entschloss ich mich in Absprache mit meinen Beratern, alle Konten zu behalten und mit der Hilfe meiner interneterfahrenen Freunde weiter zu betreiben. Aus dem Gefängnis heraus hatte ich jahrzehntelang jeden Brief beantwortet, diese Zeit würde ich nun nicht mehr haben, darum wollte ich meine Unterstützer und alle anderen Interessierten auf diesem Weg an meinem Leben teilhaben lassen. Also hielt ich meine ersten Eindrücke von der Freiheit in Bild und Wort fest und entließ sie in die unendlichen Weiten des digitalen Universums.

Von mir selber gab es nur in absoluten Ausnahmefällen ein Foto, denn mein Alltag hatte sich lange genug um meine eigene Person gedreht. Ich bemühte mich, meinen Kanal möglichst wenig zur Selbstdarstellung zu nutzen und mich stattdessen ein bisschen in Kreativität zu üben. Als ich stolz ein Foto meines ersten Spiegeleis postete, machte ich daraus ein interaktives Spiel: Das Ei war etwas aus der Form geraten und erinnerte mich an einen schwangeren Wal. Also erklärte ich es kurzerhand zum Rorschachtest und bat um weitere möglichst einfallsreiche Projektionen.

Ich entwickelte einen kindlichen Spaß daran, auf einem einzigen Bild oder in zwei kurzen Sätzen etwas Unterhaltsames zustande zu bringen, nutzte die Gelegenheit aber auch, bei den Leuten selbstverständlich Gewordenes wieder ins Bewusstsein zu rufen. Auf Twitter schrieb ich beispielsweise während des Lockdowns, wie sehr ich es genoss, zu Hause bleiben zu müssen – weil es mir vor Augen führte, dass ich nun endlich ein Zuhause hatte.

Den meisten Usern schienen meine Beiträge zu gefallen, Anfang Juni folgten mir mehrere Tausend Personen auf Twitter, Instagram und Facebook. Meine Tweets und Fotos erhielten regelmäßig mehrere Hundert »Gefällt mir«-Klicks und Dutzende von Kommentaren. Dass in einigen dieser Kommentare mein Geschlechtsteil mit Trockenobst verglichen wurde, störte mich überhaupt nicht, im Gegenteil, ich freute mich darüber, wie andere Follower mich daraufhin verteidigten. Insbesondere eine kleine Gruppe antwortete in Sekundenschnelle auf jeden meiner Beiträge und schritt sofort ein, sobald jemand zu stänkern begann. Dadurch fingen diese völlig Fremden bereitwillig viele Angriffe ab, die eigentlich mir galten. Ich bedankte mich hier und da mit persönlichen Nachrichten, auf diesem Weg entstanden einige neue Freundschaften.

Nach dem Mord an dem Afroamerikaner George Floyd in den USA äußerte ich mich auf meinem Twitteraccount erstmalig politisch und erlebte daraufhin eine erste Eskalation der Feindseligkeit. Bei dem Vorfall ging es um einen Mann aus Minnesota, der mit Falschgeld erwischt worden und bei einem unverhältnismäßig brutalen Polizeieinsatz ums Leben gekommen war. Weil jemand den Vorfall gefilmt hatte und das Bildmaterial wie ein Lauffeuer um die Welt ging, brachen allerorten Massenproteste unter dem Schlachtruf *Black Lives Matter* aus, die am 6. Juni 2020 auch deutsche Großstädte erreichten. In mehreren Tweets zum Thema sprach ich den strukturellen Rassismus an, der in den USA zur Benachteiligung der schwarzen Bevölkerung führt, positionierte mich aber auch gegen eine pauschale Verurteilung aller Polizisten.

Mit dem Thema Rassismus im US-Justizsystem habe ich jahrzehntelange Erfahrung, denn in Virginia waren rund zwei Drittel der Häftlinge Afroamerikaner. Ich hatte viele schwarze Kumpel,

Trainingspartner und Zellenmitbewohner, mit dem letzten, Frankie, bin ich auch heute noch in Kontakt. Weil ich Deutscher bin, kein US-Staatsbürger, waren viele Schwarze, die sonst alle Weißen hassten, bereit, mich zumindest teilweise zu akzeptieren. Kurioserweise waren mehrere von ihnen ehemalige Mitglieder des US-Militärs, die im Gefängnis zum Salafismus konvertierten. Der einzige Mitgefangene, den ich wirklich vermisse, ist der Neumuslim Jim, ein ehemaliger Marineinfanterist aus der Bronx, der leidenschaftlich über Politik diskutierte und entgegen den Vorschriften des Propheten gerne das Fantasiespiel Dungeons & Dragons spielte.

Männer wie Frankie und Jim erzählten mir von ihren Erfahrungen mit dem strukturellen Rassismus in den Vereinigten Staaten und dem spezifischen Rassismus im US-Justizapparat. Eine besonders interessante Beobachtung meiner Mithäftlinge war, dass sich die Situation der Schwarzen nach der Wahl Obamas objektiv nicht verbessert und subjektiv sogar verschlechtert hatte. Während Weiße glaubten, dass Afroamerikaner in Barack Obama ein Vorbild sehen und seine Wahl als Zeichen einer neuen Chancengleichheit begreifen würden, fühlten sich viele Schwarze genarrt. Obama ist nämlich kein Afroamerikaner, sondern das wohlbehütete Kind einer Weißen und eines Kenianers. Er verkörpert darum nicht das Unrecht der Sklaverei, den »Black Holocaust«, wie die Afroamerikaner es manchmal nennen, und dient gerade deshalb nicht als Identifikationsfigur. Seine Wahl war ein Pyrrhussieg für die Schwarzen, ein Feigenblatt vor dem nach wie vor grassierenden strukturellen Rassismus.

Natürlich werden Afroamerikaner heute nicht mehr offiziell benachteiligt, aber eine echte Chance wird ihnen nach wie vor verwehrt. Bis in die 1960er-Jahre hinein war es die Rassentrennung, die ihren Aufstieg direkt verhinderte, jetzt geschieht dies indirekt durch fehlende sozialstaatliche Strukturen, ein elitäres Bildungssystem und eine gnadenlose Justiz.

Als ich vor etwa 15 Jahren meine Bücher und Artikel zum Thema Strafvollzugsreform verfasste, beeindruckte mich besonders das Modell der *cradle to prison pipeline* des *Children's Defense Fund* unter Leitung von Marian Wright Edelman. Demzufolge beginnt die strukturelle Benachteiligung schwarzer Kinder schon vor deren Geburt, weil die Väter oft im Gefängnis sitzen oder es, ebenfalls vaterlos aufgewachsen, schlichtweg nie gelernt haben, Verantwortung zu übernehmen. Die alleinerziehenden Mütter konsumieren während der Schwangerschaft vermehrt Drogen und Alkohol, was zu Entwicklungsschäden im Mutterleib führt, die später nicht kompensiert werden können.

Auch bei jeder weiteren Stufe in der Biografie afroamerikanischer Kinder fallen verschiedene Weichenstellungen zu deren Ungunsten aus, von der Qualität der Babynahrung über den Bildungsstand der Mütter bis hin zum Lärmpegel im Ghetto. Ein einziger solcher Nachteil könnte vielleicht noch wettgemacht werden, doch kumulativ wirken diese vielen kleinen Handicaps wie eine Pipeline, die direkt von der Wiege ins Gefängnis führt. Mit der Geburt der nächsten Generation schließt sich der Teufelskreis.

Wenn Frauen heutzutage gesellschaftlich an gläserne Decken stoßen, dann sind es bei Afroamerikanern Betondecken. Ich halte es für absolut ausgeschlossen, dass sie diese ohne Unterstützung durchbrechen können, und es ist an der weißen Mehrheitsgesellschaft, Hindernisse insbesondere für schwarze Frauen abzubauen. Der amerikanische Traum »Vom Tellerwäscher zum Millionär« ist heutzutage – nicht nur für Schwarze – nichts weiter als ein Mythos. Die Aufstiegschancen sind, wie oben beschrieben, miserabel, wenn man im Ghetto geboren wird, und das Interesse der Oberschicht, daran etwas zu ändern, ist fraglich. Ein gewisser Rassismus erscheint hier vermutlich sogar durchaus nützlich, verhindert er doch, dass sich die unterprivilegierten Weißen und Schwarzen zusammenschließen und gemeinsam für eine gerechtere Gesellschaft kämpfen.

Der Schwerpunkt meiner schriftstellerischen Arbeit war nicht der Rassismus, sondern die Kommerzialisierung und Privatisierung der Gefängnisindustrie im *prison industrial complex*. Doch auch hierbei spielt das Schüren von Ressentiments eine nicht zu unterschätzende Rolle – nämlich als Marketingkampagne, mit der die weiße Bevölkerung ermuntert wird, den absurd aufgeblähten Gefängnisapparat weiter zu finanzieren. Je mehr die Angst vor schwarzen Verbrechern angeheizt wird, umso mehr Haftanstalten können gebaut werden.

Davon profitieren nicht nur die Firmen, die ganze Gefängnisse privat betreiben, sie sind nur die sichtbare Spitze eines gigantischen Eisbergs. Das viel größere, aber kaum bekannte Geschäft liegt in den privatisierten Dienstleistungen innerhalb staatlicher Anstalten. In Virginia gibt es nur ein Privatgefängnis, aber in den vierzig staatlichen Haftanstalten sind die Kioske, Krankenstationen, Gefängnisküchen, Telefone, E-Mail-Systeme, Kabelfernseh- und MP3-Systeme allesamt in privater Hand. Firmen wie der Kioskbetreiber Keefe verlangen Wucherpreise von den Insassen und teilen die Profite mit der Justizbehörde, so sind Staat und Wirtschaft gleichsam daran interessiert, dass die Gefängnisse voll bleiben. Das Schreckgespenst des schwarzen Verbrechers dient trefflich dazu, weißen Steuerzahlern jedes Mitgefühl mit den bei lebendigem Leib verrottenden Häftlingen auszutreiben.

Natürlich gibt es neben diesen neuen Erscheinungsformen auch einen tief sitzenden, fast altertümlichen Rassismus im Strafvollzug. Im Supermax-Gefängnis Wallens Ridge, wo ich von 1999 bis 2000 inhaftiert war, hatte der Gefängnisdirektor eine Flagge der Konföderierten Staaten in seinem Büro hängen, um den mehrheitlich schwarzen Insassen zu signalisieren, wo man sie gesellschaftlich einordnete. Solchen Rassismus findet man sicherlich auch bei der Polizei, wobei man bedenken muss, dass heutzutage viele Polizisten selber schwarz sind. Sie sind allerdings nicht weniger als weiße Polizisten geneigt, Gewalt gegen Verdächtige anzuwenden, und zwar teilweise aus gutem Grund. In den USA sind Schusswaffen so weit verbreitet, dass fast jeder Kontakt zwischen Polizisten und Zivilisten lebensgefährlich werden kann. Statistisch wird in den Vereinigten Staaten jede Woche ein Polizist im Einsatz erschossen.

Zudem werden Polizisten in großen Teilen des Landes extrem schlecht bezahlt, genauso wie Mitarbeiter in Gefängnissen und anderen Institutionen des Rechtsstaates. Es gibt Frust auf allen Seiten, die armen Schwarzen werden kriminell und aggressiv, weil sie keine Aufstiegschance für sich sehen, die Polizisten werden wütend und immer brutaler, weil sie für wenig Geld ihr Leben riskieren sollen. So entsteht eine Spirale der Frustration, die in Hass auf der einen Seite und Rassismus auf der anderen Seite mündet.

Darum warnte ich auf meinem Twitterkonto davor, nach dem Vorfall in Minnesota alle Polizisten pauschal als Rassisten zu beschimpfen und so diese Spirale immer weiterzudrehen. Zumal die weißen Polizisten, die ich in den letzten Jahren meiner Haft persönlich kennenlernte, ganz sicher keine Rassisten waren. Als im Lokalfernsehen 2017 gezeigt wurde, dass Sheriff Chip Harding sich öffentlich für mich einsetzte, kamen mehrere schwarze Häftlinge auf mich zu, um mich zu bitten, Chip zu grüßen. Als Chip ein junger Polizist war und meine Mitgefangenen noch Kinder, hatte er ein Boxprogramm für afroamerikanische Jugendliche geleitet, an dem sie teilgenommen hatten. Einige Jahre später waren es dann Chip und seine Kollegen gewesen, die meine Mithäftlinge verhafteten. Er sei hart, aber fair gewesen, sagten sie mir, und sie hätten immer noch gute Erinnerungen an Chip aus ihrer gemeinsamen Zeit im Boxring.

Weil ich mich mit der Rassenpolitik der Vereinigten Staaten auskenne, dachte ich, meine Twitter-Leser könnten an meiner Sicht auf die George-Floyd-Proteste interessiert sein. Daher schrieb ich dreimal etwas zu diesem Thema und freute mich, als dies zu einer regen inhaltlichen Debatte auf meinem Account führte. Allerdings gab es auch Kommentare, die auf mich persönlich zielten, indem sie mir meine Vergangenheit zum Vorwurf machten.

Im Frühling 1986, in den ersten Wochen meiner jahrzehntelangen Haft, wurde ich kurzfristig in einer englischen U-Haftanstalt für Jugendliche untergebracht, in der es täglich zu Gewalt zwischen den Häftlingen kam. Dort schlug mir ein schwarzer Insasse mit einem Plastikkrug auf den Kopf. Als ich diesen Zwischenfall kurz danach in einem privaten Brief an Elizabeth erwähnte, benutzte ich für meinen Angreifer ein rassistisches Schimpfwort. Nach ihrer Auslieferung übergab meine Freundin meine sämtliche intime Post dem Staatsanwalt. Auf diese Weise landete der Brief 1990 in der Gerichtsakte für meinen Prozess und wurde Jahrzehnte später im Internet hochgeladen.

Einige Tage nachdem ich erste Gedanken zu den George-Floyd-Protesten twitterte, wurden Auszüge aus diesem 34 Jahre alten Brief gepostet, mit dem Kommentar, dass ich offensichtlich ein Rassist sei und daher kein Recht hätte, mich zu dem Mord an Floyd zu äußern. Außerdem solle ich mich schleunigst aus dem öffentlichen Leben zurückziehen und Sühne leisten für meinen Hass auf Schwarze.

Ich ließ mich zunächst nicht beirren und twitterte noch zwei weitere Male unter dem Hashtag *Black Lives Matter*. Auf den Vorwurf des Rassismus ging ich zunächst nicht weiter ein, der Tonfall der Kommentare ließ mich davor zurückschrecken. Einige meiner wohlwollenden Follower verteidigten mich jedoch nach Kräften. Sie wiesen darauf hin, dass ich 19 Jahre alt gewesen sei, als ich den Brief verfasste, und mich nicht für das rechtfertigen müsse, was ich als Teenager privat geschrieben habe.

Das sah ich nicht ganz so, darum äußerte ich mich schließlich auch selber. Ich bat aufrichtig um Entschuldigung für meinen jugendlichen Fehltritt, weigerte mich aber, mir deswegen heute einen Maulkorb verpassen zu lassen. Aufgrund all der Erfahrungen, die ich seit meiner Inhaftierung gemacht habe, könne ich nämlich eine Menge Interessantes zum Thema Rassismus beitragen. Als Folge dieses Vorfalls beschränkte ich, wer meinen Account sehen konnte, und schmiss die streitsüchtigen Stänkerer raus.

Natürlich kehrten die Provokateure unter anderem Namen zurück, und zwar aggressiver als zuvor. Sie erneut rauszuschmeißen wäre so effektiv gewesen, wie der Hydra den Kopf abzuschlagen, darum ließ ich sie gewähren. Offenbar ging es ihnen nur oberflächlich um die Wut über meine verbale Entgleisung, eigentlich suchten sie einen Vorwand, mir meinen Platz in der Gesellschaft abzusprechen. Als das über den Vorwurf des Rassismus nicht gelang, wurde nachgelegt.

Eines Tages fand ich einige E-Mails in meinem Postfach, angeblich von einem 16-jährigen Mädchen, das mit mir Kontakt aufnehmen wollte. Ich beantwortete »Alina« ihre auffallend persönlichen Fragen nicht, schrieb ihr aber, dass sie doch lieber mit ihren Freunden das schöne Wetter genießen solle statt vor dem Computer zu sitzen. Kurz nach diesem Vorfall fand ich auf Twitter ein Zitat aus meiner E-Mail an »Alina«, mit dem Kommentar, dass ich mich an kleine Mädchen heranmachte und darum offenkundig pädophil wäre.

Mit den Angriffen auf meine Person finde ich mich schnell ab, zumal ich auf der Straße weiterhin durchweg positive Erlebnisse mit Menschen habe, die mich erkennen. Und so sage ich mir, dass es besser ist, wenn sich diejenigen, die mich nicht leiden können oder irgendeinen diffusen Frust auf mich projizieren, in einem Tweet an mir abarbeiten, als wenn sie irgendwann vor meiner Haustür stehen. Ich bin selber in die Öffentlichkeit gegangen, und dem Gegenwind, der mir nun in Form von anonymen Beleidigungen ins Gesicht bläst, halte ich ohne Probleme stand.

Die Situation spitzt sich erst zu, als Journalisten, die meine

Schuld propagieren, vertrauliche Unterlagen zu meinem Fall zugespielt werden. Weil alle Schriftstücke in meinem Archiv, alle Gutachten und Protokolle für meine Unschuld sprechen, habe ich allerdings nichts zu verbergen und kümmere mich darum zunächst nicht weiter um die Indiskretion. Nachdem aber ein privates Foto an eine Website weitergegeben wird, die seit Jahren aggressiv gegen mich vorgeht, scheint endgültig klar, dass es ein Leck in meinem unmittelbaren Bekanntenkreis gibt.

Innerhalb der Gefängnismauern habe ich niemandem jemals vollkommen vertraut, sogar Frankie, meinem Mitbewohner und zuletzt engstem Kumpel, hätte ich nichts gesagt, das nicht ohnehin jeder wissen durfte. Selbst wenn er ein noch so feiner Kerl gewesen wäre – Drogen- und Spielsucht sowie Hunger und Angst können schließlich aus jedem einen Verräter machen. Aus diesem Grund werden viele Langzeithäftlinge irgendwann krankhaft misstrauisch, fast paranoid. Ich hingegen hatte meine sozialen Kontakte hauptsächlich in der Außenwelt, und diesen Menschen musste ich einfach vertrauen, denn ich war auf ihre Hilfe angewiesen. Also gab ich vielen, die ich nie gesehen hatte, schon nach kurzer Zeit all meine Unterlagen, wenn sie auch nur einigermaßen seriös wirkten und ich die kleinste Hoffnung haben durfte, dass sie mir weiterhelfen konnten.

Die Menschen, die an mich herantraten, waren dabei so unterschiedlich, wie man es sich nur vorstellen konnte. Mich erreichten im Laufe der Haft Tausende Briefe von Männern und Frauen in jedem Alter, wobei sich signifikant mehr Frauen als Männer bei mir meldeten. Entgegen dem Klischee suchten allerdings die wenigsten von ihnen eine romantische Fernbeziehung. Die meisten wollten einfach ihr Mitgefühl zum Ausdruck bringen, vermutlich weckte ich in ihnen mütterliche Gefühle, weil ich bei meiner Inhaftierung so jung gewesen war. Die Männer unter meinen Brieffreunden waren meist eher praktisch veranlagt, sie fragten beispielsweise, ob sie mir beim Erstellen einer Website helfen könnten, oder wollten mehr über den Mordfall erfahren, um bei der Klärung mitzuwirken.

Und so legte ich mein Schicksal in die Hände Fremder, weil ich selber aus dem Gefängnis heraus kaum etwas tun konnte. Allerdings fiel es mir nicht schwer, die Verantwortung für mein Leben abzugeben, meinen eigenen Instinkten traute ich nach der Verhaftung ohnehin kaum mehr. In all den Jahren wurde ich dabei nicht ein einziges Mal enttäuscht. Die vier Strafverteidiger, die pro bono für meine Entlassung kämpften, waren um Welten fähiger als Richard Neaton, der in meinem Prozess so unglaublich versagt hatte. Gail Marshall und Gail Ball, meine ersten Anwältinnen in der Haft, stellten zudem bei mir schnell das Vertrauen in Frauen wieder her, das durch Elizabeth erschüttert worden war. Sie und die beiden Männer, die sie ablösten, Steve Rosenfield und Steve Northup, wurden außerdem zu engen Freunden, die mir bis heute erhalten geblieben sind. Dasselbe gilt für gut ein Dutzend öffentlicher Unterstützer, darunter echte Weltstars und in Virginia bekannte Sheriffs, die sich in den Medien lautstark für mich einsetzten und auch bei Gegenwind jahrelang felsenfest an meiner Seite standen.

Getragen wurde ich durch die Jahrzehnte jedoch von den unzähligen Freunden, die ihre wertvolle Lebenszeit im Verborgenen für mich opferten, indem sie Briefe zur Aufmunterung an mich und als Appell an die Kanzlerin schrieben oder die Akten kopierten, digitalisierten und wieder und wieder sichteten, um nach neuen Ermittlungsansätzen zu suchen. Die meisten dieser Freunde verschwanden nach einiger Zeit wieder aus meinem Leben, meist weil sie Kinder bekamen oder aus anderen Gründen nicht mehr die Zeit oder die Nerven aufbrachten, sich um meine Angelegenheiten zu kümmern. Ein paar jedoch gingen mit mir den Weg bis zum Schluss, und kein einziger enttäuschte jemals das Vertrauen, das ich in ihn setzte.

Vielleicht liegt es daran, dass ich offenkundig so vertrauensselig wie ein Kind in mein neues Leben gestartet bin – als Interna verbreitet werden, durchschauen alle um mich herum den Verrat schneller als ich. Das Urvertrauen, das ich in die Menschen hier draußen gesetzt habe, wird nun zum ersten Mal erschüttert. Aber so schmerzhaft diese Erfahrung auch sein mag, ist sie doch ein notwendiger Schritt bei meiner Rückkehr ins Leben.

Und der Verrat geht weiter. Nun, da alle brauchbaren Informationen aus meiner Fallakte an die Medien herausgegeben und in Foren alle Schimpfwörter über mich ausgeschüttet sind, werden in meinen Social-Media-Kanälen persönliche Informationen meiner Freunde preisgegeben und insbesondere meine Freundinnen wüst beleidigt. Eine von ihnen war vor Jahren wegen Depressionen in psychiatrischer Behandlung, was im Kreise meiner Unterstützer zur Sprache kam, weil ihr ehemaliger Therapeut auch mich bei Bedarf behandeln wollte. Jetzt wird sie öffentlich als »Psycho« verunglimpft. Meine älteste und treueste Freundin, eine Religionslehrerin, wird mit üblen, verletzenden Schimpfwörtern belegt, die auf ihren Glauben abzielen. Zudem geraten Namen, Adressen, Telefonnummern und Fotos von Menschen an die Öffentlichkeit, die nie zuvor medial in Erscheinung getreten sind und ein Anrecht auf ihre Privatsphäre haben. Auch all diejenigen Twitter-Nutzer, die mich und meine Bekannten zu verteidigen versuchen, werden augenblicklich zur Zielscheibe des Hasses.

Jetzt werde ich tatsächlich wütend und berate mich mit meinen engsten Vertrauten, was zu tun ist. Sie alle kennen die Verantwortliche für diesen unappetitlichen Wahnsinn und bieten an, die Angriffe weiterhin tapfer zu ertragen. Immerhin handelt es sich um eine ehemalige Unterstützerin, jeder in meinem Freundeskreis weiß um ihr jahrelanges überbordendes Engagement und versteht, dass ich ihr dafür noch immer dankbar bin. Darum sind wir uns schnell einig, sie zu diesem Zeitpunkt weder juristisch noch anderweitig zur Verantwortung zu ziehen, um ihr durch eine Enttarnung privat und beruflich nicht zu schaden.

Als der ungezügelte Hass gegen mir nahestehende Menschen auf meinem Twitter-Konto jedoch unerträglich wird, ziehe ich die Reißleine. Der einzige für alle gesichtswahrende Ausweg besteht nun darin, sämtliche Social-Media-Kanäle zu schließen. Gegen den Rat meiner professionellen Berater lösche ich innerhalb weniger Minuten alle Konten kommentarlos. Im ersten Moment finde ich es schade, den direkten Draht zu allen, die mit mir mitgefiebert haben, aufgeben zu müssen, aber die verständnisvollen E-Mails, die mich in diesen Tagen erreichen, bestärken mich in meiner Entscheidung.

Nachdem ich das Gefängnis verlassen hatte, wollte ich unbedingt schnellstmöglich Teil der modernen Gesellschaft werden. Darum nutzte ich sofort jede Möglichkeit, die mir die schöne neue Welt bot, also auch Twitter, Instagram und Facebook. Freiheit bedeutet jedoch nicht, alles zu machen, was man darf und kann – Freiheit bedeutet, sich entscheiden zu können. Und auch wenn es für mich berufliche Vorteile bringen könnte, meine Freunde und mich weiter online beleidigen zu lassen, mache ich jetzt Gebrauch von meiner hart erkämpften Freiheit und sage Nein.

Nur einige Tage vor der dramatischen Zuspitzung im Internet führt mich mein Anwalt und Freund durch die Hamburger Kunsthalle, wo er vor vielen Jahren als Rechtsreferendar gearbeitet hat. Seitdem ist er ein Dauergast in dem schönen Museum und kann mir nicht nur viel über die unzähligen Exponate erzählen, sondern auch über die interessante Geschichte des Gebäudes. Das Herzstück der Ausstellung ist der *Wanderer über dem Nebelmeer* von Caspar David Friedrich, vor dem ich lange stehen bleibe. Die endlose Weite, in die mich das Bild saugt, der dichte Nebel, unter dem die Welt mit all ihren Sorgen vergraben ist, und die Souveränität, mit der der Wanderer über all dem steht, geben mir eine große innere Ruhe.

Später kommen wir vorbei an einem beeindruckenden Schinken mit dem Titel *Der Triumph der Zivilisation*, auf ihm entwirft der Künstler Jacques Réattu die Utopie einer friedlichen Gesellschaft. Ein Foto von dem Gemälde wird das letzte Bild sein, das auf meinem Instagram-Account zu sehen ist.

17

Meine Mutter starb in dem Glauben, dass ich das Gefängnis nie lebend verlassen würde. Ihr Grab ist vollkommen verwildert, Brennnesseln, Efeu, Kiefernsprösslinge, Farn, Buchsbaum, sogar einige Erdbeerpflänzchen wachsen bis zu einem halben Meter hoch und bedecken einen Teil des Grabsteins. Offensichtlich ist seit Jahren niemand hier gewesen, um die letzte Ruhestätte zu pflegen. Und laut einer Tafel der Friedhofsverwaltung, die vorn ins Grab gesteckt wurde, läuft das Nutzungsrecht bald aus.

Nicht nur meine Mutter liegt hier, auch meine Großmutter und ihr Ehemann sind an diesem Ort beerdigt. Den Großvater lernte ich nie kennen, er starb 1945, aber meine Oma kannte und mochte ich. Sie war eine erfolgreiche Überlebenskünstlerin, obwohl sie im Umgang mit anderen Menschen ziemlich schwierig sein konnte. Sie verstarb 1999, zwei Jahre nach meiner Mutter.

Seit meiner Kindheit war meine Mutter eine sogenannte funktionale Alkoholikerin gewesen, erst meine Verhaftung hatte dazu geführt, dass sie die Kontrolle über ihre Krankheit verlor. Die letzten sieben Jahre ihres Lebens, nach meiner Verurteilung und der Scheidung von meinem Vater, müssen für sie die Hölle gewesen sein. Nach ihrem Tod 1997 gab ich mir selber die Schuld dafür, dass ihr Alkoholismus sich so dramatisch verschlimmert hatte und sie in relativ jungem Alter gestorben war. Meinen Verwandten und Freunden sagte ich damals, eine der beiden lebenslangen

Haftstrafen, zu denen ich 1990 verurteilt worden war, hätte ich nun verdient.

Ich war im elften Jahr meiner Haft, als ein Wärter mich ins Büro des Sergeanten rief und mir kommentarlos einen Telefonhörer in die Hand drückte. Mein Vater sprach ein paar freundliche Worte, dann teilte er mir mit, dass meine Mutter verstorben sei. Mein Bruder würde sich um ihre Beerdigung und die Auflösung des Haushalts kümmern, ich müsse mir keine Sorgen machen. Dann winkte der Sergeant, ich sollte den Telefonhörer wieder abgeben. Bevor ich das Büro verließ, sagte er noch, mir sei hoffentlich klar, wie unüblich es wäre, dass ein Häftling solch ein Telefonat entgegennehmen dürfe.

Tatsächlich werden Insassen nur selten informiert, wenn ein Familienmitglied stirbt. Die Hinterbliebenen sind meistens zu beschäftigt, um dem schwarzen Schaf im Gefängnis einen Brief zu schreiben. Wenn sie stattdessen die Haftanstalt anrufen, werden sie mit der Kommandozentrale verbunden. Die Wärter dort sind vollauf mit einer nie enden wollenden Serie von Krisen beschäftigt, also mit Drogenrazzien in den Wohngebäuden, Schlägereien im Speisesaal und den aktuellen Ergebnissen der Football League. Da bleibt kaum Zeit, den richtigen Sergeanten im richtigen Wohntrakt zu finden, der mit dem richtigen Gefangenen sprechen muss. Dass man sich in meinem Fall diese Mühe machte, kann ich mir nur durch meine Sonderstellung als ausländischer Häftling erklären.

Nachdem ich mit meinem Vater gesprochen hatte, kehrte ich zum Wohntrakt zurück und begab mich in meine Zelle. Mein Mitbewohner merkte, dass etwas mit mir nicht stimmte, und ging in den Gemeinschaftssaal. Dies war die einzige Form von Zuwendung, die ich nach dem Tod meiner Mutter erfuhr.

Neben den beiden Psychologen, die üblicherweise in Haftanstalten arbeiten, gibt es auch zehn Sozialarbeiter, doch diese befassen sich nicht mit Sozialarbeit, sondern mit der Überprüfung der Sicherheitsstufen der jeweils 110 Insassen in ihrer Obhut. Zu guter Letzt hat jedes Gefängnis einen Teilzeit-Pastor, üblicherweise ein erzkonservativer evangelikaler Baptist, dessen Seelsorge darin besteht, Heftchen auszuteilen, in denen die Evolutionstheorie geleugnet wird.

Ich war also auf mich allein gestellt. Wie jeder Häftling, der ein Familienmitglied verloren hat, dachte ich darüber nach, was ich meiner Mutter gerne noch gesagt hätte, bevor sie starb. Schließlich war ich allein dafür verantwortlich, dass wir nicht Abschied nehmen konnten.

Das Ziel jeder Haftanstalt ist es, ihre Insassen zu isolieren. Zum Schutz der Gesellschaft, aber auch zur Strafe, denn Isolation, also unfreiwilliges Alleinsein, ist schmerzhaft. Jeder Mensch, auch jeder Straftäter, sehnt sich nach sozialem Kontakt, emotionaler Nähe, echter Freundschaft und wahrer Liebe. Im Gefängnis können diese Bedürfnisse nicht befriedigt werden, es bleiben dem Gefangenen nur die Erinnerungen an die Zeit vor der Verhaftung sowie die Hoffnung auf eine mögliche Zukunft nach der Entlassung. Mein Traum von Freiheit beinhaltete immer den Wunsch, meine Mutter, die schon lange zu krank gewesen war, um mich in den USA zu besuchen, noch einmal umarmen zu dürfen. Mit ihrem Tod war auch ein wichtiger Teil meiner erhofften Zukunft gestorben.

Jetzt, da ich zum ersten Mal vor dem verwahrlosten Grab meiner Mutter stehe, würde ich gerne an die schönen Momente mit ihr zurückdenken, denn davon gab es viele. Doch leider gelingt es mir nicht, ihrer würdig und angemessen zu gedenken. Die Erinnerungen, die nun wach werden, handeln alle von einer unglücklichen Frau, die betrunken ist und vergeblich versucht, es zu verheimlichen.

Von der Friedhofsverwaltung erfahre ich, dass das Nutzungsrecht für die Grabstätte noch im selben Jahr ausläuft, und ich bin erleichtert, rechtzeitig entlassen worden zu sein, um die Verlängerung und die Grabpflege zu übernehmen. Beim nächsten Besuch werde ich Gartenwerkzeug mitbringen, um den Wildwuchs zu entfernen, der den Blick auf den Namen meiner Mutter versperrt.

Nach dem Friedhofsbesuch bringt mich ein Freund zum ehemaligen Haus meiner Großmutter. Auf dem Weg dorthin fahren wir entlang einer Hauptstraße, wobei mich immer wieder das Gefühl beschleicht, dass ich die nächste Kurve kenne, dass mir dieses oder jenes Gebäude vertraut ist, dass ich mich an die Straßenbahnhaltestelle dort drüben erinnere. Wir biegen auf eine Seitenstraße, fahren einige Hundert Meter und halten vor dem Haus, das meiner Oma gehörte. Hier war ich oft in meiner Kindheit und Jugend, es sieht genauso aus wie in den 1970er- und 1980er-Jahren. Auf Höhe des Halbparterre befindet sich eine Garage, darüber liegen drei große Wohnungen, und dahinter lässt sich ein schöner Garten erahnen. Die Umgebung ist idyllisch, in der Nähe stehen eine Synagoge, eine Waldorfschule und ein Krankenhaus. Hier würde ich heute wohnen, wenn es nach dem Testament meiner Oma gegangen wäre. Aber mein Vater entschied anders. Er brach den Kontakt zu mir 2001 ab, auch jede finanzielle Unterstützung stellte er von einem Tag auf den anderen ein, was direkte Auswirkungen auf mein Leben im Gefängnis hatte.

Der durchschnittliche Lohn für Häftlinge in Virginia beträgt 30 Dollar pro Monat, diese Summe reicht nicht einmal für absolute Lebensnotwendigkeiten. Die Haftanstalten stellen ihren Insassen jede Woche eine Rolle Klopapier und ein Stück Seife zur Verfügung, alles andere müssen Gefangene selber im privatisierten Kiosk kaufen. Ein Besuch bei der ebenfalls privatisierten Krankenstation kostet fünf Dollar für den Eintritt und zwei Dollar für jedes Medikament. Selbst E-Mails sind nicht umsonst, dafür muss man 40 Cent pro Stück zahlen. Nur die Hälfte aller Häftlinge hat Jobs und erhält den unzureichenden Monatslohn, die andere Hälfte bekommt noch nicht einmal das. Infolgedessen besteht große, fast überwältigende Not in der Insassenbevölkerung, die zu brutalen Verteilungskämpfen und perversen Überlebensstrategien führt. Schutzgelderpressung ist weitverbreitet, doch wer nicht Mitglied einer afroamerikanischen oder salvadorianischen Gang ist, wirkt auf seine Mithäftlinge wenig einschüchternd und wird damit wenig Erfolg haben. Weißen Gefangenen bleibt darum meistens nur, das Einzige zu verkaufen, das man im Gefängnis noch besitzt, den eigenen Körper.

Vor zwanzig Jahren hatte ich zeitweilig einen Job in der Gefängnisturnhalle, wo ich unter anderem auch die Toiletten reinigen musste. Das Turnhallenklo war der halb offizielle Knastpuff, wenn ich morgens zur Arbeit ging, entfernte ich die Spuren des gewerbsmäßigen Geschlechtsverkehrs aus der Nacht davor. Diese Arbeit war nicht nur widerlich, sondern wegen der vielen hepatitis- und HIV-infizierten Häftlinge auch gefährlich, weshalb mir der zuständige Wärter ellbogenhohe Plastikhandschuhe und besonders starkes Desinfektionsmittel zur Verfügung stellte.

Damals bekam man zu jeder Mahlzeit einen Klacks Margarine, der zwischen einem kleinen viereckigen Stück Pappe und einem ebenso großen Stück Butterbrotpapier serviert wurde. Wie alles andere wurde auch die Margarine von den Insassen zweckentfremdet. Bei meiner allmorgendlichen Säuberungsaktion im Turnhallenklo entsorgte ich etliche blutverschmierte Papp- und Butterbrotpapierschnipsel.

Nach dem Bruch mit meiner Familie hätte ich wieder dort landen können, allerdings diesmal nicht als Putzmann, sondern als Knasthure. Es gab nun nur noch zwei Menschen außerhalb des Gefängnisses, die ich als Freunde bezeichnen konnte: einen Schulkameraden und einen Pastor. Keinen der beiden konnte ich um Geld bitten, ich war auf mich allein gestellt.

Glücklicherweise hatte ich einen Job, bei dem ich nebenbei etwas dazuverdienen konnte. Ich war Fotograf im Besuchersaal, dort machte ich Aufnahmen von Insassen und ihren Familienmitgliedern. Dafür mussten sie mir eine kleine Karte geben, die sie zuvor für zwei Dollar im Kiosk gekauft hatten. Doch viele Gefangene hatten keine Karten zur Hand, als sie zum Besuch gerufen wurden, dann kamen sie zum Fotografentisch und baten mich, trotzdem ein paar Aufnahmen zu machen. Ich lieh ihnen die Karten, allerdings für drei Dollar das Stück, auf diese Weise konnte ich mein Gehalt um 50 Dollar im Monat aufbessern. Der Wärter, der für Kamera, Karten und Fotos zuständig war, ließ mich meine Leihgeschäfte machen, weil ich ihm dafür den gesamten Papierkram abnahm.

So schlug ich mich durch bis zum Jahr 2003, als mein erstes Buch veröffentlicht wurde. Ein Klappentext von Schwester Helen Prejean, deren Engagement gegen die Todesstrafe in dem Film *Dead Man Walking* verewigt wurde, half mir, die Schrift über das meditative Beten zu einem kleinen Erfolg zu machen. 2004 folgte mein zweites Buch, 2006 das dritte, 2008 das vierte, 2012 das fünfte, 2017 das sechste. Auch konnte ich nun Dutzende Artikel in progressiven christlichen Magazinen platzieren. Viele Leser schrieben mir daraufhin Briefe, und einige schickten mir Geld, sodass ich den Gefängnisalltag selber finanzieren konnte.

In diesen Jahren entwickelten sich außerdem Unterstützerkreise in den Vereinigten Staaten und Deutschland, die es mir ermöglichten, im Jahr 2008 einen Haftüberstellungsantrag vorzubereiten. Ziel dieses Antrags war, von einem Gefängnis in Virginia in ein deutsches verlegt zu werden, um dort meine Entlassung auf Bewährung zu beantragen. Nachdem sämtliche Rechtsmittel in den Vereinigten Staaten ausgeschöpft waren, schien eine Verlegung nach Deutschland der einzig verbliebene Weg in die Freiheit.

Bevor ich meinen Haftüberstellungsantrag einreichen konnte, benötigte ich jedoch den Brief eines Familienmitglieds, zur Bestätigung, dass ich Verwandte in meinem Heimatland hatte, die mich aufnehmen würden. Solch ein Schreiben war reine Formsache, zwei Sätze genügten, doch es war zwingend erforderlich. Sieben Jahre nachdem mein Vater den Kontakt mit mir abgebrochen hatte, schrieb ich ihm also und bat ihn, mir auf diese Weise eine vermeintlich letzte Chance auf Entlassung zu ermöglichen. Mein Vater antwortete mir nicht.

Es war schließlich mein Onkel, der sich bereit erklärte, ein zweizeiliges Schreiben zur Vervollständigung des Antrags zu verfassen. Zwei Jahre später, im Januar 2010, wurde mir die Haftüberstellung von einem demokratischen Gouverneur gewährt, eine Woche später wurde sie von seinem republikanischen Amtsnachfolger wieder kassiert. Ich musste fast zehn weitere Jahre warten, bis ich freikam. In diesen Jahren machte ich erneut Versuche, Kontakt zu meinem Vater aufzunehmen. Jedes Mal ließ er mich abblitzen, zuletzt nach meiner Entlassung, als ich ihm im Mai 2020 einen handschriftlichen Brief schickte.

Ein paar Tage nach dem Ausflug zum Grab meiner Mutter lädt mich ein Freund zum Segeln ein, denn er weiß, dass ich als Teenager einige schöne Sommer an der Küste von North Carolina verbrachte. Damals war ich einer von vielen ehrgeizigen Regattaseglern vor den Outer Banks, heute schippere ich mit einem anderen alten Mann gemächlich über einen Binnensee und denke an meine Blütezeit zurück. Das Boot meines Freundes ist eine BM-Jolle, ein sechs Meter langer Einmaster, der den Lightnings, mit denen ich in den 1980er-Jahren segelte, in vielerlei Hinsicht ähnelt. Gleich nach dem Ablegen drückt mir mein Freund die Pinne in die Hand, öffnet sein Bier und lehnt sich zurück. Intuitiv ziehe ich die Pinne an mich, um mehr Wind ins Segel zu leiten, im Gegensatz zum Fahrradfahren habe ich das Segeln offensichtlich nicht verlernt.

In diesem sehr ruhigen Moment erzähle ich dem Freund von meinen Erlebnissen in Bremen, und wir fangen an, über meine Familie zu reden. Mein Freund hat selber Kinder, er sagt, dass er sich kaum vorstellen kann, wie schrecklich es sein müsste, sie unschuldig in Haft zu wissen. Dennoch, so glaubt er, könne er niemals eines von ihnen aufgeben. Wir beginnen, darüber zu spekulieren, was meine Familie vor zwanzig Jahren dazu bewogen haben könnte, so unvermittelt mit mir zu brechen.

Ich schließe aus, dass mich einer von ihnen jemals für schuldig hielt, zu nah waren sie alle am Fall dran und zu überzeugt haben sie zur Zeit meines Prozesses für mich gekämpft. Vermutlich waren sie nach 15 Jahren kriegsmüde. Und wahrscheinlich ertrugen sie es einfach nicht mehr, mein Elend hilflos mitansehen zu müssen und ihre eigenen Leben von meinem Schicksal bestimmen zu lassen. Sollte es so gewesen sein, könnte ich ihre Entscheidung verstehen. Auf jeden Fall werde ich mir, egal wie unsere Beziehung letztlich endete, immer die Schuld an dem Bruch geben. Immerhin habe ich zu keinem Zeitpunkt, weder auf der Flucht noch bei meinem falschen Geständnis, darüber nachgedacht, was ich meinen Eltern und meinem Bruder antat. Meine Familie war zwar nach innen nicht intakt gewesen, aber nach außen durchaus angesehen, und plötzlich waren sie Parias, die einen Menschenschlächter hervorgebracht hatten.

Mein Freund, der mich nur selten auf den Fall anspricht, weil er versucht, meinen Blick so oft wie möglich nach vorne zu lenken, will es nun genau wissen. Er fragt mich, wie man es als so harmloser Mensch wie ich schafft, sich selber vor der ganzen Welt, und sogar vor der eigenen Familie, solch eines grausamen Mordes zu bezichtigen. Ich denke lange nach und versuche dann, meinem Freund – und auch mir selbst – auf diese Frage eine befriedigende Antwort zu geben. Es war wohl, leite ich ein, eine Verkettung von unglaublich vielen falschen Entscheidungen, die mich dazu brachte.

Nach der Entdeckung der Leichen wohnten Elizabeth und ich zeitweilig bei ihrer Familie. Gleich am ersten Tag sah ich die trauernden Kinder und Geschwister der Opfer und haderte mit meinem markigen Schwur, den ich im Moment vollkommener Überforderung geleistet hatte. Aber da war es schon zu spät – ich wusste nicht, wie ich ihnen klarmachen sollte, dass sie nicht nur zwei geliebte Menschen verloren, sondern auch jemanden in ihren Reihen hatten, der für den Doppelmord die Verantwortung trug. Weil ich die Polizei nicht sofort informiert hatte, wäre ich zudem vermutlich für die Tat mitverantwortlich gemacht worden. Also tat ich das, was ich in meiner Kindheit als Umgang mit Konflikten gelernt hatte: Ich verdrängte und schwieg. Und je länger ich schwieg, umso schwieriger wurde es, die Wahrheit zu sagen, und umso unwahrscheinlicher wurde es, dass man mir glauben würde.

Natürlich dachte ich daran, meinen Vater, den Diplomaten, um Rat zu bitten, aber damit hätte ich jede Kontrolle über Elizabeths und mein Schicksal aus der Hand gegeben. Und so vergingen die Tage, einer nach dem anderen, bis Elizabeth und ich schließlich ins Visier der Ermittler gerieten und flohen. Das war der Moment, in dem ich die letzte Chance zur Umkehr vergab, weil auch mir diese Flucht als Schuldeingeständnis ausgelegt wurde. Zum Zeitpunkt der Verhaftung ging ich darum vom Schlimmsten aus und gestand die Tat, und zwar genau so, wie ich es Elizabeth Monate zuvor versprochen hatte.

Ich behauptete, dass es beim Essen zum Streit gekommen wäre und mich Derek Haysom mit dem Kopf gegen die Wand hinter dem Tisch geschubst hätte. *Auf Tatortfotos sieht man an dieser Stelle jedoch gar keine Wand, sondern ein Fenster mit einer ordentlich in Falten gelegten Gardine.* Und dann sagte ich, dass ich dem sitzenden Derek Haysom von hinten den Hals durchgeschnitten hätte. *Die Fotos vom Tisch zeigen, dass es an seinem Platz kaum Blut gab und selbst die Kerzen noch schnurgerade in ihren Ständern standen.* Mit der klaffenden Wunde sei Derek Haysom dann aufgestanden und habe mich angebrüllt, ich müsse wohl verrückt sein. *Die Obduktion ergab, dass seine Kehle nahezu bis zum Genick mit dem Messer durchtrennt worden war.* Meine Geschichte endete, indem Nancy Haysom mit einem Messer auf mich zustürmte, woraufhin ich auch ihr den Hals durchschnitt.

Das alles gab ich in wenigen Sätzen, ohne jede emotionale Beteiligung zu Protokoll, fast so, als hätte ich ein Programm abgerufen, das ich ein Jahr zuvor auf eine Festplatte gespielt hatte. An vieles aus dieser Zeit kann ich mich dabei nur schemenhaft erinnern, seit der Nacht im Hotel stand ich unter einem Schock, der bis weit in meine Haftzeit hineinreichte. Ich verstand die Monstrosität meiner eigenen Worte damals kaum. Erst als sich der Nebel, in den mein Leben seit der Tatnacht gehüllt war, langsam lichtete, wurde mir allmählich klar, wie ungeheuerlich meine Lüge gewesen war. Aber zu dieser Zeit saß ich schon seit Wochen im Gefängnis.

Später verhinderte der unermessliche Selbsthass, der sich zwischenzeitlich tief in meine Gedanken und Gefühle hineingefressen hatte, dass ich die Verantwortung für mein Handeln endlich übernahm. Ich schätzte mich selber einfach so gering, dass ich ohnehin nichts Gutes mehr von mir selber erwartete. Aber auch wer sich als Opfer seiner eigenen Dummheit betrachtet, sieht sich als Opfer. Die Meditation und der Glaube halfen mir schließlich aus meiner Opferhaltung heraus und brachten mich dazu, mich selber annehmen und mir die tatsächliche Tragweite meiner Worte eingestehen zu können.

Alle Mitglieder meiner Familie haben mich noch immer geliebt, als ich mich selber längst nur noch hasste. Meine Mutter hat diese bedingungslose Liebe zu mir so weit in die Sucht getrieben, dass sie daran zugrunde ging. Ich wünsche meinem Vater und meinem Bruder, dass sie irgendwann Frieden finden konnten. Meine Tür steht für sie jederzeit offen.

18

Die Entzündung in meiner rechten Achillessehne hat ihre eigene Infrastruktur ausgebildet. Unzählige kleine Blutgefäße versorgen sie kontinuierlich mit ausreichend Nährstoffen, sodass sie jahrelang prächtig wachsen und gedeihen konnte. Auf den MRT-Bildern, die mir der Orthopäde zeigt, kann ich sehen, dass der Entzündungsherd die Sehne umschlingt wie ein unförmiger weißer Parasit. Der Arzt sagt, dies sei die schlimmste Läuferferse, die er seit Jahren gesehen habe, ich sei gerade noch rechtzeitig gekommen, um einen kompletten Riss der Sehne zu verhindern.

Dann wendet er sich meiner linken Schulter zu, dort habe ich eine fortgeschrittene Entzündung, die zwar noch nicht so ausgeprägt ist wie jene der Achillessehne, aber auf den MRT-Bildern kann man schwere Verschleißerscheinungen und einen teilweisen Riss erkennen. Solche Schäden entwickeln sich nicht spontan, sagt mir der Arzt, ich müsse meine Schulter hartnäckig und ausdauernd überstrapaziert haben.

Wie so vieles andere in meinem Leben habe ich mir auch diese körperlichen Beschwerden selber zuzuschreiben. Nachdem Flickin' Joe mich Ende 1991 beinahe vergewaltigt hatte, war ich zum Fitnessfanatiker geworden, in der Hoffnung, dies würde mich wehrhafter machen und so zukünftige Angriffe abwenden. 28 Jahre lang joggte und trainierte ich wie ein Besessener, ohne mich ein einziges Mal ernsthaft zu verletzen. Doch nur acht Monate nach meiner Entlassung ernte ich, was ich auf den Sportplätzen sieben verschiedener Haftanstalten gesät habe.

Als Jugendlicher hatte mir Sport überhaupt nichts bedeutet, damals war ich der Typ, dem die dicke Brille von der Nase rutscht, sobald er sich schnell bewegt. Erst im Gefängnis begann ich regelmäßig zu laufen und Hanteln zu stemmen, zuerst aus Angst, doch bald aus Leidenschaft. Joggen war ein effektives Mittel, um Stress zu reduzieren, Krafttraining ein ungefährlicher Weg, Wut abzubauen. Zudem brachten mir meine sportlichen Leistungen einen gewissen Respekt unter den Häftlingen ein, beim Hantelnstemmen konnte ich sogar einige lose Freundschaften schließen. Im Laufe der Jahre und Jahrzehnte sah ich mich selber immer mehr als Athleten, meine körperliche Ausdauer und Stärke wurden wichtige Pfeiler meiner Identität.

Die meisten Insassen in meinem letzten Gefängnis, Buckingham, trieben überhaupt keinen Sport. In dieser Anstalt wurden Gefangene der Sicherheitsstufen drei und vier untergebracht, was bedeutete, dass sie noch mindestens zwanzig weitere Jahre in Haft verbringen mussten. Die Gewissheit, dass sie die Freiheit frühestens in zwei Jahrzehnten wiedererlangen würden, nahm ihnen jegliche Motivation, sich selber gesund zu halten oder sonst irgendetwas für ihre Zukunft zu unternehmen. Deshalb verbrachten drei Viertel der Häftlinge ihre Zeit mit Fernsehen und Kartenspielen, wenn sie kein Geld für Drogen oder selbst gebrauten Alkohol auftreiben konnten. Vom verbleibenden Viertel der Insassenbevölkerung spielte die Hälfte gelegentlich Basketball oder spazierte langsam mit Freunden auf dem Hof. Nur die andere Hälfte, etwas mehr als zehn Prozent der Gefangenen, ging regelmäßig aufs Hantelareal oder joggte auf dem Kiesweg, der um den Sportplatz führte.

Allein die Tatsache, dass ich zu dieser fitten Minderheit gehörte, gab mir einen gewissen Schutz, denn Angreifer suchen sich ihre Opfer immer unter den Schwächsten. Im Gefängnis wird die überwiegende Mehrheit der Vergewaltigungen nicht mit tatsächlicher physischer Gewalt durchgeführt, sondern durch Einschüchterung. Die Art und Weise, in der Flickin' Joe mich 1991 in einen Ringergriff zwang, war eigentlich eine große Ausnahme, normalerweise hätte ein großer, starker Häftling einen kleinen, schwachen einfach bedroht, um ihn gefügig zu machen. Doch wenn der kleinere Insasse nicht nur kräftig aussieht, sondern auch Stärke und Selbstsicherheit durch seine Körperhaltung ausstrahlt, dann sucht sich ein potenzieller Vergewaltiger lieber einen Schwächling mit dünnen Armen und unsicherem Blick.

Zudem gelang es mir, eine gewisse Sonderstellung innerhalb der zehn Prozent der sportlichen Gefangenen zu erlangen. In der übersteigerten Macho-Kultur der athletischen Häftlinge gilt Joggen als Weibersportart, nur Frauen und Feiglinge laufen weg. Dieser Grundsatz hätte auch für mich gegolten, wenn ich nicht vom Beginn der Sportstunde bis zum Ende ununterbrochen im Höchsttempo gelaufen wäre. So etwas Verrücktes machte sonst niemand, die dafür nötige Ausdauer und Willensstärke beeindruckte selbst solche Insassen, die nie joggten. Noch kurz vor meiner Entlassung sagte mir ein Gangmitglied, dass er hoffe, sich niemals mit mir prügeln zu müssen. Die ersten zwei Minuten würde er sich an mir abarbeiten, doch danach würde ihm die Luft ausgehen.

Warum ich mich auf den Kieswegen verschiedener Haftanstalten dermaßen verausgabte, weiß ich nicht. Ich vermute, ich brauchte ein Ventil für die vielen Ängste, die mein Leben beherrschten. Die Angst vor den Mitgefangenen, die mich verletzen oder vergewaltigen konnten. Die Angst vor dem Strafvollzugssystem, das den Widerstandswillen der Häftlinge brechen wollte. Die Angst vor den Gerichten, Bewährungsausschüssen und Politikern, die Macht über meine Zukunft hatten. Die Angst, dass ich nicht stark genug sein könnte, um das alles zu ertragen. Die

Angst, im Gefängnis zu sterben. Die Angst, dort weiterleben zu müssen.

Vielleicht war meine größte Angst, so wie die meisten anderen Insassen zu werden. Für dieses Gefühl schämte ich mich bereits, als ich noch selber in Haft war, denn diese Menschen litten genauso an den unmenschlichen Umständen des Gefängnislebens wie ich. Trotz meines Mitgefühls empfand ich jedoch eine panische Angst, so hoffnungslos, bitter und apathisch zu werden wie die Mehrheit meiner Mitgefangenen. Bei jeder Mahlzeit konnte ich beobachten, wie sie mit gesenkten Köpfen und gekrümmten Rücken zum Speisesaal schlurften. Dieser Anblick löste bei mir einen Fluchtreflex aus, den ich auf dem Sportplatz durchs Joggen auslebte. Zwar konnte ich nicht davonlaufen, aber ich konnte körperlich zum Ausdruck bringen, dass ich noch nicht aufgegeben hatte, dass ich einer besseren Zukunft entgegenlief.

Einige andere Häftlinge begriffen, dass Joggen im Gefängnis eine Form der Hoffnung ist. Deshalb gab es immer wieder den einen oder anderen Insassen, der versuchte, mit mir zu laufen. Doch nach kurzer Zeit gaben fast alle wieder auf und kehrten zum Fernseher und Kartenspiel zurück.

Für mich war das regelmäßige Krafttraining nicht weniger wichtig als das Joggen. Durch das Hantelstemmen wurde ich nicht nur körperlich stärker, vor allem fühlte ich mich selbstbewusster und weniger ängstlich. Die daraus resultierende Ausstrahlung schützte mich sicherlich mehr vor potenziellen Angriffen als meine neuen Muskeln. Ebenso entscheidend war, dass ich auf dem Hantelareal neue Bekanntschaften mit starken, fitten Gefangenen schließen konnte. Im Speisesaal setzte ich mich zu diesen Muskelbergen, sodass mögliche Feinde sehen konnten, welche Kumpel ich hatte. Es ist im Gefängnis bekannt, dass es unter Bodybuildern einen gewissen Korpsgeist gibt, der sogar die Rassentrennung überwindet.

Als ich mit dem Krafttraining begann, war mir schnell klar, dass es wenig hilfreich sein würde, mich mit den riesigen, muskelbepackten Insassen an der Langhantel zu messen. Weder hatte ich eine praktische Chance, gegen sie zu reüssieren, noch würden sie es theoretisch akzeptieren, wenn ihnen ein kleiner Weißer in ihrer prestigeträchtigen Paradedisziplin den Rang abliefe. Ich konzentrierte mich darum auf eine Übung, für die mein schmächtiger Körperbau ideal geeignet war, und beeindruckte die schweren Jungs mit einer Unmenge an Klimmzügen. Einige Jahre lang machte sich ein mit mir befreundetes Gangmitglied einen Spaß daraus, andere Mitglieder seiner Gang, die gerade in Buckingham angekommen waren und mich noch nicht kannten, zu Klimmzugwettkämpfen gegen mich aufzufordern. Erst äußerte er sich verächtlich über den kleinen Weißen mit der Brille, dann pries er die enorme Stärke seiner Freunde aus der Gang, schließlich lachte er sich tot, wenn ich wieder einmal doppelt so viele Klimmzüge machen konnte wie seine Kumpane. Niemals hätte ich selber ein Gangmitglied auf diese Weise herausfordern und düpieren dürfen, aber auf diesem Umweg konnte ich mir den Respekt potenziell gefährlicher Insassen verschaffen.

Neben der kontinuierlichen Arbeit an der Klimmzugstange gelang es mir, auch am Butterfly-Gerät, das die Brustmuskeln trainiert, ordentlich Eindruck bei meinen Mithäftlingen zu machen. Ich schaffte es, den gesamten Stapel von Gewichtplatten zu heben, was andere Hantelstemmer amüsierte, weil ein solcher Kraftakt überhaupt nicht zu meiner Statur passte. Rückblickend meine ich, dass diese Leistung mehr mit meiner damaligen Willensstärke zu tun hatte als mit meinen tatsächlichen physischen Möglichkeiten. Wie beim Joggen, so auch beim Brustgerät brachen sich Gefühle und vor allem Ängste Bahn, die ich sonst nirgendwo verarbeiten konnte. Deshalb lief und stemmte ich viel mehr, als ich eigentlich gekonnt oder gedurft hätte, was mir in der

Haft auf vielfältige Weise das Leben gerettet hat, sich aber nun, nach meiner Entlassung, schmerzhaft rächt.

Nachdem ich nach Deutschland zurückgekehrt war und mich in Hamburg eingelebt hatte, nahm ich das Laufen und Krafttraining zunächst wieder auf. Viermal die Woche joggte ich um die Außenalster, eine Laufstrecke, die sicher zu Recht als eine der schönsten in Deutschland gilt. An kalten Wintermorgen joggte ich beim Licht der aufgehenden Sonne entlang des Binnensees und beobachtete, wie sich die letzten Nebelschwaden über dem Wasser verzogen. Als es Frühling wurde, lief ich unter dem leuchtenden Grün uralter Bäume, die ihre großen Zweige schützend über den Laufpfad streckten. Überall gab es weite Hundewiesen, die von gepflegten Blumenbeeten gesäumt waren, immer wieder kreuzte ich kleine und größere Brücken, unter denen sich Enten quakend versammelt hatten.

Als besonders ironisch empfand ich es, dass ich bei jeder Alsterrunde an einem großen weißen neoklassizistischen Gebäude vorbeijoggte das von deutschen Polizisten mit Maschinengewehren beschützt wird. Es ist das US-Generalkonsulat, die diplomatische Vertretung des Landes, in dessen Haftanstalten ich rund drei Jahrzehnte festgehalten worden war.

Im Februar 2020 kaufte ich mir im Internet ein mannshohes Sportgerät, an dem ich neben Klimmzügen auch andere Übungen machen konnte. Das martialisch anmutende Teil aus geschwärztem Metall war meine erste größere Anschaffung in der Freiheit und ein Zeichen, dass ich in Hamburg angekommen war. Beim Zusammenbau hatte ich außerdem das Gefühl, an einem wichtigen Ritual der Generation IKEA teilzunehmen, nämlich dem dreidimensionalen Puzzlespiel einer Möbelmontage. An den drei Tagen der Woche, an denen ich nicht um die Alster joggte, absolvierte ich nun in meinem Schlafzimmer ein ähnliches Programm wie auf dem Hantelareal in Buckingham. Allerdings machte ich jetzt weniger Wiederholungen, denn ich stand nicht mehr unter dem Zwang, andere Insassen mit meiner Stärke beeindrucken zu müssen.

Und dann spüre ich fast zur gleichen Zeit stechende Schmerzen in meinem rechten Sprunggelenk und meiner linken Schulter. Zunächst lasse ich mich durch solche Zipperlein nicht irritieren, auch im Gefängnis lief und trainierte ich weiter, wenn der Fuß oder der Rücken wehtat. Während der letzten acht Jahre meiner Haft hatte ich mir angewöhnt, regelmäßig Schmerzmittel zu nehmen, um weiter joggen und Hanteln stemmen zu können, schließlich hing mein Leben davon ab, fit zu bleiben. Jetzt in Hamburg kaufe ich diese Pillen wieder, auch in Freiheit erlauben sie mir, meine Runden um die Alster und meine Klimmzüge im Schlafzimmer zu machen. Zumindest sportlich bin ich immer noch im Gefängnismodus, ich kann mir nicht vorstellen, ohne hartes körperliches Training zu leben.

Bis das Schmerzmittel eines Tages nicht mehr wirkt. Selbst nach dem kurzen Spaziergang zum Einkaufen tut meine rechte Achillessehne so weh, dass ich humpele. Meinen linken Arm kann ich nicht mehr über Schulterhöhe heben, nachts hält mich der Schmerz vom Schlafen ab. Von einem Tag auf den anderen muss ich die Joggingschuhe und das Klimmzuggerät in der Ecke stehen lassen.

Dank der Krankenversicherung, die ich im Winter abgeschlossen habe, kann ich zu einem Orthopäden gehen, der erst einmal mehrere Physiotherapiesitzungen und MRTs der beiden Gelenke anordnet. Ich hatte über das exzellente deutsche Gesundheitssystem schon viel gehört, in den US-Medien überschlug man sich regelmäßig vor Begeisterung über eine Rundumversorgung, von der die allermeisten Amerikaner nur träumen können. Und obwohl meine Erwartungen dementsprechend hoch waren, bin ich nachhaltig beeindruckt vom tatsächlichen Umfang der Behandlung und dem Ausmaß der persönlichen ärztlichen Zuwendung. Nur die Befundbesprechung ist eine große

Enttäuschung, denn der Orthopäde lässt keinen Zweifel: Ich habe mir beide Verletzungen durch jahrzehntelange Überstrapazierung, erschwert durch Selbstmedikation mit Schmerzmitteln, selber eingehandelt. Dasselbe Sportprogramm, das mir half, im Gefängnis zu überleben, hat meinen Körper langsam, aber sicher verschlissen.

Nun werde ich zum ersten Mal seit 1991 mehrere Monate lang keinen Sport treiben können und stattdessen regelmäßig Dehnübungen machen müssen. Zuerst empfinde ich diese körperliche Schwäche als Schande, auch als Verlust eines Teils meiner Identität. Doch mit der Zeit wird mir klar, dass dieser vermeintliche Teil meiner Identität tatsächlich nur ein Aspekt meiner Überlebensstrategie in der Haft war. Damals hatte ich keine Wahl, aber heute bin ich frei, nichts und niemand zwingt mich, so fanatisch Sport zu treiben, dass ich mir dabei die eigenen Gelenke zerstöre.

Eines Tages, als ich an dem großen Esstisch im Wohnzimmer sitze, zeigt mir der Hund meiner Gastfamilie, wie man Klimmzüge richtig macht. Ich fühle, wie Winni ihre Schnauze zwischen meine Waden schiebt, was sie häufig tut, in der Hoffnung, dass ein paar Krümel für sie abfallen. Aber heute hat Winni offenbar andere Pläne, sie wirft ihre Vorderpfoten plötzlich auf meine Oberschenkel, sodass sie auf ihren Hinterbeinen steht. Andere Familienmitglieder nehmen das niedliche Tier regelmäßig auf den Schoß, aber ich habe noch immer ein bisschen Angst vor dem kleinen Muskelpaket mit der überdimensionalen Schnauze und schiebe meinen Stuhl darum ein wenig zurück. Winni lässt sich nicht abschütteln, und auf einmal beginnt sie, sich selber ganz langsam mit ihren Vorderbeinen an mir emporzuziehen. Ich sehe die Entschlossenheit in Winnis Augen, während sie sich mit all ihrer Kraft auf meinen Schoß stemmt, geradezu, als habe sie auf diesen Moment seit meiner Ankunft gewartet. Beeindruckt von Athletik und Willensstärke der kleinen Hundedame lasse ich sie gewähren. Als sie es tatsächlich auf meinen Schoß geschafft hat, dreht sie sich zwei-, dreimal auf meinen Oberschenkeln im Kreis, bis sie eine gemütliche Position findet, und legt sich dann mit großer Selbstverständlichkeit hin. Ein bisschen erschöpft schiebt Winni ihre Schnauze unter meinen Arm und macht ein Nickerchen, während ich sie streichele.

19

Am 1. August 2020 werde ich 54 Jahre alt, es ist mein erster Geburtstag in Freiheit seit 1985. Damals, als ich 19 wurde, dachte ich noch, ich könne mein Leben mit Elizabeth verbringen, obwohl ihre Eltern zu diesem Zeitpunkt schon tot waren. Rückblickend kann ich mir selber kaum erklären, wie ich es fertigbrachte, diese Frau nach der Mordnacht weiterhin zu lieben, und wie ich auf die irrsinnige Idee kam, dass wir unter diesen Umständen eine Zukunft miteinander haben könnten. Tatsächlich war unser Schicksal längst besiegelt, mein letzter Geburtstag in Freiheit war eine Farce.

Im Gefängnis werden Geburtstage nicht gefeiert, niemand will daran erinnert werden, dass er ein weiteres Lebensjahr verloren hat. Nur Insassen, die weder einen Job haben noch Unterstützung von Familienmitgliedern erhalten, lassen manchmal ihre etwas wohlhabenderen Mithäftlinge wissen, dass sich ihr Geburtstag nähert. Diese Hinweise werden gestreut, bevor die Bestellformulare für Kioskeinkäufe eingereicht werden müssen, sodass die Mitgefangenen ein paar Süßigkeiten als Geschenke einkaufen können. In meiner letzten Haftanstalt Buckingham gab es einen älteren Häftling, der dafür bekannt war, dass er dreimal im Jahr seinen Geburtstag feierte, um auf diese Weise an zusätzliches Essen zu kommen. Weil er ansonsten ein guter Kerl war, spielten seine Freunde mit und buken etwa alle vier Monate

234

große selbst gemachte Pizzen im Mikrowellenherd, die dann gemeinsam gegessen wurden.

Meinen 54. Geburtstag feiere ich nicht mit einer Mikrowellenpizza, sondern mit einer Reise zu meinen ältesten Freunden und Unterstützern in Deutschland, der Religionslehrerin aus der Eifel und einem katholischen Priester aus dem Schwarzwald. Sie halfen mir nicht nur, die letzten 18 Jahre meiner Haft zu überleben, sondern trugen auch entscheidend zu meiner Entlassung bei.

Den Priester lernte ich 2002 kennen, kurz nach dem Bruch mit meinem Vater. Damals war ich gerade zum Katholizismus konvertiert und suchte Kontakt zur deutschen Kirche. Der Priester stand der katholischen Glaubensgemeinschaft in Washington, D.C. vor, der Diplomaten, Weltbankmitarbeiter und Bundeswehrsoldaten angehörten. Er besuchte mich regelmäßig, obwohl die Hin- und Rückfahrt zum Gefängnis jeweils drei Stunden dauerte. Zudem eröffnete er ein Treuhandkonto für mich, auf das meine Unterstützer Spenden überweisen konnten. Dieses Konto übergab der Priester mir im Frühjahr 2020, sodass ich schon bald nach meiner Entlassung ein kleines finanzielles Polster und wenigstens ein bisschen Sicherheit hatte.

2006 wurde der Priester nach Deutschland versetzt, dennoch blieben wir in brieflichem Kontakt, und er besuchte mich, als er in den Vereinigten Staaten Urlaub machte. Durch seine Medienkontakte erschienen 2007 zum ersten Mal seit dem Prozess Zeitungs- und Fernsehberichte zu meinem Fall in Deutschland. Unter den Lesern und Zuschauern, die mir danach schrieben, war auch eine Lehrerin, die in den folgenden zwölf Jahren zu meiner besten Freundin und wichtigsten Unterstützerin werden sollte. Sie war federführend in meinem Freundeskreis, der im Laufe der Jahre auf Hunderte Mitglieder anwuchs, organisierte Briefwellen an Bundestagsabgeordnete, traf sich mehrmals mit deutschen Politikern, gab verschiedenen deutschen Medien Interviews und reiste fünfmal mit Freunden nach Virginia, um mich dort zu besuchen. Wie der Priester ist auch sie Katholikin, für sie waren meine Seelsorge und die unermüdliche Arbeit an meiner Entlassung Ausdruck ihres gelebten Glaubens.

Obwohl ich getauft und gefirmt wurde und eine anglikanische Privatschule besucht hatte, war ich als Jugendlicher nicht gläubig gewesen. Erst 1994, nach acht Jahren Haft, entwickelte ich ein Interesse am Christentum, nachdem ich den Roman *Die letzte Versuchung* von Nikos Kazantzakis gelesen hatte. Fast zur selben Zeit veröffentlichte die amerikanische Raumfahrtagentur NASA die ersten Farbfotos des Hubble-Weltraumteleskops. Der überaus menschliche Jesus in Kazantzakis' Buch und die außerweltliche Schönheit der Galaxien auf den NASA-Bildern erweckten in mir eine Sehnsucht, die ich in der von mir zuvor verschmähten christlichen Bibel zu stillen versuchte.

Dort fand ich einen Vers im Johannesevangelium, der mich ins Herz traf: Niemand hat größere Liebe denn die, dass er sein Leben lässt für seine Freunde. Ich bezog diesen Satz auf meine Entscheidung, meine Freiheit zu opfern, mit der Absicht, damit meine damalige Freundin vor der Todesstrafe zu retten. Seit acht Jahren hatte ich mich dafür selber gehasst, doch in diesem Bibelvers meinte ich, eine andere Sicht auf diese Entscheidung zu erkennen. Die nächsten sechs Jahre verbrachte ich mit einem intensiven Bibelstudium mithilfe eines katholischen Bibelkommentars, der 1484 sehr klein gedruckte Seiten umfasste.

Im Supermax-Gefängnis Wallens Ridge, wo ich zur Jahrtausendwende elf Monate lang untergebracht war, kam dieses intellektuelle Projekt zu seinem Ende. Meine Lebensumstände waren so entsetzlich, dass mir eine rein geistige Beschäftigung mit dem Text der Bibel keinen Trost mehr spenden konnte. Stattdessen begann ich mit einer christlichen Form der Meditation, die in den Vereinigten Staaten *Centering Prayer* genannt wird. Innerhalb weniger Monate verbrachte ich zwei Stunden am Tag mit diesen Exerzitien und befasste mich mit Mystikern wie Teresa von Avila und Johannes vom Kreuz. So gestaltete ich die nächsten zehn Jahre meiner Haft sinnstiftend und erfüllend, bis ich meinen Glauben verlor.

Nach meinem Empfinden war dieser Verlust unfreiwillig geschehen, als ob mir mein Glaube gewaltsam entrissen worden wäre. Ein Jahr lang bemühte ich mich, ihn wiederzuerlangen, indem ich mein tägliches Gebetspensum auf drei Stunden erhöhte. Doch letzten Endes blieb die gefühlte Verbindung zu Gott, die mich durch so viele Jahre getragen hatte, verloren.

Selbstverständlich erzählte ich Freunden von meinem Glaubensverlust, denn ich suchte verzweifelt nach Rat und Hilfe. Als es mir nicht gelang, zurück zu Gott zu finden, bekam ich Angst, dass meine religiösen Freunde sich aus Enttäuschung von mir abwenden könnten. Dies war eine existenzielle Gefahr für mich, denn meinen Kampf um Freiheit und Gerechtigkeit konnte ich nur mithilfe von Unterstützern außerhalb des Gefängnisses führen. Ich sah meine ganze Welt zusammenbrechen: kein Gott, keine Freunde, keine Chancen auf Entlassung. Dass meine gläubigen Freunde wie der Priester und die Lehrerin letztlich doch zu mir hielten, war der erste Hoffnungsschimmer in dieser dunklen Zeit.

Mehrere meiner Mitgefangenen rieten mir, Gläubigkeit vorzutäuschen, um meine Erfolgsaussichten vor dem Bewährungsausschuss nicht noch weiter zu schmälern. Zu dieser Zeit war der Gouverneur von Virginia ein erzkonservativer Republikaner, der seine Religiosität wählerwirksam vor sich hertrug. Infolgedessen war der von ihm ernannte Bewährungsausschuss sehr daran interessiert, ob Häftlinge die Gottesdienste im Gefängnis besuchten, angeblich verringerte dies das Rückfallrisiko.

Mithilfe ihrer Familienangehörigen gründeten einige Insassen damals gemeinnützige Organisationen zur Förderung religiöser Ziele. Für die Schaffung eines solchen, im Steuerrecht 501(c)(3) *corporation* genannten Vereins gab es Anleitungsbücher, die unter

Gefangenen herumgereicht wurden wie Geheimpläne zum Gefängnisausbruch. Weil ich als Autor bekannt war, wurde ich mehrmals darum gebeten, überzeugende Leitbilder für diese Organisationen zu verfassen, meistens sollte es vorgeblich um die Betreuung jüngerer Häftlinge gehen. Diesen Gefallen konnte ich meinen Mitgefangenen nicht tun, weil ich nicht für sie lügen wollte, aber ich war bereit, Rechtschreibung und Grammatik zu korrigieren. Für die nächste Anhörung vor dem Bewährungsausschuss ließen die Familienangehörigen der Insassen dann Heftchen drucken, die diesen gemeinnützigen Vereinen einen seriösen Anschein verleihen sollten.

Soweit ich weiß, wurde kein einziger Gefangener auf Bewährung entlassen, weil er eine *501(c)(3) corporation* gegründet hatte. Damals entließ der Bewährungsausschuss selbst nach Jahrzehnten in Haft nur zwei bis drei Prozent der Antragsteller. Überdies durften nur Insassen, die vor 1996 verurteilt worden waren, überhaupt Bewährungsanträge stellen. Die große Mehrheit aller Häftlinge wurde nach 1996 verurteilt und musste mindestens 85 Prozent ihrer Haftstrafe absitzen, ohne jede Chance auf vorzeitige Entlassung.

Die daraus resultierende Hoffnungslosigkeit führte unter anderem dazu, dass immer mehr afroamerikanische Insassen zum Islam konvertierten. Einige von ihnen waren meine Kumpels, ein paar, wie Jim, sogar so etwas wie Freunde. Sie sagten mir, ihre Konversion sei zumindest teilweise ein Protest gegen das weiße christliche Amerika, das gerne von Gnade und Nächstenliebe sprach, diese jedoch für Schwarze nicht gelten ließ. Der muslimische Glaube, insbesondere der gefängnistypische Salafismus, gab ihnen eine Erklärung für diese Heuchelei und legitimierte ihre Wut.

Unter einigen weißen Gefangenen gab es eine ähnliche Abwendung vom christlichen Glauben, doch sie konvertierten nicht zum Islam, sondern zum Asatru. So wird das neugermanische

Heidentum in den Vereinigten Staaten genannt, in meiner letzten Haftanstalt lernte ich den lokalen Anführer dieser Gruppierung kennen. Tom war als konservativer Evangelikaler aufgewachsen, diente als Marineinfanterist im Irakkrieg und war nun genauso enttäuscht von der US-typischen Mischung aus Patriotismus und Christentum wie die afroamerikanischen Moslems. Mit ihnen verstand Tom sich übrigens prächtig, gerne stemmten sie zusammen Hanteln.

Einer meiner Freunde in der freien Welt äußerte die Vermutung, dass Häftlinge nur deshalb religiös werden, weil sie im Glauben eine Quelle der Hoffnung suchen. Dies mag der Fall sein bei Insassen, die sich zum Christentum bekennen, doch mein Eindruck ist, dass es davon immer weniger gibt. Soweit ich weiß, versprechen die Religionen, die heutzutage in den Gefängnissen den meisten Zulauf haben, keine bessere Zukunft in dieser oder der nächsten Welt. Wenn ich Jim und Tom richtig verstanden habe, vermitteln Islam und Asatru ihren inhaftierten Anhängern stattdessen ein in sich geschlossenes Weltbild und bestätigen sie in ihrer Wut auf die christliche Leitkultur.

Andere Gefangene finden in ihrer Religion etwas, an dem sie ihren Widerstand gegen das Justizsystem festmachen können. Ein besonders beeindruckendes Beispiel dieses Typus lernte ich im Herbst 2004 kennen, als ich sechs Wochen im Strafblock des Gefängnisses Brunswick eingeschlossen war. Kendall Gibson hieß der Mann, als Konvertit zur Rastafari-Glaubensbewegung nannte er sich Ras Talawa Tafari, zu diesem Zeitpunkt hatte er bereits fünf Jahre freiwillig in der Isolation verbracht, um die Vorschriften seiner Religion nicht zu verletzen.

Ich selber wurde nach der Veröffentlichung meines zweiten Buchs über den Reformbedarf des Justizsystems in die Strafzellen verlegt. Die Zeitung der Landeshauptstadt Richmond hatte eine lobende Rezension meiner kurzen Schrift veröffentlicht, was einer hochrangigen Beamtin der Justizbehörde offenbar missfiel, also wurde ich in Hand- und Fußschellen in eine Isolationszelle gebracht. Laut Vorschrift hätte man mich darüber informieren müssen, welchen Regelverstoß man mir vorwarf, doch während der gesamten sechs Wochen, die ich im Strafblock verbrachte, wurde mir nie offiziell mitgeteilt, was ich verbrochen haben sollte.

Das war auch nicht nötig, denn mir war von Anfang an klar, weshalb man auf höchster Ebene so ungehalten war. Die Rezension meines Buchs lobte ausdrücklich, dass ich meine Vorwürfe und Argumente sorgfältig mit wissenschaftlichen Studien belegt hatte, mein Text sei eine ernst zu nehmende Kritik am Gefängnisapparat. Ich nutzte einen der wenigen Telefonanrufe, die mir als Isolationshäftling zustanden, um den Reporter, der die Rezension geschrieben hatte, über meine Strafverlegung zu informieren. Als dieser daraufhin das Justizministerium kontaktierte, wurde ich nach sechs Wochen überstürzt und wieder ohne jede Erklärung in den Regelvollzug zurückverlegt.

In den Kellerräumen des Gebäudes B der Strafvollzugsanstalt Brunswick konnte ich mit eigenen Augen beobachten, was die Isolation in der menschlichen Seele anrichten kann. Innerhalb eines Monats waren die meisten Häftlinge gebrochen, sie fingen an, mit sich selber zu reden oder zu schreien, unentwegt auf den Metalltischen zu trommeln, die Wände mit Fäkalien zu beschmieren, zwanghaft zu onanieren oder mit angespitzten Plastikteilen in der eigenen Haut zu graben. Einen Selbstmord habe ich während meiner sechs Wochen in den Strafzellen nicht gesehen, doch mir wurde versichert, dass diese regelmäßig vorkamen.

Einer der ganz wenigen Insassen, die nicht an der Isolation zugrunde gingen, war Ras Talawa Tafari, der seit 1999 ununterbrochen alleine eingesperrt gewesen war. Seine Zelle lag gegenüber meiner, wir konnten durch Spalte in den Türen miteinander sprechen. Er erzählte mir, wie er mit 18 Jahren eine Haftstrafe von 47 Jahren für Raub, Entführung und Besitz einer Waffe angetreten

240

hatte. Erst im Strafvollzug sei er zum Rastafarianismus konvertiert, weil er das friedvolle Gefühl dieser Religion so liebte.

In den ersten Jahren seiner Haft hatte sein Glaube ihm keine Schwierigkeiten bereitet, doch dann verabschiedete die Justizbehörde von Virginia die berüchtigte Regel 864.1, derzufolge alle Gefangenen ihre Haare kurz schneiden mussten. Dies sei ihm als Rastafari verboten, erklärte mir Ras Talawa Tafari, seine Bibel sagte ihm, kein einziges Haar auf seinem Kopf dürfte von der Klinge eines Messers berührt werden. Also begab er sich freiwillig in die Strafzellen und würde dort so lange bleiben bis Jah, der Rastafari-Gott, ihn befreite.

Anfänglich hatte es viele Rastafaris im Strafvollzug in Virginia gegeben, die es ihm gleichtaten, doch in den folgenden Jahren gaben immer mehr auf, und nur wenige blieben übrig, die Jah die Treue hielten. Er sei einer von ihnen, sagte mir mein Isolationsnachbar mit Stolz, nie und nimmer würde er die Hoffnung verlieren.

Tatsächlich würden Ras Talawa Tafari und die anderen gottestreuen Rastafaris fünf weitere Jahre in Isolationshaft verbringen, bis die Justizbehörde 2010 endlich einlenkte und sie in einem Trakt zusammenlegte. Dort bekamen sie Zugang zu einem Gemeinschaftssaal und durften gelegentlich einen kleinen Gefängnishof besuchen, selbst Einkäufe im Kiosk wurden den Rastafaris nun gestattet. Für mich waren diese Männer Hoffnungsträger, ihr Sieg zeigte mir, dass man das Rechtssystem Virginias bezwingen konnte, wenn man nur ausdauernd genug war. Solche Vorbilder brauchte ich in jenen dunklen Jahren dringend, denn meine Lage war so offensichtlich aussichtslos. Ich musste lernen, ohne realistische Aussicht auf Erfolg zu kämpfen, im Vertrauen, dass der Kampf selber meinem Leben Sinn gab. Selbst wenn ich, wie zu erwarten, nie entlassen würde, so hätte ich zumindest nicht aufgegeben und mir auf diese Weise ein kleines bisschen Stolz bewahrt.

Mein Glaube an Gott spendete mir keine Hoffnung in diesem hoffnungslosen Kampf, sondern gab mir lediglich das Gefühl, nicht alleine zu kämpfen. Durch die christliche Meditation meinte ich, eine spirituelle Verbindung zu dem Ewigen, Guten und Wahren zu finden. Als Anführer der katholischen Glaubensgemeinschaft der Haftanstalt Brunswick konnte ich darüber hinaus meinen Mitgefangenen helfen, durch das *Centering Prayer* ebenfalls Zugang zu Gott zu finden. Einsamkeit empfand ich immer als das größte Übel des Häftlingslebens, durch die sinnstiftende Arbeit mit anderen fand ich Hilfe im Glauben, nicht in der Verheißung einer dies- oder jenseitigen Erlösung.

Heute im Schwarzwald, beim Besuch des Priesters und der Lehrerin, erscheinen mir die Welt des Gefängnisses und die Hoffnungslosigkeit meiner Häftlingsexistenz unendlich weit entfernt, obwohl ich ihr erst vor achteinhalb Monaten entkommen bin. Gemeinsam mit diesen guten Freunden feiere ich meinen Geburtstag in einem Tretboot auf dem Titisee und in einem feinen Restaurant, das auf einem Berg liegt und nur über eine Seilbahn zu erreichen ist.

Am nächsten Tag besuchen wir ein Orgelkonzert im Freiburger Münster. Die riesige gotische Kirche mit ihren filigranen Pfeilern, Säulen und Kapitellen beeindruckt mich schon von außen, ihr Turm scheint tatsächlich, so wie die Freiburger behaupten, der schönste der Welt zu sein. Ich trete durch das Portal in das hohe Mittelschiff, wo überall an den Wänden und Decken in den Stein ziselierte Figuren und Ornamente prangen. Durch die unzähligen Bankreihen blicke ich auf den unter bunten Glasfenstern erleuchteten Altar, als plötzlich die ersten Orgeltöne erklingen, die in dem gigantischen Bau einen schier endlosen Resonanzkörper finden.

Die einzigen Gottesdienste, die ich kannte, mussten in kargen Gefängnisräumen improvisiert werden, die Musik kam aus einem Kassettenrekorder. Nicht eine einzige Messe habe ich als Gläubiger in einer richtigen Kirche erleben können. Ich hatte darum erwartet, dass mich bei meinem ersten Besuch in einem prachtvollen Dom schreckliche Wehmut überkommen würde. Aber während ich in dem Freiburger Münster der Orgelmusik zuhöre, hadere ich keine Sekunde mit dem Verlust meines Glaubens. Heute ziehe ich meinen Lebensmut nicht mehr aus der Auseinandersetzung mit Gott, sondern aus dem Austausch mit anderen Menschen. Und ich versuche nicht, in meine Geschichte und all das Leid der vergangenen Jahrzehnte irgendeinen Sinn hineinzugeheimnissen, sondern akzeptiere die Vergangenheit als das, was sie ist: eine beispiellose Katastrophe.

Wenn ein Priester, eine praktizierende Katholikin und ein Ex-Katholik in diesen Zeiten zusammensitzen, um über die Kirche zu diskutieren, kommt die Sprache früher oder später auch auf das Thema Missbrauch. Vielleicht noch mehr als den meisten anderen liegt es mir schwer im Magen, einer Institution gehuldigt zu haben, die in ihren Reihen Gewalttäter duldete und ihre schützende Hand über sie hielt. In der Haft wohnte ich mit Kinderschändern oft auf engstem Raum zusammen, weil sie in der Regel die ungefährlichsten Zellengenossen waren: beherrscht, körperlich schwach, feige. Gleichzeitig waren sie diejenigen, denen ich den wenigsten Respekt entgegenbrachte, denn sie hatten nicht im Affekt oder Drogenrausch gehandelt, und ihre Opfer waren nicht nur wehrlos, sondern auch garantiert frei von jeder eigenen Schuld. Es ist kein Zufall, dass der einzige Mithäftling, den ich jemals bei der Gefängnisleitung anschwärzte, ein Kinderschänder war, der aus der Haft Kontakt zu seiner minderjährigen Tochter aufnehmen wollte. Ich verachtete ihn zutiefst, aber immerhin büßte er für seine Gräueltaten und saß eine lange Haftstrafe unter härtesten Bedingungen ab. Es macht jede Sonntagspredigt zum leeren Geschwätz, wenn andere Kinderschänder ihrer gerechten Strafe entgehen, weil sie im Ornat daherkommen.

Noch bevor ich am Morgen nach dem Konzert die lange Zugfahrt vom Schwarzwald zurück gen Norden antrete, sind meine Gedanken in Hamburg angekommen. Ich werde bald entscheiden müssen, ob ich mein neues Zuhause in den nächsten Tagen verlasse, um ins Ungewisse aufzubrechen, oder noch eine Weile in Hamburg leben möchte. Seit fast acht Monaten wohne ich nun bei meiner Gastfamilie, dieses Arrangement war eigentlich nur für den Übergang vorgesehen, und jetzt wird es Zeit, zu entscheiden, ob ich das Angebot annehme, länger zu bleiben.

Ich schaue aus dem Zugfenster und überlege krampfhaft, was ich der Familie, die auf eine Antwort wartet, sagen soll. Mein erster Gedanke ist, dass ich nach Jahrzehnten der Abhängigkeit von Wärtern, die jeden Aspekt meines Alltags kontrollierten, und von Freunden, deren Unterstützung ich zum Überleben brauchte, nun versuchen sollte, mein Leben zum ersten Mal frei von allen äußeren Zwängen zu gestalten. Andererseits, so wäge ich weiter ab, war die Isolation die schlimmste Strafe des Häftlingslebens, wonach ich mich am meisten sehnte, war die Freiheit, endlich wieder Bindungen eingehen zu können. Ich wollte nicht mehr alleine sein, ich wünschte mir, aus der Einsamkeit in die Gemeinsamkeit zu kommen.

Die ersten Schritte in ein soziales Geflecht aus Beziehungen habe ich in den letzten acht Monaten in Hamburg getan, mit allen Glücksmomenten sowie allen Problemen, die dazugehören. Wenn man sich auf andere Menschen einlässt, wird das eigene Leben kompliziert, man ist nicht mehr völlig frei und unabhängig. Mir sind solche Schwierigkeiten unbekannt, es fehlen 33 Jahre an Erfahrungen, wie man mit den Höhen und Tiefen in Familien, Freundschaften und Bekanntschaften umgeht. Bei meiner Gastfamilie könnte ich nun lernen, wie man Konflikte konstruktiv löst.

Im Gefängnis waren zwischenmenschliche Kontakte nahezu immer unfreiwillig. Eigentlich ging es immer nur darum, sich irgendwie zu arrangieren, ohne dass man am Ende buchstäblich ein Messer im Rücken hatte. Als ich vor Jahren einmal mit einem Zellenmitbewohner aneinandergeraten war, versuchte ich gar nicht erst, ein klärendes Gespräch zu führen. Stattdessen ging ich zum Lieutenant meines Wohngebäudes und überreichte ihm einen schriftlichen Antrag auf Verlegung in eine andere Zelle. Selbstverständlich wollte er mein Anliegen nur bearbeiten, wenn ich vorher seinen Kapo bestach, immerhin sollte alles seinen geordneten Gang gehen. Ich ging zum Kapo, überreichte ihm den Antrag mit dem Schmiergeld, damals ein Monatsgehalt von rund 30 Dollar, und durfte am nächsten Tag in eine andere Zelle ziehen. Auf diese Weise löste ich fast alle meine Probleme in den drei Jahrzehnten meiner Haft, ein taktischer Rückzug entsprach nicht nur meiner konfliktscheuen Mentalität, er schien mir auch zielführender als eine Diskussion, die vermutlich in eine Schlägerei gemündet hätte.

Ob ich meine neue Unabhängigkeit als Chance betrachten sollte, endlich selbstständig zu leben, oder eher als Gelegenheit, ein Geflecht von möglichst engen Beziehungen zu knüpfen, bespreche ich auf der Heimreise aus Freiburg bei einem Zwischenstopp in Köln. Dort besuche ich einen Bekannten, dessen Ehemann und ihren kleinen Sohn und berichte beim Abendessen von meinem Dilemma. Für ihn, so sagt mein Bekannter, sind Familie und Freundschaft die höchsten Werte, auch wenn sie immer Komplikationen mit sich bringen. Darum rät er mir, in Hamburg zu bleiben und die verbleibende Lebenszeit dafür zu nutzen, möglichst enge Beziehungen aufzubauen.

Ich steige in Köln wieder in die Bahn und glaube, nun zu wissen, was zu tun ist. Aber wie um mich selber noch einmal zu verunsichern, rufe ich kurz vor meiner Ankunft in Hamburg einen anderen, besonders freiheitsliebenden, Freund an. Der rät mir erwartungsgemäß das Gegenteil und sagt, ich solle nun endlich unbeobachtet herausfinden, wer ich bin und was ich will. Dafür müsste ich die ständige Rücksicht auf andere aber ablegen, also auch mal ein paar Tage das Geschirr im Spülbecken stehen lassen oder nachts um vier betrunken nach Hause kommen und im Treppenhaus grölend alle Nachbarn wecken.

Als ich im Hamburger Hauptbahnhof ankomme, habe ich neben der eigenen Entscheidungsschwäche auch zwei gegensätzliche Ratschläge im Gepäck, meine Verunsicherung könnte größer nicht sein. Erst als ich das alte Schild mit den Worten *Willkommen zu Hause* auf dem Treppenabsatz sehe und Winni mich mit wedelndem Schwanz begrüßt, weiß ich, was ich möchte. Die Familie freut sich über meine Entscheidung, noch ein bisschen länger bei ihr zu bleiben, als wir nachträglich auf meinen Geburtstag anstoßen, haben wir darum noch ein bisschen mehr zu feiern.

Bei aller Freude bleibt die Erschütterung darüber, wie sehr es mich noch immer quält, Entscheidungen zu treffen, wenn die Alternativen nicht eindeutig gut und schlecht sind. Dabei sollte es mir keinen Stress bereiten, sondern mich vielmehr gelassen stimmen, dass mein Leben nicht mehr entweder Gefängnishölle oder süße Freiheit bedeutet, sondern ich nun die Wahl zwischen mehreren guten Wegen habe. Offenbar sitzt es mir aber noch immer zu tief in den Knochen, dass mich vor 35 Jahren eine falsche Entscheidung mein halbes Leben gekostet hat.

20

Ich wünschte, ich wäre vor dreißig Jahren zum Tode verurteilt worden. Mit diesen Worten schockierte ich einen deutschen Freund im Sommer 2019 am Telefon, nachdem ich drei Jahre auf eine Entscheidung zu meinem Unschuldsantrag gewartet hatte. Mit jedem weiteren Tag wuchs meine Angst, dass Gouverneur Ralph Northam den politischen Mut und Willen für meine Entlassung nicht finden würde. Dann würde es Jahre dauern, bis ich einen zweiten Unschuldsantrag bei einem zukünftigen Gouverneur einreichen könnte. Diese Aussicht empfand ich als so unerträglich, dass ich mir in dunklen Momenten wünschte, ich wäre Anfang der 1990er-Jahre auf dem elektrischen Stuhl hingerichtet worden.

Als ich das meinem ansonsten so gelassenen Freund am Telefon sagte, erlebte ich ihn zum ersten Mal tatsächlich aufgebracht. Diese Aussage sei ein Schlag ins Gesicht all meiner Unterstützer, die sich seit Jahren für meine Entlassung eingesetzt hatten, gibt er mir zu Bedenken. So hätte ich es nicht gemeint, erklärte ich, es ginge mir lediglich um eine rationale Abwägung zwischen den positiven und negativen Erlebnissen in meinem Leben. Mir fehlte die Fantasie, um mir vorzustellen, was das Elend der letzten dreißig Jahre jemals aufwiegen könnte.

Am dramatischsten waren die ersten drei Jahre, sie verbrachte ich unter direkter Androhung jener Todesstrafe, die ich in schwachen

Momenten, wie dem Telefonat mit meinem Freund, nachträglich herbeisehnte. Am 13. Juni 1986, nur fünf Tage, nachdem ich mein vermeintliches Geständnis abgelegt hatte, klagte mich der Staatsanwalt des *capital murder* an, darauf stand die Hinrichtung auf dem elektrischen Stuhl. Und dieser Staatsanwalt, Jim Updike, hatte den Ruf, noch nie einen solchen Prozess verloren zu haben. Damals war ich 19 Jahre alt.

Zunächst machte ich mir keine Sorgen, schließlich war mein Vater Vizekonsul am deutschen Generalkonsulat, als sein Angehöriger besaß ich einen blau-goldenen Diplomatenpass mit einem Diplomatenvisum des US-Außenministeriums. Doch alsbald klärten mich meine Anwälte auf: Wenn mein Vater an der deutschen Botschaft in Washington, D. C. gearbeitet hätte, wäre ich tatsächlich durch seinen Status geschützt gewesen, aber als Konsulardiplomat besaß nur er selber Immunität, seine Angehörigen nicht.

Mein Plan, das Leben meiner Freundin zu retten, ohne selber auf dem elektrischen Stuhl zu landen, war also gründlich gescheitert. Fortan musste ich um mein eigenes Leben kämpfen. In den nächsten Wochen und Monaten entwickelten meine Anwälte mehrere Pläne, um meine Hinrichtung zu verhindern. Zuerst wollten sie mir verminderte Schuldfähigkeit attestieren lassen, damit ich nur für Totschlag, nicht jedoch Mord, ausgeliefert werden könnte. Dafür musste ich die Tat noch zwei weitere Male gestehen, gegenüber zwei britischen forensischen Psychiatern, die mich und meine damalige Freundin im Gefängnis mehrfach untersuchten. Bei Elizabeth diagnostizierten sie eine schwere Borderline-Persönlichkeitsstörung, die sich angeblich auf mich durch eine Folie à deux, also eine emotionale Symbiose, übertragen hatte. In Großbritannien hätten diese Befunde gereicht, um die Anklage auf Totschlag zu reduzieren, doch unsere Auslieferung in die USA wegen Mordes ließ sich auf diese Weise nicht verhindern.

Daraufhin brachte mein Strafverteidiger einen deutschen Staatsanwalt in mein britisches Gefängnis. Ihm musste ich ebenfalls erzählen, wie ich den Doppelmord begangen hatte, denn er benötigte ein Geständnis, um ein deutsches Auslieferungsersuchen einzuleiten. Auf dessen Grundlage hätte ich nach Deutschland geschickt werden können, wo es keine Todesstrafe gab. Doch auch dieser Plan schlug fehl, im Januar 1987 ordnete ein britisches Gericht an, dass ich in die Vereinigten Staaten ausgeliefert werden müsse. Zu diesem Zeitpunkt hatte ich den Doppelmord an den Haysoms bereits viermal gestanden: einmal, um Elizabeth zu schützen, und drei weitere Male, um mein eigenes Leben zu retten.

Meine britischen Anwälte gingen sofort in Berufung, in der Absicht, von den USA eine juristisch verbindliche Erklärung zu erzwingen, dass ich nicht hingerichtet würde. Die Amerikaner verweigerten eine solche Garantie, woraufhin meine Verteidiger entschieden, vor den Europäischen Gerichtshof für Menschenrechte zu ziehen, um mein Leben zu retten. Weil einige europäische Staaten, darunter auch Großbritannien, formal immer noch die Todesstrafe für Hochverrat in ihren Gesetzbüchern führten, konnten meine Anwälte jedoch nicht darauf plädieren, dass die Hinrichtung an sich menschenrechtswidrig sei. Stattdessen waren sie gezwungen, ein anderes Argument zu konstruieren: Das jahrelange qualvolle Warten auf die Todesstrafe, genannt Todestrakt-Phänomen, sei eine Form der Folter und daher eine Verletzung meiner Menschenrechte.

Dieser recht schwachen Argumentation würden die Richter beim Europäischen Gerichtshof vermutlich nicht folgen, warnten mich meine Anwälte. Der Zweck ihrer Berufung sei eigentlich nur, mir einen Aufschub, ein paar weitere Jahre in der Auslieferungshaft im englischen Gefängnis, zu ermöglichen. Letztendlich sollte ich aber weiterhin darauf gefasst sein, nach Virginia geschickt und dort hingerichtet zu werden.

Erst zu diesem Zeitpunkt fragte ich meine Anwälte vorsichtig, wie es um meine juristische Situation bestellt sei, wenn ich unschuldig wäre. Diese Frage formulierte ich rein hypothetisch, ich wollte mich auf keinen Fall festlegen, ohne vorher die Konsequenzen zu kennen. Einen solchen Fehler hatte ich schon einmal gemacht, als ich im Juni des vorherigen Jahres ein falsches Geständnis abgelegt hatte, bevor ich sicher wusste, ob ich diplomatische Immunität besaß.

Meine Anwälte reagierten entsetzt. Ihre Strategie bei der Berufung basierte darauf, dass ich keine andere Chance hätte, der Todesstrafe zu entgehen, einzig und allein der Europäische Gerichtshof für Menschenrechte könnte mein Leben retten. *The seriousness of risk of execution*, die Ernsthaftigkeit des Risikos einer Hinrichtung, war die unbedingte Voraussetzung für ein Urteil in meinem Sinne. Daran, so machten meine Anwälte mir unmissverständlich klar, dürfte unter keinen Umständen gerüttelt werden. Sobald die Möglichkeit im Raum stünde, dass ich unschuldig seien könnte, würden die europäischen Richter die Berufung unverzüglich ablehnen und meiner Auslieferung nach Amerika stattgeben. Schließlich seien die USA ein Rechtsstaat, wenn ich unschuldig sei, hätte ich nichts zu befürchten.

Ich schluckte und hielt meinen Mund. Vor etwas mehr als sechs Monaten hatte ich die Polizei belogen, weil ich glaubte, auf diese Weise einen Menschen vor der Hinrichtung retten zu können. Diese Lüge hatte dazu geführt, dass ich selber unter Androhung der Todesstrafe gestellt wurde, meine Lüge drei Mal wiederholen musste, und nun gezwungen war, immer weiter zu lügen, um die geringste Hoffnung zu haben, nicht selber auf dem elektrischen Stuhl zu sterben. Hinzu kam, dass sich meine Freundin Elizabeth, für die ich mich ursprünglich opfern wollte, mittlerweile offenbar gegen mich gerichtet hatte. Ihr selber drohte die Todesstrafe nicht, und sie hatte ihrer Auslieferung in die Vereinigten Staaten zugestimmt. Meine Anwälte waren sich darum sicher, dass sie in Virginia einen Deal mit dem Staatsanwalt aushandeln wollen würde, um als Kronzeugin gegen mich auszusagen.

Von dem kleinen Besucherraum, in dem ich mich mit meinen Anwälten getroffen hatte, kehrte ich zurück zu meiner Zelle in Her Majesty's Prison Brixton. Diese U-Haftanstalt war 1871 gebaut und seitdem nicht renoviert worden, aus den Wänden quoll der Geruch von gekochtem Weißkohl, Angstschweiß und Urin, der sich über hundert Jahre im Putz festgesetzt hatte. In diesem viktorianischen Kerker verbrachte ich zwanzig Stunden am Tag in einer Zelle, in der nichts stand außer einem Bett, einer kleinen Kommode und einem Plastikeimer, in den ich meine körperlichen Bedürfnisse verrichten konnte. Zweimal am Tag durfte ich den Eimer leeren, vier Stunden am Tag konnte ich mit anderen U-Häftlingen in einer Art Gemeinschaftssaal reden. Eine Leihbibliothek oder einen Fernseher gab es nicht, allerdings durften wir Radio hören.

In den vielen einsamen Stunden beschäftigte ich mich unter anderem mit den Berufungsschriften meiner Anwälte. Nach weiterem Überlegen hatten sie ein zusätzliches Argument entwickelt, der elektrische Stuhl wäre eine besonders grausame Methode der Hinrichtung und würde deswegen meine Menschenrechte verletzen. Diesen Berufungsgrund untermauerten sie mit Augenzeugenberichten, in denen der qualvolle Tod auf *old sparky* beschrieben wurde, wie der Hinrichtungsstuhl im Volksmund liebevoll genannt wurde. Erst fingen die Haare an den Armen und Beinen an zu rauchen und schmoren, dann bissen sich die Todeskandidaten die Zunge ab, zuletzt quollen die Augäpfel aus ihren Höhlen. In einigen Fällen schlugen Flammen aus den Köpfen, in anderen wurden bis zu drei Stromschläge benötigt, um den Tod herbeizuführen. Der Geruch von gebratenem Menschenfleisch sollte so stark sein, dass Augenzeugen ihn selbst nach mehrfachem Waschen nicht aus ihrer Kleidung entfernen konnten.

Trotz alledem sollte ich mir keine großen Hoffnungen machen, dass der Europäische Gerichtshof diese Umstände als Menschenrechtsverletzungen anerkennen würde, sagten mir meine Anwälte. Darum wäre mit einem Erfolg meiner Berufung weiterhin nicht zu rechnen. Immerhin wusste ich nun aber genau, wie mein Tod vermutlich aussehen würde.

In der Zwischenzeit erreichten mich Zeitungsberichte über den Prozess gegen meine frühere Freundin Elizabeth. Vor Gericht im Oktober 1987 stellte sie sich als Opfer meiner Manipulation und Mordlust dar, zeitweilig behauptete sie sogar, ich hätte sie am Abend der Beerdigung ihrer Eltern vergewaltigt. Den britischen Psychiatern hatte sie nichts von einer Vergewaltigung gesagt, allerdings hatte sie ihnen erzählt, ich sei bis zur Beerdigung impotent gewesen. Außerdem hätte ich geplant, einen der Ermittler in Virginia zu ermorden, doch sie habe sein Leben gerettet. Meine Großmutter wollte ich ebenfalls töten, unsere Hauskatze hätte ich misshandelt, auch wollte ich einen Folterkeller einrichten, um Elizabeth selber zu quälen.

Der Staatsanwalt und der Richter nahmen Elizabeth ihre Märchen nur teilweise ab, sie wurde des *first degree murder*, also des Mordes ohne Androhung der Todesstrafe, für schuldig befunden, mit dem Zusatz, sie habe mich zum Mord angestiftet. Damit war die Schuldfrage in meinem Fall ebenfalls geklärt, meine Verurteilung wegen Doppelmordes betrachteten die örtlichen Justizbeamten vermutlich als reine Formsache.

Als Strafe erhielt meine ehemalige Freundin neunzig Jahre Haft, was meine Anwälte als relativ milde empfanden, denn sie würde nach nur neun Jahren ihren ersten Bewährungsantrag stellen dürfen. Wenn sie in der Zwischenzeit im Prozess gegen mich aussagen würde, dann stünden ihre Chancen nicht schlecht, Mitte der 1990er-Jahre entlassen zu werden. Das wäre zeitlich in etwa mit meiner Hinrichtung zusammengefallen.

Mit diesen Aussichten verbrachte ich die Jahre in britischer

Haft. Mein Tod ließ sich offenbar nicht verhindern, doch in der Stille meiner Zelle entwickelte ich einen Plan. Wenn ich mich eigenhändig umbrächte, würde ich zum einen meinen rachsüchtigen Gegnern die Genugtuung nehmen, mich zu töten. Und zudem würde ich mir selber viel Elend ersparen, nämlich einen erniedrigenden Schauprozess, das bittere jahrelange Warten auf meine Hinrichtung und zuletzt den Tod auf dem elektrischen Stuhl.

Für meinen Selbstmord beschaffte ich mir ein zusätzliches Bettlaken, riss es in lange Streifen und flocht ein Seil daraus. Dies versteckte ich unter meiner Matratze, sodass ich jederzeit bereit war, mich zu erhängen. Mir gab dieses Seil eine innere Ruhe, denn ich wusste, dass ich mein Schicksal jederzeit in die eigene Hand nehmen konnte. In einer Situation, in der ich die Macht über mein Leben verloren hatte, konnte ich mit dem Seil wieder etwas Kontrolle zurückgewinnen.

Doch dann überraschte der Europäische Gerichtshof für Menschenrechte meine Anwälte und mich. Am 7. Juli 1989 verkündeten die Richter ein Urteil zu meinen Gunsten. Großbritannien durfte mich nicht in die Vereinigten Staaten ausliefern, solange mir dort das Todestrakt-Phänomen drohte, dies wäre ein Verstoß gegen Artikel 3 der Menschenrechtskonvention. Auf diese Weise veränderte mein Fall die internationale Rechtssprechung, seither dürfen Angeklagte nicht mehr von Europa in die USA ausgeliefert werden, solange ihnen dort die Hinrichtung droht. Drei Wochen nach dem Urteil des Europäischen Gerichtshofs verringerte der Staatsanwalt von Virginia die Anklage von *capital murder* auf *first degree murder*, das Schlimmste war abgewendet.

So erschien es mir und meinen Anwälten jedenfalls damals, doch im Laufe der Zeit entwickelte ich eine andere Sicht auf die Ereignisse. Da ich zwei lebenslange Haftstrafen ohne realistische Aussicht auf Bewährung erhalten hatte, würde ich den Rest meines Lebens im Gefängnis verbringen müssen. Das war eigentlich nichts anderes als die Todesstrafe auf Raten, denn ich würde in der Obhut der Justizbehörde sterben. Mein Todestrakt-Phänomen würde nicht einige Jahre bis zu meiner Hinrichtung andauern, sondern mehrere Jahrzehnte bis zu meinem natürlichen Tod im Gefängnis.

Am grausamsten würden die letzten zwanzig Jahre sein. Wie junges Frischfleisch werden auch alte Vögel bei jeder Gelegenheit eingeschüchtert, ausgenutzt und ausgeraubt. Viele gehen gar nicht erst zum Kiosk, denn auf dem Rückweg zum Wohngebäude werden ihnen die Einkäufe abgenommen. Wenn sie im Gemeinschaftssaal telefonieren, müssen sie sofort auflegen, wenn ein starker junger Kerl seine Freundin anrufen will. Den kleinen Fernseher in der Zelle haben sie längst an einen »Freund« verleihen müssen, der auf ihn »aufpasst«. Nun sitzen die Alten hoffnungslos und gelangweilt im Gemeinschaftssaal, bis sie sterben dürfen.

Unter diesen Umständen kann eine schnelle Hinrichtung tatsächlich als die mildere, gnadenvollere Strafe erscheinen. Mir ist bewusst, dass sich viele Deutsche aus moralischen und historischen Gründen gegen die Todesstrafe aussprechen. Das ist theoretisch nachvollziehbar und ehrenwert, auch ich war bis zu meiner Verurteilung ein vehementer Gegner der Todesstrafe gewesen. Doch die praktische Alternative zur Hinrichtung war für mich eben nicht 15 bis zwanzig Jahre Haft im vergleichsweise humanen deutschen Strafvollzug, sondern fünfzig bis sechzig Jahre absoluter Entmenschlichung.

Meinen Freund konnte ich bei unserem Telefonat nicht von den Vorzügen meines frühzeitigen Ablebens überzeugen, und danach sprachen wir nie wieder über das Thema, denn etwa drei Monate später wurde ich auf Bewährung entlassen. Doch in diesen Tagen muss ich wieder daran denken, als ich eine E-Mail von der Tochter meines ehemaligen Zellenmitbewohners Keith erhalte.

Als er in den 1990er-Jahren wegen Kindesmissbrauchs verurteilt wurde, gab man Keith eine Haftstrafe mit Aussicht auf Entlassung. Einige Jahre später führte Virginia jedoch eine Art nachträgliche Sicherheitsverwahrung ein, aus der er wahrscheinlich nie herausgekommen wäre. Vermutlich nahm ihm diese Aussicht die letzte Hoffnung, am 27. April 2004 erhängte sich Keith am Etagenbett in unserer Zelle, während ich im Speisesaal frühstückte.

16 Jahre nach dem Selbstmord ihres Vaters schreibt mir seine Tochter mit der Bitte um mehr Informationen zu seinem Tod. Sie liebe und vermisse ihn immer noch, gerne würde sie verstehen, warum er sie damals ohne Erklärung verlassen habe. In ihrer Familie kursierten Gerüchte, dass er sich das Leben nicht selber genommen habe, sondern ermordet worden sei.

Ich schreibe dieser jungen Frau mehrere lange E-Mails, aber leider kann ich ihr weder neue Details liefern noch wirklich Trost spenden. Sie selber ahnt die Wahrheit, als sie schreibt, ihr Vater sei immer ein äußerst rationaler Mensch gewesen. Möglicherweise habe er, so wie ich am Ende meiner Haft, die Vor- und Nachteile des Weiterlebens gegeneinander abgewogen und sei zu dem Schluss gekommen, dass die Nachteile überwiegen.

Meine Situation war objektiv genauso hoffnungslos wie die von Keith, also hätte ich mich eigentlich auch erhängen müssen. Dass ich grundsätzlich dazu bereit gewesen war, beweist das selbst gemachte Seil, das ich in England unter meiner Matratze versteckt hatte. Letztlich habe ich mich jedoch gegen den Selbstmord entschieden, weil ich im Gegensatz zu Keith immer noch etwas hatte, für das ich kämpfen wollte. Keith war kein Justizopfer, er hatte schreckliche Verbrechen begangen, die schwer auf seinem Gewissen lasteten, darum war sein Selbstmord vermutlich auch eine Art Selbstjustiz. Der Schuldspruch gegen mich hingegen war ein Fehlurteil, ich hatte Derek und Nancy Haysom nicht ermordet. Diese Wahrheit konnte ich nicht mit mir sterben lassen. Solange die kleinste Hoffnung bestand, dass ich meine Unschuld eines Tages beweisen könnte, musste ich meinen Kampf gegen das Justizsystem weiterführen.

Keith fehlte nicht nur ein klares Ziel, für das er kämpfen konnte, er hatte zudem keinerlei Möglichkeit, draußen gehört zu werden. Abgesehen von seiner Familie wusste niemand außerhalb der Gefängnismauern, dass Keith überhaupt existierte, kein Mensch war daran interessiert, was er zu sagen hatte. Ich hingegen hatte das große Glück, in den 2000er-Jahren mehrere Bücher und Dutzende Artikel zu veröffentlichen, in denen ich mich zu Themen wie Meditation, Strafvollzugsreform und meinem Kriminalfall äußern konnte. Eines meiner Bücher gewann einen kleinen Literaturpreis, drei weitere wurden in Colleges und religiösen Organisationen eingesetzt, Kopien meiner Artikel wurden auf juristischen Kongressen hundertfach verteilt.

Auf diese Weise bekam mein Leben in der Haft einen Sinn, der über mich selber und meinen Freiheitskampf hinausging. Ich verschaffte meinen Lesern tiefe Einblicke in eine Welt, die ihnen sonst buchstäblich verschlossen geblieben wäre. Gefängnisinsassen, die damals in den US-Medien platt als Raubtiere betitelt und dargestellt wurden, porträtierte ich in meinen veröffentlichten Schriften als dreidimensionale Menschen mit guten und schlechten Eigenschaften. Aktivisten konnte ich einige Denkanstöße für Reformen im Bereich des *prison industrial complex* geben. Hauptsächlich wurde ich jedoch ein Zeuge, der für die Nachwelt dokumentierte, wie die Vereinigten Staaten am Anfang des neuen Jahrtausends mit ihren 2,3 Millionen Häftlingen umgingen.

Neben dieser sinnstiftenden Resonanz brachten mir meine Bücher und Artikel auch viele neue Freunde, die meine Texte gelesen und mir daraufhin Briefe geschickt hatten. Das alles fehlte Keith, ich erinnere mich gut, dass er nur selten Kontakt zu seiner eigenen Familie hatte. Von der Existenz seiner Tochter erfuhr ich erst, als sie mir vor einigen Tagen schrieb.

Ich schaue raus aufs Wasser, wo Segelboote im Licht der untergehenden Sonne kreuzen, und habe plötzlich das dringende Bedürfnis, wieder mit dem Freund zu telefonieren, vor dem ich vor einem Jahr meine Gedanken zur Todesstrafe ausgebreitet hatte. Heute erzähle ich ihm von Keith, seiner Tochter und meinen Vermutungen zu seinem Selbstmord. Ich sage ihm, dass ich heilfroh bin, weder vor dreißig Jahren hingerichtet worden zu sein noch in den Jahrzehnten danach Selbstmord begangen zu haben. Und dass man den Wert eines Lebens nicht anhand einer Kosten-Nutzen-Analyse ermitteln kann, wie Keith es tat und wie ich es in den letzten Monaten meiner Haft versuchte. Äußere Umstände können sich von einem Moment auf den anderen ändern, jeder noch so düstere Tag ist lebenswert, wenn man ein klares Ziel hat und einen höheren Sinn findet – an den man in Zeiten der Schwäche auch mal von anderen Menschen erinnert wird.

21

Ich bin der letzte Westdeutsche. Als ich 1986 verhaftet wurde, stand die Berliner Mauer noch felsenfest, an eine Wiedervereinigung war nicht zu denken. Helmut Kohl befand sich in der ersten seiner vier Amtszeiten als Bundeskanzler, das gesamte Land hortete H-Milch wegen des Reaktorunglücks in Tschernobyl, Boris Becker gewann Wimbledon, und »Brother Louie« von Modern Talking erreichte Platz eins der deutschen Musikcharts. So sah meine Heimat aus, als die schweren Pforten von Her Majesty's Prison Brixton in London, England, hinter mir zuschlugen.

Heute, am dritten Oktober, neuneinhalb Monate nach meiner Entlassung, feiert ganz Deutschland das dreißigste Jubiläum der Wiedervereinigung. Die Bilder, die an diesem Tag im Fernsehen gezeigt werden, von den Mengen an den Grenzübergängen und den Feierlichkeiten vor dem Reichstagsgebäude, sah ich damals in britischen und amerikanischen Zeitungen. Während David Hasselhoff »Looking for freedom« für 500 000 tanzende Fans vor dem Brandenburger Tor sang, war ich allein in eine kleine Zelle gesperrt. Ich freute mich für die vielen Menschen, die fortan ihre Freiheit genießen konnten, gleichzeitig schien meine eigene Freiheit in unerreichbare Ferne gerückt zu sein.

Die Berliner Mauer hat lediglich 28 Jahre gestanden, von 1961 bis 1989, ich war über 33 Jahre in Haft. Mehr als eine gesamte Menschheitsgeneration habe ich abseits der Gesellschaft verbracht, drei aufregende Jahrzehnte sind an mir vorbeigezogen. An diesem nationalen Feiertag beschließe ich darum, mir von zwei besonderen Zeitzeugen von blühenden Landschaften, Agenda 2010, Sommermärchen, Eurokrise und Willkommenskultur berichten zu lassen. Meine Nachbarin und ein väterlicher Freund sind beide aus der DDR geflohen, sie kurz vor dem Mauerfall durch das Grenzland robbend, er 1972 über den Prager Flughafen mit einem gefälschten Pass. Darum können sie mir nicht nur von drei Jahrzehnten gesamtdeutscher Geschichte erzählen, sondern auch vom Leben auf der anderen Seite der Mauer. Als Akademikerkind durfte meine Nachbarin aus »Gerechtigkeitsgründen« nicht studieren, mein Freund wurde wegen seiner kapitalistischen Ambitionen bespitzelt. Für den Wunsch nach Freiheit riskierten beide nicht nur, ihre Familien nie mehr wiederzusehen, sondern setzten auch ihre Leben aufs Spiel.

Am Tisch sitzen an diesem Abend also drei Dickschädel, die sich nicht in ihr Schicksal gefügt und aus einer Gefangenschaft befreit haben. Meine Nachbarin und mein Freund konnten dabei den direkten Weg die Freiheit einschlagen, sobald sie die Stacheldrahtzäune überwunden und Grenzsoldaten umgangen hatten, befanden sie sich in Sicherheit in Westdeutschland. Im Gegensatz dazu hätte mich eine Flucht nicht sehr viel weiter gebracht. Selbst wenn ich den schier unmöglichen Ausbruch aus der Hochsicherheitshaftanstalt geschafft hätte, wäre ich noch immer mitten im US-Bundesstaat Virginia gewesen, 6 600 Kilometer von Deutschland entfernt. Also versuchte ich, mich für den Justizapparat so unverdaulich zu machen, dass er mich letztlich ausspucken musste.

Was meine Nachbarin und mein Freund mir heute Abend aus der deutschen Geschichte erzählen, fasziniert mich, denn ich kenne meine Heimat viel zu wenig. Weil mein Vater Diplomat und daher zumeist im Ausland stationiert war, lebte ich nur dreieinhalb Jahre in diesem Land, im Alter von sieben bis zehn

Jahren. Eine Zeit lang wohnten wir in der Nähe der Haribo-Gummibärchenfabrik in Bonn-Kessenich, ich erinnere mich noch genau daran, wie unappetitlich die klebrigen Süßigkeiten bei der Herstellung nach Schweinegelatine rochen. Dann zogen wir um auf die Hardthöhe, dort waren meine Freunde zumeist Kinder von Bundeswehrsoldaten, die im Verteidigungsministerium dienten. Schon an meinem elften Geburtstag wurde mein Vater an das Generalkonsulat in Atlanta im US-Bundesstaat Georgia versetzt, danach sah ich Deutschland nur noch alle zwei Jahre im Heimaturlaub.

Zuletzt besuchte ich West-Berlin im Sommer 1985 mit Elizabeth. Es war die Zeit der Verleugnung und Verdrängung, als ihre Eltern bereits tot waren, ich aber nicht wahrhaben wollte, dass ich eine Wahnsinnige liebte. Statt der Polizei zu sagen, was ich in dieser verheerenden Nacht im März gesehen und gehört hatte, ließ ich die Familie Haysom und eine ganze Stadt in Angst und Schrecken zurück und reiste mit Elizabeth in meine Heimat. Heute schäme ich mich zutiefst für meinen Egoismus, eine scheinbare Liebe auf Kosten der Wahrheit nicht verlieren zu wollen.

Zur Zeit unseres Besuchs in Berlin gab es im Stadtzentrum viele verwahrloste Grundstücke, auf denen man anstellen konnte, was man wollte. Auf einem brachliegenden Gelände in der Nähe des Checkpoint Charlie brachte Elizabeth mir bei, wie man mit einer Gangschaltung fährt, aus Amerika war ich Autos mit Automatikgetriebe gewohnt. Das Brandenburger Tor konnten wir nur von einem Aussichtsturm aus sehen, der Touristen einen Blick über die Mauer erlaubte. An einem sonnigen Sonntag fuhren wir über den Bahnhof Friedrichstraße nach Ost-Berlin und spazierten Unter den Linden entlang zum Alexanderplatz. Diese Prachtmeile der DDR-Hauptstadt war damals fast menschenleer, nur Sicherheitsbeamte, die alle die gleiche »zivile« Kleidung trugen, standen in Paaren an jeder Kreuzung und beobachteten die wenigen echten Zivilisten wie uns. Am Nachmittag sahen wir uns

Brechts *Dreigroschenoper* im Berliner Ensemble an, auch hier waren nur wenige Zuschauer in den Sitzen.

Fünfunddreißig Jahre später fahre ich mit meinem Freund, dem kunstaffinen Anwalt, wieder nach Berlin, um dieselben Orte noch einmal zu sehen. Das leere Gelände, auf dem ich einst lernte, wie man mit einer Gangschaltung fährt, können wir nicht mehr finden, vermutlich steht dort jetzt ein gläserner Büroturm. Durch das Brandenburger Tor spazieren wir unbehelligt, ein einsamer Protestler, der vor den Coronamaßnahmen warnt, schaut mich schräg an, als ich freudestrahlend unter dem Bogen hin- und herlaufe. Der Bahnhof Friedrichstraße, von Ostberlinern einst Tränenpalast genannt, vermarktet sich heute als Einkaufsbahnhof, dort bekommt der Gesamtdeutsche alles, was sein kapitalistisches Herz begehrt, vom Cheeseburger bis zum Erotikspielzeug. Und Unter den Linden ist der Verkehr nun so dicht, dass wir fast zu spät zu meinem Termin kommen.

Ich bin nach Berlin gereist, um Peter Beyer zu besuchen, er ist Mitglied der CDU-Bundestagsfraktion und Transatlantikkoordinator der Bundesregierung. Beyer hat Jura an derselben Universität studiert, an der Elizabeth und ich in den 1980er-Jahren immatrikuliert waren, daher kennt er sich mit dem Justizsystem von Virginia vermutlich besser aus als jeder andere deutsche Politiker. Seit einigen Jahren versuchte er, Aufmerksamkeit auf meinen Fall zu lenken, auch hat er mich zweimal im Gefängnis besucht, als es nur wenig Hoffnung für mich gab. Am Tag meiner Rückkehr nahm er mich dann am Frankfurter Flughafen in Empfang, seitdem haben wir uns nicht mehr gesehen.

Eine Mitarbeiterin begrüßt mich am Westeingang des Paul-Löbe-Hauses neben dem Reichstagsgebäude und begleitet mich zu einem Konferenzraum, wo ich die nächsten zwanzig Minuten im Gespräch mit Peter Beyer verbringe. Ich erzähle ihm von dem Frankfurter Staatsanwalt, der vor einigen Monaten eine Ermittlung wegen Doppelmordes gegen mich eingeleitet hat, er beschreibt seine Eindrücke vom US-Präsidentschaftswahlkampf. Danach führt er mich eine Stunde lang im Eilschritt durch das Paul-Löbe-Haus und den Reichstag.

Weil heute keine Sitzung stattfindet, sind wir im Gebäude fast allein, nur hier und dort sind ein paar Sicherheitsbeamte zu sehen. Im Plenarsaal bestaune ich den enormen Spiegeltrichter, der Sonnenlicht von der Glaskuppel bis in die Tiefen des Plenums leitet. Der schwebende Bundesadler an der Stirnseite kommt mir bekannt vor, ich frage Beyer, ob er derselbe Adler ist, den ich als Kind mit meiner Grundschulklasse im Versammlungssaal der Bonner Republik sah. Nein, sagt er mir, zwar würden die beiden sich sehr ähneln, doch der neue Adler im weltstädtischen Berlin sei wesentlich größer als der alte im beschaulichen Bonn.

Zum Abschluss steigen wir bis zur Spitze der Glaskuppel, von hier oben sieht das Brandenburger Tor aus wie ein Spielzeug. Mittlerweile ist es dunkel geworden, der Mond leuchtet am Himmel, und die Lichter Berlins funkeln zu unseren Füßen. Ich verabschiede mich und danke Peter Beyer für dieses einmalige Erlebnis und seine Gastfreundschaft. Auf der Heimfahrt nach Hamburg denke ich noch einmal zurück an den Moment, in dem er mich in Frankfurt begrüßte. Sosehr ich mich darüber freute, sosehr tat es mir leid, als er am nächsten Tag meinetwegen öffentlich angegriffen wurde.

Gegenüber einer Boulevardzeitung nannte mich der Beauftragte für Außenpolitik der FDP, Alexander Graf Lambsdorff, einen Verbrecher und sprach mir als solchem das Recht ab, von einem Regierungsvertreter in Empfang genommen zu werden. Das wunderte mich umso mehr, als es Mitglieder von Lambsdorffs eigener Partei gewesen waren, die sich einige Jahre zuvor besonders intensiv für meine Haftüberstellung nach Deutschland eingesetzt hatten. Und es waren insbesondere Liberale, die die Rechtmäßigkeit meiner Inhaftierung nach 2010 lautstark infrage gestellt hatten.

Nachdem der damalige demokratische Gouverneur von Virginia, Timothy Kaine, meinem Transfer in ein deutsches Gefängnis zugestimmt hatte, erwog der damalige Außenminister Guido Westerwelle, mich persönlich am Frankfurter Flughafen zu begrüßen. Er zeigte damals große Anteilnahme an meinem Schicksal, ich bedauere zutiefst, dass ich ihm aufgrund seines frühen Todes hierfür nicht mehr danken kann.

Als Kaines republikanischer Amtsnachfolger Robert McDonnell meine Überstellung nur einige Tage später widerrief, sah die damalige schwarz-gelbe Bundesregierung Handlungsbedarf, sich in die fragwürdigen Abläufe der amerikanischen Justiz einzumischen. Insbesondere FDP-Justizministerin Sabine Leutheuser-Schnarrenberger argumentierte vor ihrem amerikanischen Amtskollegen Eric Holder, eine rechtlich verbindliche Zusage des US-Bundesstaats Virginia könne nicht rückgängig gemacht werden, nur weil zwei Gouverneure politisch verfeindet wären. Zudem sei die Rechtsgrundlage der Haftüberstellung ein internationales Abkommen, dem sowohl Deutschland als auch die Vereinigten Staaten Jahre zuvor beigetreten waren, somit seien auch deutsche Interessen berührt. Der Menschenrechtsbeauftragte der Bundesregierung Markus Löning, ebenfalls FDP, besuchte mich 2011 sogar im Gefängnis und traf sich 2012 mit meinen Unterstützern im Außenministerium, um meinem Fall die nötige politische Aufmerksamkeit zu verschaffen.

Auch Mitglieder anderer Parteien versuchten von nun an immer wieder, meine Überstellung durchzusetzen. Der damalige Präsident des Europaparlaments Martin Schulz schrieb Gouverneur McDonnell 2012 einen offiziellen Bittbrief, und Christoph Strässer, ebenfalls SPD, besuchte mich im Gefängnis und organisierte zwei Petitionen im Bundestag. Der heutige Bundespräsident Frank-Walter Steinmeier bat seinen damaligen Amtskollegen US-Außenminister John Kerry 2014 um Hilfe, der außen- und sicherheitspolitische Berater der Bundesregierung Christoph

263

Heusgen von der CDU setzte sich wiederholt bei seinen amerikanischen Pendants für mich ein.

Bundespräsident Christian Wulff und der damalige Präsident des Bundestags, Norbert Lammert, besprachen meinen Fall mit verschiedenen US-Botschaftern, nach seinem Rücktritt besuchte mich Wulff in der Haft und nahm an meiner zwölften Bewährungsanhörung teil. Selbst Bundeskanzlerin Angela Merkel versuchte, mir zu helfen, indem sie meinen Fall 2014 und 2015 mit US-Präsident Barack Obama thematisierte. Viele dieser Politiker schrieben mir außerdem persönliche Briefe, ebenso wie einige der 123 Mitglieder des Bundestags, die Strässers Petitionen unterzeichnet hatten. Jeder einzelne Brief eines deutschen Mandatsträgers hielt in mir die Hoffnung am Leben, dass mein Schicksal in meiner Heimat nicht in Vergessenheit geraten war.

Handschriftliche Briefe konnte ich in meiner Zelle selbst schreiben, doch die politische Arbeit organisierte mein deutscher Freundeskreis unter Anleitung der Lehrerin aus der Eifel. Am beeindruckendsten waren sicherlich die zehn Briefwellen, die sie zwischen 2011 und 2018 in Gang setzte, jedes Mal wurden zwischen 1500 und 5000 Umschläge verschickt. Einige Empfänger sagten uns später, dass es im Zeitalter des Internets besonders effektiv gewesen sei, altmodische Schreiben auf Papier zu senden. Mit einem Klick seien Zehntausende E-Mails gelöscht, aber 1500 Umschläge müssten einzeln per Hand geöffnet werden.

Keine der Petitionen und Gespräche deutscher Politiker hatten den geringsten Einfluss auf die verschiedenen Gouverneure von Virginia, die sich mit meinem Fall befassten und gleichzeitig ihre eigene politische Zukunft sichern wollten. Zudem reagieren US-Amerikaner überaus empfindlich, wenn Ausländer auch nur indirekt Kritik an ihrem Justizsystem üben. Das bekam ich zum ersten Mal 1989 nach dem Urteil des Europäischen Gerichtshofs zu spüren, als der demokratische US-Senator Alfonse D'Amato eine wütende Rede im Kongress hielt, weil die »sozialistischen«

Europäer es gewagt hatten, den USA vorzuschreiben, wen sie hinrichten dürfen und wen nicht. 21 Jahre später tat es ihm der republikanische US-Abgeordnete Bob Goodlatte gleich, als er Justizminister Eric Holder bei einer Anhörung im Kongress dafür angriff, meine Haftüberstellung auch nur in Erwägung gezogen zu haben – als ob ein amerikanisches Gefängnis nicht genug für Herrn Söring sei.

Nicht nur bei der Haftüberstellung, auch im Strafvollzug spielte die Tatsache, dass ich Ausländer war, immer wieder eine Rolle. Am gravierendsten war dabei das Verbot sämtlichen fremdsprachigen Lesematerials in den Haftanstalten Virginias, welches 1996 in Kraft trat. Hierbei drehte es sich angeblich um die Beseitigung eines Sicherheitsrisikos, weil das Wachpersonal die ausländischen Texte nicht lesen und auf Ausbruchsanleitungen oder pornografische Inhalte überprüfen konnte. Fortan, und für die nächsten 23 Jahre, durfte ich weder deutsche Zeitschriften abonnieren, noch deutsche Bücher per Postversand bestellen. Als die deutsche Botschaft sich daraufhin bei der Justizbehörde beschwerte, wurde ihr mitgeteilt, dass alles, was der Insasse Söring zu wissen brauche, in amerikanischen Zeitschriften und Büchern zu lesen sei. Ironischerweise durfte ich jedoch weiterhin Briefe in deutscher Sprache erhalten, und laut Vorschrift durfte jedem Umschlag ein Zeitungsartikel beigelegt werden. Nachdem sich 2007 mein deutscher Freundeskreis formiert hatte, erhielt ich für die nächsten zwölf Jahre jede Woche etliche Umschläge mit Artikeln aus genau den deutschen Zeitschriften, die ich aus Sicherheitsgründen nicht abonnieren durfte.

Meine Mitgefangenen reagierten zum Teil ebenfalls bemerkenswert auf den Umstand, dass ich aus Deutschland kam. In den 1990er-Jahren versuchten Mitglieder der *Aryan Brotherhood* mich zu rekrutieren, weil sie sich einen echten Deutschen in ihren Reihen wünschten. Der Häftling, den sie für eine Anwerbung zu mir schickten, hieß Joshua Goldstein. Auf den ersten Blick ist es schwer verständlich, dass sich ein Jude einer Gruppe Rassisten zugehörig fühlte. Auf den zweiten Blick war jedoch klar, dass auch er, wie jeder Weiße im Gefängnis, einfach Schutz vor der afroamerikanischen Mehrheit suchte.

Dass ich letztlich nicht gezwungen war, zum Schutz vor den übermächtigen Schwarzen bei irgendeiner rassistischen Schlägertruppe Unterschlupf zu suchen, verdanke ich ironischerweise wiederum meinen deutschen Wurzeln. Besonders in den 1990er-Jahren war die *Nation of Islam* (NOI) die am straffsten geführte und gefährlichste Organisation der Afroamerikaner innerhalb des Strafvollzugs. Ihren Mitgliedern war es generell verboten, mit weißen Wärtern und weißen Gefangenen zu sprechen, nur bei mir machten sie eine Ausnahme, weil ich Deutscher war. Diese Sonderbehandlung war jedoch eine fragwürdige Ehre, denn sie gründete auf der Dankbarkeit dafür, dass mein Volk einen millionenfachen Mord an den von den NOI-Muslimen verhassten Juden begangen hatte. Zu diesem Status hatte ich nichts aktiv beigetragen, niemals hatte ich jemandem Anlass zur Vermutung gegeben, dass ich ein Antisemit sei. Im Gegenteil, pflegte ich doch in den letzten neun Jahren meiner Haft enge Bekanntschaften mit zwei älteren jüdischen Gefangenen.

Während ich bei den *Aryans* und den NOI-Muslimen als Deutscher aus historischen Gründen beliebt war, hätten mich die Juden aus denselben Gründen eigentlich verachten müssen. Jedoch verfügten die wenigen Juden, denen ich im Gefängnis begegnete, über einen außergewöhnlich ausgeprägten Galgenhumor, der paradoxerweise dazu führte, dass ich auch bei ihnen als Deutscher besonders wohlgelitten war. Einem meiner jüdischen Kumpel gefiel es, die unanständigsten Witze über den Holocaust zu machen, und er war jedes Mal zutiefst enttäuscht, wenn ich nicht ebenso heftig konterte. Insbesondere wenn es zum Abendessen die schwer umkämpften Kekse gab, erinnerte er mich gerne an meine Erbschuld. Und natürlich war ich dankbar, wenn ich das

Gewissen meines Volkes zum Preis von zwei trockenen Keksen wenigstens ein bisschen erleichtern konnte.

Zum Ende meiner Haftzeit lernte ich außerdem einen älteren russischen Häftling kennen, Vladi, der im damaligen Leningrad aufgewachsen war. Seine Eltern waren ausgesprochen deutschfreundlich gewesen, er erinnerte sich noch gut an die zerfledderten deutschsprachigen Märchenbücher, die als geheimer Familienschatz galten. Von seinem Vater hörte Vladi Geschichten von deutschen Kriegsgefangenen, die beeindruckend höflich und emsig gewesen waren. Zum Räumen von zerbombten Häusern mussten sie lange Ketten bilden, an denen Trümmer entlang gereicht wurden, noch von Weitem konnten die Russen hören, wie die Deutschen bei jedem Backstein »Bitte!«, »Danke!«, »Bitte!«, »Danke!« zueinander sagten.

Von den Kriegsgefangenen lernte Vladis Vater zwei deutsche Sprichwörter, die er stolz an seinen Sohn weitergab: »Morgen, morgen, nur nicht heute, sagen alle faulen Leute« und »Was du heute kannst besorgen, das verschiebe nicht auf morgen«. Jedes Mal, wenn Vladi sah, dass ich beim Warten aufs Frühstück etwas bedrückt im Gemeinschaftssaal saß, schlurfte er zu meinem Tisch, setzte sich hin und wiederholte diese Sprüche in breitem russisch-amerikanischem Akzent, um mich aufzumuntern.

Als ich am Tag der Deutschen Einheit mit den Republikflüchtlingen in Hamburg zusammensitze, wollen die beiden am Ende eines schönen Abends von mir wissen, was für mich typisch deutsch sei. Ich überlege kurz und denke schließlich an einen Schlüsselmoment in meinem Prozess: Ich saß im Zeugenstand und sagte, dass ich als Deutscher aus geschichtlichen Gründen gegen die Todesstrafe sei. Der Prozess fand in dem Ort der USA statt, der gemessen an der Einwohnerzahl die meisten Toten am D-Day zu beklagen hatte. Jeder im Gerichtssaal kannte sicher eine Familie, die einen Sohn an den Stränden der Normandie verloren hatte, vor dem Justizgebäude erinnert eine Gedenktafel mit den Namen der Gefallenen bis heute an diese Tragödie. Dass sich dort nun ausgerechnet ein deutscher Naseweis aufschwang, sich moralisch über die Amerikaner zu erheben, brachte Richter, Jury, Staatsanwalt und die Bewohner von Bedford County vermutlich endgültig gegen mich auf.

Wir Deutschen neigen wohl aus historischen Gründen zum Moralisieren – was im Rest der Welt aus den selben historischen Gründen nicht immer gut ankommt.

22

Nicht schlimm. Das sagt der zweijährige Sohn eines Freundes, nachdem er eine große Schüssel Nudeln mit Tomatensauce auf dem Fußboden verteilt hat. Dabei blickt er von seinem Hochstuhl selig lächelnd in die Runde, von seinem vierjährigen Bruder zu seinem Vater, dann weiter zu mir und schließlich zu seiner Mutter. Zuletzt wiederholt er sein Urteil: Nicht schlimm. Für ihn ist die Angelegenheit erledigt. Während die Frau meines Freundes entnervt die Nudeln vom Boden aufwischt, nutzt der Kleine den unbeobachteten Moment und greift nach einer halbgepellten Mandarine, die eigentlich als Nachtisch gedacht ist. Seine Hände sind mit Sauce verschmiert, doch in kürzester Zeit bohren sich seine speckigen Finger in das Fleisch der orangenen Frucht, sodass der Saft in hohem Bogen durch die Küche spritzt. Wieder lächelt er die Familie und mich an und gibt seine offizielle Einschätzung der Lage bekannt: Nicht schlimm.

Ich bewundere die Gelassenheit und Souveränität dieses Zweijährigen, der sich, mittlerweile von Kopf bis Fuß mit seinem Mittagessen besudelt, durch nichts aus der Ruhe bringen lässt. Offenbar hat er in den Tagen vor meinem Besuch eine neue Wortkombination gelernt und diese kurzerhand zu seinem Lebensmotto erklärt. Und so bekomme ich sein *Nicht schlimm* immer wieder zu hören, bis ich schließlich selber beginne, die zwei Wörter bei kleinen und größeren Missgeschicken vor mich hin zu sagen. Diese kindliche Unbekümmertheit steht im krassen Gegensatz zu meiner Gemütsverfassung der vergangenen Jahrzehnte, sie legt sich auf meine Seele wie eine wärmende Salbe auf einen verspannten Muskel.

Ich genieße die Zeit mit dem kleinen Jungen und bin erleichtert, dass auch er mich zu mögen scheint. Meine Vergangenheit hat mir jede Leichtigkeit genommen, darum hatte ich befürchtet, dass insbesondere kleine Kinder in mir eine Ernsthaftigkeit entdecken könnten, die ihnen Angst macht. Doch meine Bedenken waren unbegründet. Als wir nach dem Essen auf das Sofa umziehen, setzt sich der Ausbund an Sorglosigkeit ohne zu zögern auf meinen Schoß und drückt mir ein Kinderbuch über einen Otter namens Kasimir in die Hand. Nachdem wir alles über Kasimirs neue Küchenschürze erfahren haben, springt der Kleine mit einem Satz vom Sofa, holt das nächste Buch und streckt seine Arme erwartungsvoll zu mir empor, um wieder auf meinen Schoß gehoben zu werden. Mein Freund lächelt spitzbübisch, und ich ahne, welche Frage mich nun erwartet. In diesem Moment, so sage ich ihm, könnte ich mir tatsächlich vorstellen, selber ein Kind zu haben.

Im Gefängnis hatte ich jahrzehntelang einen ausgeprägten Kinderwunsch, nachdem ich Anfang des Jahrtausends in der Haftanstalt Brunswick zwei Jahre lang als Fotograf im Besuchersaal gearbeitet hatte. Im Laufe einer vierstündigen Schicht musste ich meistens nur ein oder zwei Dutzend Fotos machen, den Rest der Zeit fungierte ich als Betreuer für die Kinder der Häftlinge. Wenn die Erwachsenen Privates zu besprechen oder Drogen zu überreichen hatten, schickten sie ihre Sprösslinge zu mir an den Fotografentisch, dort hatte ich eine kleine Sammlung Plastikspielzeuge, Bilderbücher, Puzzles und Kuscheltiere, die mit Spenden der Insassen finanziert worden waren. Weil ich diesen Teil meines Jobs so sehr genoss, begann ich mir immer mehr zu wünschen, eines Tages selber Kinder zu haben. Jetzt, mit dem freudestrahlenden Sohn meines Bekannten auf dem Schoß, spüre ich diesen Wunsch wieder langsam in mir aufsteigen.

Doch dann platzt der wütende Bruder des Kleinen in diese Idylle hinein und verlangt mit sofortiger Wirkung sein Bagger-Buch zurück, woraufhin der Bücherdieb in ein ohrenbetäubendes Geschrei ausbricht, tiefdunkelrot anläuft und sich mit beiden Händen an dem bereits halb zerfledderten Pappeinband festkrallt. Offenbar ist dies nicht die erste körperliche Auseinandersetzung über das interaktive Buch, dessen beeindruckende akustische Funktionen nun alle auf einmal anspringen. Die Hupe, die Sirene, das Geräusch des Kipplasters und ein Bremsquietschen vermischen sich mit dem hochfrequenten Kreischen des Kleinen und dem Brüllen seines größeren Bruders, sodass keiner mehr sein eigenes Wort versteht. Einige Minuten hält der Lärm an, bis es den Eltern mit vereinten Kräften gelingt, die beiden Streithähne zu trennen.

Mein Freund ist verglichen mit mir ein junger Mann, seine Frau ist noch jünger, doch selbst für die beiden sind zwei kleine Söhne anstrengend. Und war ich eben noch von dem Gedanken beseelt, bald selber ein Baby im Arm zu halten, bin ich mir nun schlagartig unsicher, ob ich in meinem Alter die notwendige Energie aufbringe, um einem Kind ein guter Vater zu sein. Die letzten Jahrzehnte haben mich viel Kraft gekostet, meine Entlassung liegt erst zehn Monate zurück, noch immer merke ich, dass mein Nervenkostüm manchmal ziemlich dünn ist. Und selbst wenn ich in einem Jahr für diesen Schritt bereit sein sollte, dann wäre ich 75, wenn mein Sohn oder meine Tochter das Haus verlässt. Das könnte sicher erfüllend für mich sein, doch letztlich ist es ja nicht mein Wohl, das entscheidet, sondern das des Kindes.

Das darf ich nicht aus den Augen verlieren, auch wenn ich glaube, dass ein Sohn oder eine Tochter der aussichtsreichste und vielleicht einzige Weg für mich sein könnte, aus dem Schatten meiner Vergangenheit heraus zu treten. Die Fehler, die ich als

Teenager beging, waren so gravierend, dass sie mich bis heute überallhin verfolgen, jeden Tag werde ich viele Mal daran erinnert, dass ich mit einer einzigen Lüge mein gesamtes Leben zerstört habe. Um meinen Blick endlich nach vorne richten zu können, brauche ich ein Projekt, das von ähnlich großem Gewicht wie meine vergangenen Fehltritte, aber dabei verheißungsvoll und zukunftsweisend ist. Ich stelle mir vor, dass ich gar nicht die Zeit und die Energie hätte, über meine Geschichte zu grübeln, wenn ich um zwei Uhr morgens Windeln wechseln müsste. Und dass ich mir selber und all den Menschen, die mir dabei geholfen haben, mein Leben in Schutt und Asche zu legen, in dem Moment endlich verzeihen könnte, wenn mir das Schicksal etwas so Wunderbares wie ein Kind bescheren würde. Auch wäre dieses Kind möglicherweise der erste Mensch, der mich kennenlernte, ohne nach meiner Vergangenheit zu fragen. Für ihn oder sie wäre ich, zumindest für einige Jahre, einfach Papa.

Die Verantwortung, die ich für mein Kind tragen würde, beschäftigt mich in diesen Tagen auch deshalb besonders, weil Tim, ein Schulfreund meiner Hamburger Bekannten, kurz nach der Geburt seiner zweiten Tochter in Berlin vermisst gemeldet wurde. Der junge Vater hatte sich selber in ein Krankenhaus eingewiesen, verließ es jedoch überstürzt ohne Geld und Ausweis am folgenden Tag. Einige Stunden später wurde er in der Nähe des Bundeskanzleramts gesehen, danach telefonierte er noch mit seiner Frau, seitdem fehlte von ihm jede Spur.

Tims Berliner und Hamburger Freunde organisierten ab dem ersten Tag seines Verschwindens eine private Suchkampagne, wie es sie vielleicht noch nie in dieser Form in Deutschland gegeben hat. Die Jungs und Mädels informierten lokale Zeitungen und Fernsehsender und klebten Tausende Poster. Helikopter, Suchtrupps und Spürhunde waren rund um die Uhr im Einsatz. Etliche Prominente stellten sich als Lautsprecher für den Suchaufruf zur Verfügung, sodass die Facebook Seite *WirSuchenTim* zuletzt mehr als eine Million Menschen erreichte. Unweigerlich musste ich an die Hilfsaktionen meines Unterstützerkreises für mich denken, an Briefe, Online-Aufrufe und eine Demonstration vor dem Kanzleramt, vor dem Tim nun verschwunden ist, und ich bin zutiefst beeindruckt, mit welcher Entschlossenheit auch Tims Freunde Behörden und Medien vor sich hertreiben. Natürlich würde ich gerne mithelfen, aber leider kann ich in Hamburg nicht mehr tun als ein bisschen online über mögliche Zufluchtsorte in Berlin zu recherchieren.

Jeden Morgen schaue ich nun im Internet nicht mehr als Erstes, ob irgendetwas über meinen Fall berichtet wurde, sondern ob Tim endlich wohlbehalten nach Hause gekommen ist. Doch genau einen Monat nach seinem Verschwinden, am 23. Oktober, wird er leblos im Gebüsch neben einer viel befahrenen Straße in Berlin-Charlottenburg aufgefunden. Laut Polizei gibt es keine Hinweise auf ein Fremdverschulden, anscheinend kauerte Tim tagelang dort und wartete darauf zu sterben, während seine Freunde nur wenige Meter entfernt verzweifelt nach ihm suchten. Er wurde nur neununddreißig Jahre alt.

Als ich von Tims Tod erfahre, wünschte ich, dass ich die Gelegenheit gehabt hätte, mit ihm zu sprechen, bevor er diesen unumkehrbaren letzten Schritt machte. Ich weiß nicht, was in dem sportlichen jungen Mann vorging, als er in die Hecke am Straßenrand kroch, vermutlich war er psychisch schwer krank und kaum mehr erreichbar. Trotzdem hätte ich ihm erzählen wollen, wie oft ich selber beinahe aufgegeben hätte, doch dass es letztlich immer wieder die richtige Entscheidung war, weiterzukämpfen.

Auch denke ich nun darüber nach, welcher Druck insbesondere auf Familienvätern in dieser leistungsorientierten Welt lasten muss. Tim starb allein in einem Gebüsch, nur ein paar Meter entfernt von einer verkehrsreichen Straße, auf der im Sekundentakt Menschen vorbeigingen und Autos vorbeifuhren. Mir geht das Bild nicht aus dem Kopf von diesem jungen Mann, der so nah

273

am Leben war, als er sein Ende fand, vermutlich konnte er die Passanten bis zum Schluss hören. Diese Welt ergibt manchmal einfach keinen Sinn. Mich musste jahrzehntelang ein hoher Stacheldrahtzaun davon abhalten, zurück ins Leben zu stürmen, während für Tim zuletzt eine niedrige Hecke unüberwindbar war.

Tim war Sportjournalist, ein Beruf, der in Corona-Zeiten von leeren Fußballstadien, abgesagter Olympiade und ersatzlos gestrichener Tennistourniere kaum nachgefragt ist. Vielleicht haben ihn die akuten Zukunftsängste das entscheidende Quäntchen Zuversicht gekostet; vielleicht war auch er ein Opfer der Pandemie, das aber in keine Statistik einfließen wird.

Die Sorglosigkeit, die sich bereits im Sommer in der Bevölkerung bereitgemacht hat, und die Rückverlagerung des sozialen Lebens in geschlossene Räume führen im Herbst zu einem explosionsartigen Anstieg der Corona-Neuinfektionen. Und nachdem Deutschland noch im Frühling so vorbildlich durch die Krise gekommen ist, wundere ich mich nun ein bisschen über das Chaos, das überall Einzug hält. Neue, zum Teil offensichtlich sinnlose, Regeln werden erst mit viel Getöse aufgestellt, dann nachjustiert und schließlich wieder kassiert, bis niemand mehr so richtig weiß, was wo nicht mehr oder schon wieder verboten ist. Es scheint, als seien wir disziplinierten Deutschen dann besonders erfolgreich, wenn es darauf ankommt, entschlossen auf ein unvorhergesehenes Problem zu reagieren. Sobald wir die Gelegenheit bekommen, zu planen und kreativ zu gestalten, werden wir zögerlich und verheddern uns in unserer Umständlichkeit.

Als das kleinteilige Bündel an nebulösen Pandemiemaßnahmen ohne Wirkung verhallt und die Zahlen weiter steigen, kündigt die Bundeskanzlerin weitreichendere Instrumente zur Eindämmung des Virus an. Neben den allgemeinen Corona-Regeln *Abstand*, *Hände waschen* und *Maskenpflicht* wird es jetzt etliche komplizierte Restriktionen für nahezu jede Berufsgruppe und für jeden einzelnen Bürger geben. Für das Land bedeutet das Maßnahmenpaket eine neuerliche, äußerst kostspielige Geduldsprobe, für viele kleine Unternehmer bedeutet es den wirtschaftlichen Ruin. Für mich bedeutet es zuallererst, dass ich den Beginn eines normalen, unbeschwerten Lebens einmal mehr auf unbestimmte Zeit verschieben muss.

Dass ich noch immer nicht reisen kann, stört mich vermutlich viel weniger als all die Leute, die das Fernweh packt, während ihnen zu Hause die Decke auf den Kopf fällt. Für mich ist die eigene Wohnung ein Abenteuer, jeden Tag freue ich mich über meine Dusche, einen gefüllten Kühlschrank und den Schlüssel, mit dem ich mich selber so oft ein- und ausschließen kann, wie ich möchte. Während das Stubenhocken also noch kein größeres Problem ist, finde ich es umso trauriger, dass alle zwischenmenschlichen Begegnungen zum Infektionsschutz erneut auf ein Minimum reduziert werden müssen. Mein Bedürfnis nach Nähe ist noch lange nicht gestillt, Menschen jetzt wieder auf Abstand zu halten, als wären sie jähzornige Mitgefangene, fällt mir sehr schwer.

In Zeiten der allgemeinen Vereinzelung bin ich darum besonders erleichtert über meine Entscheidung, noch eine Zeit lang bei meiner Gastfamilie zu bleiben. Ich habe die Wohnung oft für mich alleine, bin aber nie einsam, was für mich noch immer sehr wichtig ist. Wenn ich mich langweile, ist meistens jemand in Rufweite. Es ist einer da, wenn mir beim Schreiben ein deutsches Wort nicht einfällt. Und mich beruhigt, dass ab und zu jemand vorbeikommt, um zu gucken, ob alles in Ordnung ist. Natürlich führen die Corona-Maßnahmen auch in meiner Gastfamilie manchmal zu Spannungen, weil sich alle dichter auf der Pelle sitzen als üblich. Wenn es darum nun zwischen den durchaus temperamentvollen Familienmitgliedern manchmal zu Diskussionen kommt, merke ich, dass mir Konflikte selbst als Außenstehendem noch immer große Angst machen.

Als ich ein Kind war, brüllte mein Vater fürchterlich, sobald er wütend wurde, und blöderweise fand er ständig einen Grund, wütend zu werden: Wenn meine Mutter getrunken hatte, wenn ich angeblich etwas Falsches gesagt oder getan hatte, wenn ihm selber etwas nicht gelungen war – in jeder Sekunde konnte es aus ihm herausbrechen. Auf mich wurde er besonders sauer, weil ich ihm nicht den Gefallen tat, zurückzuschreien und ihm so noch mehr Anlass zum Brüllen zu liefern. Sobald mein Vater laut wurde, verstummte ich einfach. Das machte meinen Vater im ersten Moment zwar noch aggressiver, aber schließlich ließ er von mir ab.

Diese Art der Streitkultur habe ich seit meiner Kindheit verinnerlicht, sobald eine Diskussion auch nur ein wenig hitziger zu werden droht, ziehe ich mich zurück, bis das Gewitter vorbei ist. Außerdem vermeide ich seit jeher jeden Streit, indem ich mir reflexhaft an allem selber die Schuld gebe. Als mir ein Kommilitone damals einen Brief von Elizabeth zeigte, in dem sie abfällig über mich sprach, wurde ich nicht wütend auf sie, sondern kopierte den Brief und las ihn wieder und wieder, um an mir arbeiten zu können. Und auch heute ist es noch so, wenn mir jemand auf den Fuß tritt, entschuldige ich mich dafür, dass ich im Weg stand.

Bei meiner Gastfamilie haftet am Kühlschrank ein Magnet mit der Aufschrift *Man muss die Schuld auch mal bei anderen suchen.* Für die meisten klingt das wie Ironie, für mich ist es eine Lebensweisheit. Im Gefängnis waren mein defensiver Stoizismus und mein Hang zur Selbstbezichtigung zwar äußerst nützlich, die konsequente Konfliktvermeidung hat mir dort mehrfach das Leben gerettet. Aber hier draußen werde ich schleunigst lernen müssen, mich Auseinandersetzungen zu stellen, um meine Interessen vertreten zu können und irgendwann die Chance auf eine gesunde Beziehung zu haben.

An den Tagen vor der Stilllegung weiterer Teile des Landes versucht jeder, die verbleibende Freiheit noch so weit auszukosten wie möglich. Fast jeden Abend esse ich mit meiner Gastfamilie bei dem Griechen ein paar Häuser weiter. In den vergangenen Wochen habe ich ihn und seine Frau dabei beobachtet, wie er mit viel Mühe eine Art Wintergarten gebaut und etliche Heizpilze aufgestellt hat, um während der Pandemie weiterhin Gäste bewirten zu können. Bevor er nun trotz alledem schließen muss, solidarisiert sich die gesamte Nachbarschaft mit dem freundlichen Mann und seiner Familie, nahezu jeder Tisch ist bis zum letzten Moment besetzt.

Auch schaue ich mir mit einer Freundin den Auftritt eines Kabarettisten an, der vor nur ein paar Dutzend Zuschauern auftritt, um die Einhaltung der strengen Abstandsregeln zu gewährleisten. Ich kann mir kaum vorstellen, dass sich die Anreise für den Künstler finanziell gelohnt hat, trotzdem bemüht er sich nach Kräften, ein bisschen Stimmung in sein ausgedünntes Publikum zu bringen. Am Ende seines unterhaltsamen Programms über seine Erfahrungen in den USA bedankt er sich mehrmals von Herzen dafür, dass die wenigen Menschen den Weg in das kleine Theater gefunden haben. Am liebsten würde ich auf die Bühne stürmen und ihm im Gegenzug dafür danken, mir trotz der widrigen Umstände meine erste richtige Bühnenaufführung ermöglicht zu haben.

Genauso wie der Kabarettist, der griechische Wirt und alle anderen nicht »systemrelevanten« Bürger in diesem Land habe auch ich Sorge, dass die Einschränkungen nun so lange anhalten, dass sie zur existentiellen Gefahr für meine Zukunft werden. Es war geplant, dass ich bald vor Menschen sprechen sollte, um ihnen mit meiner Geschichte Mut zu machen oder um den Deutschen die Eigentümlichkeiten der amerikanischen Justiz zu erklären. Zunächst wollte ich ehrenamtlich in öffentlichen Einrichtungen reden, das würde mir die Möglichkeit eröffnen, den verlorenen Lebensjahrzehnten einen Sinn zu geben, später könnte ich vielleicht auch Geld mit solchen Auftritten verdienen. Hierfür gab es bereits konkrete Absprachen mit einer örtlichen Kirche und einem Juristenverband, aber nun ist alles wieder auf Eis gelegt. Eine Agentur, die mich mit weiteren Unternehmen und Organisationen zusammenbringen wollte, wird ihre Arbeit wohl noch in diesem Jahr endgültig einstellen müssen, weil ihr durch die Maßnahmen schlichtweg die Geschäftsgrundlage entzogen wurde.

Mich begleiten Existenzängste seit meiner Entlassung vor zehn Monaten, als ich völlig mittellos in ein Land kam, in dem jeder um mich herum ein geordnetes, abgesichertes Leben zu führen schien. Eine der ersten Meldungen, die ich in den deutschen Nachrichten hörte, war, dass der private Konsum aufgrund steigender Löhne und niedriger Arbeitslosigkeit stark zugenommen hatte. Und plötzlich, seitdem Corona die ganze Welt lahm gelegt hat, bin ich nicht mehr alleine mit meiner Unsicherheit, viele meiner Freunde und Bekannten wissen auch nicht mehr, wie es in den nächsten Monaten und Jahren für sie weitergehen wird. Einerseits hilft es mir, mit meinen Sorgen umzugehen, wenn ich von meinem Umfeld besser verstanden werde, andererseits macht es die Unsicherheit noch größer, wenn alle gleichzeitig in einer Krise stecken und kaum noch einer da ist, der Hoffnung verbreitet.

Ich beneide in meiner Situation so gut wie jeden, der einem spannenden Beruf mit geregelter Altersversorgung nachgeht, aber den Job eines Politikers möchte selbst ich momentan nicht haben. Seit einem Jahr scheint alles, was uns lieb und teuer ist, auf dem Spiel zu stehen, die Wirtschaft, der soziale Zusammenhalt, Zehntausende Menschenleben. Und wie auch immer die Regierenden entscheiden – am Ende muss die Gesellschaft einen hohen Preis zahlen, und eine Gruppe wird behaupten, der andere Weg wäre der günstigere gewesen. In diesen Chor werde ich nicht einstimmen, denn niemand weiß so gut wie ich, dass man im Nachhinein immer schlauer ist. Überhaupt verfolge ich die Diskussion über die richtige Corona-Politik nicht in erster Linie unter medizinischen oder ökonomischen Gesichtspunkten, sondern durch die Brille eines Menschen, der jahrzehntelang aller Freiheiten beraubt war und darum weiß, wie sehr einen die Erfahrung anhaltender Ohnmacht prägen kann.

Ich konnte in der Haft mit den strengsten Regeln gut umgehen, gegen keine einzige von ihnen habe ich in 33 Jahren nennenswert verstoßen. Dabei fiel es mir nicht schwer, mich an sinnvolle, klare Vorschriften zu halten, die allen nutzten, auch wenn sie einen enormen Verlust an Autonomie bedeuteten. An diese »betreuende« Form der Fremdbestimmung gewöhnt man sich ehrlich gesagt sogar erschreckend schnell, die Verantwortung für sämtliche Entscheidungen abzugeben kann durchaus bequem sein. Um es Häftlingen nicht allzu gemütlich zu machen, gibt es darum auch eine Reihe von Regeln, die offenkundig nur dazu dienen, die Gefangenen zu schikanieren und ihnen ihre Ohnmacht ständig vor Augen zu führen. Diese Schikane ist einerseits eine enorme psychische Belastung, aber sie hat mir auch geholfen, denn sie sorgt dafür, dass man sich die Sehnsucht nach Selbstbestimmung und seinen inneren Widerstand erhält.

Als mir im Corona-Lockdown erste Bekannte erzählen, dass es im Homeoffice eigentlich ganz gemütlich sei und sie schleichend Gefallen daran finden, Jogginghosen zu tragen und nicht mehr ständig shoppen, ausgehen und reisen zu »müssen«, denke ich unwillkürlich an die Bequemlichkeit, die sich bei Häftlingen breit macht, wenn sie sich einmal mit ihrer Unfreiheit abgefunden haben. Darum bin ich insgeheim froh, als nun auch hier draußen ein paar sinnlose Regeln aufgestellt werden, gegen die sich in meinem Bekanntenkreis augenblicklich ein gesunder Widerstand regt.

In diesem Moment genieße ich ganz besonders, dass ich nicht mehr rechtloser Gefangener eines Willkürsystems bin, das mich ständig beobachtet und mit seinen Regeln schikaniert. Ich bin ein mündiger Bürger, dessen Freiheit sich im Alltag auch durch gelegentliche Regelbrüche ausdrückt. Als ich ein befreundetes

Pärchen in der Nachbarschaft besuche, die beiden aber ein paar Tage später nur getrennt zu mir kommen dürften, erklären wir diese Vorschrift kurzerhand gemeinschaftlich zum Irrsinn. Auf meine alten Tage werde ich also schließlich doch noch zum vorsätzlichen Gesetzesbrecher, als ich beide zusammen einlade und zu Hause Nudeln für sie koche.

Ende Oktober wird mir für ein Wochenende die Beaufsichtigung von Winnifred, dem Hund meiner Gastfamilie, übertragen. Es ist das erste Mal nach drei Jahrzehnten, dass ich die Verantwortung für ein anderes Wesen übernehme, dementsprechend schnell stoße ich dabei an Grenzen. Ich wurde vorgewarnt, dass Winni gerne anfängt zu humpeln, wenn sie nicht laufen möchte, und tatsächlich steht der Hund mit theatralisch gehobenem Beinchen vor mir, als ich ihn zum Gassi gehen überreden möchte. Ich ziehe ein bisschen an der Leine, wie es mir für diesen Fall empfohlen wurde, aber Winni spreizt das linke Vorderbein so ab, dass sie bei jedem Schritt hinzufallen droht. Schon nach zwei weiteren zaghaften Versuchen, das kleine Tier in Bewegung zu setzen, überkommt mich das Mitleid, und wir drehen um. Im selben Moment läuft Winni beschwingt wie ein junges Reh zurück zur Haustür, und kaum habe ich aufgeschlossen, rast sie die Treppe in Rekordzeit hinauf, wobei sie sich auf jedem Absatz einmal ausgelassen in der Luft dreht. Als auch ich oben angekommen bin, schaue ich Winni an und kann nicht glauben, was hier passiert: 33 Jahre lang habe ich unter den schlimmsten Verbrechern mein Gesicht gewahrt, und nun hält mich ein Terrier mit Dackelblick zum Narren.

In der Nacht stehe ich dann vor dem nächsten Problem, Winni hat sich offenkundig den Magen verdorben. Es ist das dritte Mal in diesem Monat, darum weiß ich jedenfalls theoretisch, was zu tun ist. Ab sofort gilt, bereits das erste Anzeichen einer Magenkontraktion zu erkennen, um den kleinen Hund rechtzeitig vor dem Erbrechen aus dem Körbchen und vom Teppich auf den unempfindlichen Holzboden zu hieven. Schnell habe ich das sonore Geräusch verinnerlicht, sodass ich augenblicklich aus dem Tiefschlaf gerissen werde und wie automatisiert reagiere, sobald Winni zu würgen beginnt. In dieser Nacht geht es dem armen Tier besonders schlecht, ihr Magen weckt mich sechsmal, zwischendurch massiere ich ihr noch ein wenig den grummelnden Bauch.

Am nächsten Morgen spaziere ich mit Winni zum Bäcker, auf den ersten Metern leistet sie noch Widerstand, dann gibt sie auf und läuft anstandslos neben mir her. Zu Hause mache ich dem geschwächten Hündchen eine große Schüssel mit Bananen und Haferflocken, und während ich Winni beim Essen zusehe, stellt sich ein unbekanntes Glücksgefühl ein. Es tut mir offensichtlich gut, mich um andere zu kümmern und mich nützlich zu fühlen über die Befriedigung meiner eigenen Bedürfnisse hinaus. Unwillkürlich denke ich wieder an die beiden Söhne meines Freundes. Winni hat mir zwar vor Augen geführt, dass ich noch zu unsicher bin, um einem Kind mit der nötigen Konsequenz zu begegnen. Aber sie hat mir auch gezeigt, dass ich trotz jahrzehntelanger Einsamkeit noch immer eine fürsorgliche Seite habe, die ich gerne eines Tages ausleben möchte.

23

Bei der Präsidentschaftswahl 2016 drückte ich meine Daumen wohl oder übel für Donald Trump. Zwar hegte ich nicht die geringste Sympathie für das selbstverliebte Großmaul, aber seine Kontrahentin verkörperte alles, was mir an der amerikanischen Politik zuwider war.

Nach dreißig Jahren in Haft hatte ich jede Hoffnung verloren, dass Republikaner oder Demokraten mich jemals entlassen oder das Justizsystem substantiell reformieren würden. Beiden Parteien ging es offensichtlich nur um den Erhalt der eigenen Macht. Um diesen zu sichern konkurrierten sie miteinander, wer härter gegen die Kriminalität auftreten konnte. Solange das den Wählern gefiel, durften wir Insassen höchstens darauf hoffen, dass eine der politischen Parteien vielleicht ein bisschen mehr Geld in unsere Verpflegung stecken oder neue Ventilatoren aufstellen würde.

Auch der damals scheidende US-Präsident Barack Obama hatte nichts unternommen, um die Justizpolitik der Vereinigten Staaten grundlegend zu ändern, seine Hautfarbe hatte dies praktisch unmöglich gemacht. Seit den 1970er-Jahren war es der republikanischen Partei gelungen, Kriminalität so sehr mit Rasse zu assoziieren, dass der durchschnittliche US-Bürger bei dem Wort »Verbrecher« automatisch einen Schwarzen vor Augen hatte. Die Konservativen versprachen den rechtschaffenen Weißen sodann

282

Schutz vor den kriminellen Afroamerikanern, in den Südstaaten führte diese sogenannte *southern strategy* zur absoluten Vorherrschaft der Republikaner. Hätte der erste schwarze Präsident Amerikas versucht, das Justizsystem zu reformieren, wären die Ängste all jener Weißen bestätigt worden, die sich vor dem Rassenkrieg fürchteten.

Obamas Nachfolgerin im Weißen Haus sollte seine Außenministerin Hillary Clinton werden. Die Präsidentschaft ihres Ehemanns Bill gilt heute als goldenes Zeitalter, doch unter seiner Ägide stieg die Anzahl der Gefängnisinsassen in den Vereinigten Staaten um 673 000, mehr als unter jedem Präsidenten vor oder nach ihm. Die meisten dieser Häftlinge waren junge schwarze Männer, die Hillary Clinton 1996 als besonders gefährliche Raubtiere, englisch: *superpredators*, ohne Empathievermögen oder Gewissen, bezeichnet hatte. Es war das Jahr, in dem ihr Ehemann wiedergewählt werden wollte, also präsentierte sie sich als knallharte Verbrechensbekämpferin. Von dieser Demokratin hatten Häftlinge wie ich nichts Gutes zu erwarten.

Deshalb hoffte ich 2016 auf eine Niederlage von Hillary Clinton, auch wenn ich Trumps Auftreten grotesk und abscheulich fand. Wie offensichtlich ein Großteil der US-Bürger empfand auch ich die ehemalige First Lady als die denkbar schlechteste Besetzung für das Präsidentenamt. *ABC – Anyone but Clinton* lautete damals der Schlachtruf, dem auch ich mich anschloss. Jede Alternative erschien mir besser als die aalglatte Opportunistin aus Little Rock, selbst ein vulgärer Reality-TV-Star und Immobilien-Tycoon aus Manhattan. Meine Mitgefangenen unterstützten Trump ebenfalls, aus den gleichen Gründen wie ich. Bei älteren afroamerikanischen Insassen kam hinzu, dass sie einen regelrechten persönlichen Hass auf Hillary Clinton entwickelt hatten, deren Raubtier-Rede in der Black Community als Paradebeispiel rassistischer Kriminalpolitik in Erinnerung geblieben war.

Auch viele Wärter unterstützten *The Donald*, Frauen wie Männer,

schwarze wie weiße, denn sie waren fast so verzweifelt und ver-
ärgert wie die Häftlinge, die sie bewachten. Das Gefängnisper-
sonal in Virginia ist am untersten Rand der Gesellschaft angesiedelt, das Einstiegsgehalt so niedrig, dass Wärter mit Familien ihr
Einkommen mit den Lebensmittelmarken der US-Bundesregie-
rung aufbessern müssen. Aber weil sich 2016, sechs Jahre nach
dem angeblichen Ende der Weltwirtschaftskrise, der amerikanische Arbeitsmarkt noch immer nicht erholt hatte, gab es in
Buckingham County für einfache Arbeiter außerhalb der riesigen
Strafvollzugsanstalt schlichtweg keine offenen Stellen. Auch
Ausbildungsmöglichkeiten wurden in der ärmlichen Gegend
nicht angeboten, also konnten Wärter keine Qualifikationen erwerben, die es ihnen ermöglicht hätten, in fortschrittlichere Ge-
genden von Virginia umzuziehen. Dass es ihren Kindern nicht
besser gehen würde, war schon jetzt absehbar, auch die nächste
Generation würde keine Zukunft haben.

Seit Jahrzehnten hatten Demokraten wie Republikaner Hilfe
versprochen, seit Jahrzehnten wurden alle Versprechen von beiden Parteien gebrochen. Deshalb machten sich die Wärter keine
Hoffnung mehr, dass irgendein Politiker sie aus der Falle, in der
sie saßen, retten würde. Sie hatten aufgegeben. Dabei stand niemand mehr für diese soziale Immobilität als Hillary Clinton,
deren Präsidentschaft nach der von George W. Bush die zweite
Familiendynastie ins Weiße Haus gebracht hätte.

Auch von Donald Trump erwarteten die Gefängnisangestellten keine praktische Lösung ihrer Probleme, sie wünschten sich
nur noch, dass er das aus ihrer Sicht korrupte politische System zerstören oder zumindest beschädigen würde. Endlich wollten sich die fleißigen Arbeiter, die sich kaum die Miete für ihre
Bretterbude leisten konnten, beim verhassten Washingtoner
Establishment in seinen schicken Villen und Penthouses bemerk-
bar machen. Einmal wollten die Ohnmächtigen wieder das Gefühl von Macht erleben.

Wie vermutlich etliche andere ABC-Trump-Unterstützer durchfuhr mich dann ein gehöriger Schreck, als der Immobilien-Tycoon wirklich gewählt wurde. Es war, als hätte man seinem unfreundlichen Nachbarn etwas Schlechtes gewünscht und am nächsten Tag wäre es tatsächlich eingetreten.

Ich war darum besonders froh, als Trump zunächst nicht, wie es sich das halbe Land leichtsinnigerweise erhofft hatte, alle Institutionen zerstörte, sondern insbesondere im Justizbereich geradezu vernünftige Politik machte. Als er 2018 eine weitreichende Reform des Bundesjustizsystems durchführte, das *First-Step*-Gesetz, wurden Tausende Häftlinge entlassen, die in der Clinton-Ära zu jahrzehntelanger Haft verurteilt worden waren. Die treibende Kraft hinter der Novelle war Trumps Schwiegersohn Jared Kushner, dessen Vater 14 Monate Haft für Steuerbetrug absitzen musste. Ihm gelang das Kunststück, den erzkonservativen FOX-News-Star Sean Hannity davon zu überzeugen, das Unterfangen zu unterstützen. Laut Kushner ging es darum, das Wahlkampfversprechen des Präsidenten zu halten, sich für das vergessene Amerika einzusetzen.

Weil ich nicht von einem Bundes-, sondern einem Gericht Virginias verurteilt worden war, verbesserte Trumps Initiative meine eigene Situation in keiner Weise. Doch allein die Tatsache, dass ein republikanischer Präsident sich nicht als harter Sheriff inszenierte, sondern als liberaler Befreier, hatte eine Signalwirkung auf die gesamte politische Klasse. Ausgerechnet Trump habe das Thema Justizreform politisch ungefährlich gemacht, sagte damals der progressive schwarze CNN-Kommentator Van Jones, das sei eine verrückte Entwicklung.

Zwei Jahre später, bei der dritten Präsidentendebatte im Wahlkampf 2020, lieferten sich die beiden Kandidaten dann nicht den üblichen Wettbewerb, wer härter im Kampf gegen die Kriminalität auftrat, sondern stritten, wer mehr getan habe, um inhaftierten Afroamerikanern zu helfen. Trump hatte mit seiner Reform

285

offensichtlich auch für die Demokraten eine Tür aufgestoßen, sie mussten nicht mehr aus strategischen Gründen für eine immer härtere Justizpolitik eintreten. Es ist jedoch davon auszugehen, dass Trump diese Entwicklung keinesfalls beabsichtigt hatte, sondern vielmehr versehentlich anstieß, als er seinem Schwiegersohn einen persönlichen Gefallen tat. Darum konnte mich auch diese Erkenntnis nicht umstimmen, ich hoffte inständig auf einen Wahlsieg Bidens.

Keinen Tag länger durfte Donald Trump an der Macht bleiben, zu viel Schaden hatte dieser Präsident mit seinem destruktiven Politikstil in den vergangenen vier Jahren bereits angerichtet. Was ich mir als Warnschuss an die Machtelite um Hillary Clinton erhofft hatte, entwickelte sich zum Treffer direkt ins Herz des politischen Systems. Allerdings werfe ich Trumps Gegnern eine gehörige Mitschuld an der heutigen Misere vor. Erst die demonstrative Verachtung durch die intellektuelle Elite machte Trump zur Identifikationsfigur für die Vergessenen, und erst dieser Status verlieh ihm schließlich seine zerstörerische Kraft.

Nicht nur beschädigte Trump das Vertrauen in die Medien in einigen Teilen der Gesellschaft so nachhaltig, dass diese Gruppen für Fakten geradezu unerreichbar wurden, aufgrund seiner zynischen Corona-Politik hat er vermutlich auch Menschenleben auf dem Gewissen. Trump verstand, dass die politischen Fronten in den USA längst zu verhärtet sind, um Wahlen zu gewinnen, indem man unentschiedene Wähler in der Mitte umwirbt. Im Unterschied zum großkoalitionären Deutschland gilt es dort mittlerweile, ausschließlich die eigene Wählerschaft zu mobilisieren. Da dies mit sachlichen Argumenten in der aufgeheizten Stimmung aber kaum mehr gelingt, sind insbesondere die Republikaner längst dazu übergegangen, ihre Klientel regelrecht zu fanatisieren und den politischen Gegner zu dämonisieren. Also erklärte Trump das Schließen von Geschäften zur Eindämmung des Virus zum ersten Schritt in den Sozialismus und die lebensrettende Maske zum Symbol schwächelnder, duckmäuserischer Demokraten.

Ein Hamburger Taxifahrer sagte mir im vergangenen Sommer, es sei eine gute Sache, dass die Fans des Präsidenten keine Masken trügen, auf diese Weise würden sie sich selber ausrotten. Doch bis vor einem Jahr war auch ich einer der Wütenden und Verzweifelten, deshalb wünsche ich den Gefolgsleuten Trumps auch heute nichts Böses. Sie, die sich (in vielen Fällen nicht zu Unrecht) als ewige Opfer und Verlierer sehen, sind im Corona-Notstand wieder zu Opfern und Verlierern gemacht worden – aber dieses Mal merkten sie es gar nicht. Trump hat die republikanische Partei in eine Sekte verwandelt.

Die Folge dieser Aufhetzung war eine Polarisierung, die ich in meinem bunten amerikanischen Freundeskreis beobachten konnte. Vor der Wahl führte ich mehrere Telefonate mit politisch eher links stehenden Freunden, die von mir wissen wollten, ob ich Kontakte hätte, die ihnen eine Auswanderung nach Deutschland erleichtern könnten, falls Trump die Wahl gewinne. Ein Freund fragte mich, ob es seinem Einbürgerungsantrag eher helfen oder schaden würde, dass er Jude ist. Ebenso telefonierte ich mit konservativen Bekannten, die mir von exzessiven Waffeneinkäufen erzählten, mit denen sie sich auf einen möglichen Sieg Bidens vorbereiteten. Eine Unterstützerin, eine erfolgreiche Geschäftsfrau mit akademischem Abschluss, hatte sich 1 200 Schuss Munition beschafft und jedes Zimmer ihres Hauses mit zwei Pistolen bestückt. Bis dahin hatte sie nur eine Waffe in jedem Raum gelagert.

Die 330 Millionen Einwohner der USA besitzen mittlerweile 400 Millionen Schusswaffen. Allein in den ersten sechs Monaten dieses Jahres wurden 19 Millionen weitere Pistolen und Gewehre erworben, zuerst im März nach dem Ausruf des landesweiten Corona-Notstands, dann wieder im Juni nach den Protesten und Plünderungen infolge des Todes von George Floyd. Aus deutscher

Sicht mutet eine derartige Aufrüstung bizarr an, doch als langjähriger unfreiwilliger Einwohner der Vereinigten Staaten habe ich gelernt, diese Denkweise nachzuvollziehen. Es ist die amerikanische Definition von Freiheit, ohne Einmischung der Regierung das eigene Leben gestalten und auch schützen zu können. Für die Starken funktioniert dieses Konzept bestens, doch für die Schwachen kann die Eigenständigkeit verhängnisvoll sein, wenn sie die Mittel zur Selbsthilfe nicht haben.

Das merke ich in diesen Tagen wieder, als ich E-Mails von meinen ehemaligen Mitgefangenen in der Haftanstalt Buckingham lese. Während der Pandemie sind Häftlinge zu den Schwächsten der Schwachen geworden, weil sie nichts tun können, um sich selbst vor dem Virus zu schützen. Die wichtigste und effektivste Sicherheitsmaßnahme – Abstand halten – ist nicht umsetzbar, da 1100 Insassen in einem Gefängnis eingesperrt sind, das für 600 Personen ausgelegt ist. Auch das Öffnen der Fenster zur besseren Durchlüftung ist unmöglich, denn die Fenster sind nur schmale Schlitze.

In Buckingham wurden seit dem Frühjahr 345 Gefangene mit Corona infiziert, fast ein Drittel hat es also mittlerweile erwischt. Die Strafvollzugsbehörde behauptet, darunter habe es bisher nur vier Todesfälle gegeben, doch meine Kumpel glauben, es seien viel mehr. Sie mutmaßen, die Zahlen seien geschönt, um Panik zu vermeiden – ein Aufstand wäre mangels Wachpersonal kaum unter Kontrolle zu bringen. Mir scheint das plausibel, denn die Population im Gefängnis gehört aufgrund des Geschlechts, immensen Übergewichts und eines miserablen allgemeinen Gesundheitszustandes größtenteils zur Risikogruppe. Im Abschiebegefängnis Farmville, in dem ich die letzten Tage meiner Haft verbrachte, sind die Bedingungen noch schlechter. Dort leben alle Häftlinge gestapelt in großen Schlafsälen, 94 Prozent sind bereits mit Corona infiziert.

Mein ehemaliger Mitbewohner Frankie schreibt mir, seit dem

Ausbruch der Pandemie in Buckingham müssten die Insassen fast den ganzen Tag in den Zellen bleiben, um die Ansteckungsgefahr gering zu halten. Das mag epidemiologisch vernünftig sein, doch wird dabei übersehen, dass die sieben Quadratmeter großen Zellen ursprünglich für nur einen Häftling konzipiert waren. Selbst während eines regulären ein- bis zweiwöchigen Lockdowns zur turnusmäßigen Durchsuchung kommt es vermehrt zu Schlägereien zwischen Mitbewohnern. In dem nun neun Monate dauernden Corona-Lockdown ist der Stress fast unerträglich geworden. Sogar Frankie, der sonst so ruhig und gelassen ist, kann seinen neuen Mitbewohner kaum noch ertragen, denn der weigert sich, den Hygienevorschriften zu folgen. Eine Konfrontation möchte Frankie in dieser angespannten Lage nicht riskieren, und auch bei den Wärtern kann er nicht um Unterstützung bitten, denn der Ruf eines Verräters könnte ihn das Leben kosten.

Ein anderer Kumpel schreibt mir, der Stress des vermehrten Eingesperrtseins habe auch die Beziehung zwischen den Rassen beeinträchtigt. Als ich noch im Gefängnis lebte, verstanden sich die Schwarzen und Weißen in meinem Trakt relativ gut, doch seit Ausbruch der Pandemie und den damit verbundenen schwelenden Ängsten haben sich Gruppen gebildet, die sich zunehmend feindselig gegenüberstehen. Wenn ein weißer Häftling wegen Corona auf die Krankenstation verlegt wird, vermeiden die Afroamerikaner anschließend den Kontakt mit allen Weißen und vice versa. Dies führt erst zu Angst, dann zu Aggression und zuletzt zur Suche nach Schutz, der bekanntlich nur in einer militanten Gruppe von Mitgliedern der eigenen Rasse zu finden ist. Mittlerweile sei es mehrmals fast zu Massenschlägereien zwischen Schwarzen und Weißen gekommen, schreibt mir dieser Kumpel, zum ersten Mal seit Jahren wolle er sich darum nun wieder mit einem Messer bewaffnen.

Von den Wärtern können meine ehemaligen Mitgefangenen

keine Hilfe erwarten. Früher schon gab es nicht genug Wachpersonal in der Haftanstalt Buckingham, durch krankheitsbedingte Ausfälle gibt es nun noch weniger. Insoweit spiegelt die Situation im Gefängnis das Leben außerhalb der Mauern wider: Der Staat ist kaum präsent, sich selbst überlassen gedeihen die Starken, während die Schwachen auf der Strecke bleiben, im Zweifel werden Probleme mit Gewalt gelöst. Das ist der *American way of life* in Reinkultur.

Wenn der Staat überhaupt in Erscheinung tritt, dann nicht wie in Deutschland als Versorger, sondern als strenger Zuchtmeister. Und so werden unter dem Applaus der Bevölkerung lieber Zehntausende Menschen zu Unrecht eingesperrt, als dass man einen einzigen Schuldigen laufen lässt. Auch Jugendliche und offensichtlich psychisch kranke Täter dürfen keine Gnade erwarten und werden regelmäßig zu drakonischen Strafen verurteilt. Statt psychiatrischer Behandlung erhalten sie jahrzehntelange Haftstrafen oder werden mit der Giftspritze hingerichtet.

Zu diesem Staatsverständnis bildet letztlich auch der Großunternehmer Donald Trump keine Ausnahme. Kurz nach seiner Wahlniederlage gibt er bekannt, dass er fünf zum Tod verurteilte Gefangene hinrichten lassen wolle, bevor er sein Amt verlässt. Eine von diesen Todeskandidaten ist Lisa Montgomery, die eine hochschwangere Frau erdrosselte und ihr das Baby aus dem Bauch schnitt. Die erst 23-jährige Bobbie Jo Stinnett starb, und ihr Kind wurde schon vor seiner Geburt zur Halbwaise, weil ein Land lieber Gefängnisse als Kinderheime baut.

Lisa Montgomery kam mit einem alkoholbedingten Hirnschaden schon beinahe chancenlos auf diese Welt. Bereits als Säugling wurde sie von ihrer Mutter in kaum vorstellbarer Weise misshandelt, mit Klebeband geknebelt, an ihren Kinderstuhl gefesselt und mit dem Kopf unter Wasser gedrückt. Als Lisa elf Jahre alt war, begann ihr Stiefvater, sie in einem eigens dafür eingerichteten Raum zu vergewaltigen und ihren Körper an seine Freunde zu vermieten. Er schlug sie mit dem Kopf auf den Betonboden, peitschte sie mit seinem Gürtel und ließ andere Männer ihren Körper gemeinschaftlich sexuell missbrauchen und anschließend auf ihn urinieren. Weder Lisas Kinderarzt noch ihre Lehrer meldeten die sichtbaren körperlichen und seelischen Spuren der massiven Misshandlung. Auch ein Polizist, dem sich das Mädchen anvertraute, und ein Richter, der von den massiven sexuellen Übergriffen auf das Kind erfuhr, unternahmen nichts. Durch die jahrelange Folter entwickelte Lisa Montgomery schwerste psychische Störungen, die jedoch nicht therapiert wurden, weil die Behandlung von Geisteskrankheiten in einem Land ohne öffentliches Gesundheitswesen ein Luxusgut ist.

Nachdem Staat und Gesellschaft jahrzehntelang nichts getan hatten, um Montgomery zu helfen, beging sie ein abscheuliches Verbrechen. Erst jetzt, als es zu spät war, interessierte man sich für sie, der lokale Staatsanwalt in Kansas und die US-Bundesstaatsanwaltschaft konkurrierten regelrecht darum, der berüchtigten Mörderin und Säuglingsdiebin den Prozess machen zu dürfen. Schließlich landete ihr Fall vor dem Bundesgericht, wo sie erwartungsgemäß vom staatlich bestellten Gutachter für zurechnungsfähig erklärt und zum Tode verurteilt wurde.

Während Montgomery 13 Jahre lang im Todestrakt auf ihre Exekution wartete, bestickte sie zur Beruhigung Mützen und Handschuhe für ihre Freunde. Doch ausgerechnet drei Monate vor ihrem Hinrichtungstermin nahmen die Wärter der sehbehinderten Frau ihre Brille weg, um zu verhindern, dass sie die Gläser nutzen würde, um sich die Pulsadern aufzuschneiden. Fünfzig Jahre lang war dem Staat das Elend der Lisa Montgomery egal, und nun muss ihr Leben unter allen Umständen beschützt werden – nur damit das zornige Volk es der Sünderin in ein paar Wochen nehmen kann.

Die große Wut auf diese Mörderin ist nach ihrer grausamen Tat mehr als nachvollziehbar. Insbesondere das Leid der Opferfamilie ist schier unermesslich, zumal die Tochter der Ermordeten mit dem Gedanken aufwächst, den ersten Tag ihres Lebens in den Händen gelegen zu haben, die ihre Mutter kurz zuvor erdrosselt hatten. Es ist ein archaischer Instinkt, derartige Verbrechen rächen und die Schuldigen leiden sehen zu wollen. Aus diesem Grund musste die Todesstrafe in der Geschichte grundsätzlich gegen den Willen der Bevölkerung abgeschafft werden. Auf eine entsprechende moralische Einsicht in der Gesellschaft kann man nicht warten, sie ist aber erfreulicherweise fast immer eine langfristige Folge der staatlichen Milde. Für die Amerikaner wäre Donald Trump in dieser Hinsicht eine echte Chance gewesen.

Traditionell verteidigt in den USA insbesondere die evangelikale Gemeinde, Trumps Kernwählerschaft, die Todesstrafe vehement. Selten zuvor hatte ein Präsident in dieser dogmatischen Klientel einen ähnlichen Erlöserstatus, kaum jemand hatte bessere Aussichten, sie für ein humaneres Weltbild zu gewinnen. Würde Donald Trump seinen Anhängern einen Weg zur Vergebung aufzeigen, sie würden ihm folgen. Es wäre ein kleiner Schritt für ihn, aber ein großer für die Humanisierung des Justizsystems und die Befriedung des Landes, das er angeblich liebt. Aber anstatt seine Macht dafür zu nutzen, seiner treuen Anhängerschaft einen anderen Umgang mit ihrem gerechten Zorn zu zeigen, appelliert Trump mit seiner Politik einmal mehr an die niederen Instinkte seiner Wähler und manifestiert sie damit weiter. Also beeilt sich nun das *execution team*, die Henkersmannschaft der Bundeshaftanstalt, Lisa Montgomery und vier weitere Gefangene in den letzten Tagen der Trump-Amtszeit zu töten.

Diese zügellose Rachsucht in großen Teilen des amerikanischen Volkes war der Grund, warum ich 1985 meinte, meiner Freundin das Leben retten zu müssen. Ich hatte zu diesem Zeitpunkt schon lange genug in den Vereinigten Staaten gelebt, und mir war sofort klar, dass eine Jury in Virginia bei einem Doppelmord keine Gnade walten lassen würde. Weder Geisteskrankheit noch sexuelle Misshandlung wären als strafmildernde Umstände anerkannt worden. Zudem führte Virginia in den 1980er-Jahren mehr Hinrichtungen durch als nahezu jeder andere Bundesstaat.

Niemals hätte ich damals den Mord auf mich genommen, wenn das schlimmstmögliche Urteil für die Tat eine lebenslange Haftstrafe gewesen wäre. Als ich mich vor der Wahl sah, meine Freundin zu retten oder nicht, hatte ich in meinem Kopf nicht das Bild von einer Frau im orangefarbenen Overall, die in einer kleinen Zelle hockt und schlechtes Essen bekommt. Vor meinem inneren Auge sah ich sie auf *old sparky*, wo ihr Fleisch unter den zufriedenen Augen einer handverlesenen Auswahl von Zuschauern so lange geschmort wird, bis es zu stinken beginnt.

Daran hätte ich mich mitschuldig gemacht, so fühlte ich, wenn ich am Tag nach den Morden die Polizei informiert hätte. Ich stellte mir vor, das erste Glied in einer langen Kette von Menschen zu werden, die meine Freundin in den Tod auf dem elektrischen Stuhl geführt hätten. Dazu war ich nicht bereit. Also entschied ich mich, stattdessen zum Lügner zu werden, um ein Leben zu retten.

Einige Menschen nannten mich deshalb einen Helden, und tatsächlich fühlte ich mich wie ein toller Kerl, als ich die Tat auf mich nahm. Aber dieses Gefühl hat gewaltig getrogen, denn letztlich habe ich kein Leben gerettet, sondern lediglich mein eigenes zerstört. Wie sich später nämlich herausstellte, war die Beweislage so dünn, dass ohne mein Geständnis vermutlich weder Elizabeth noch ich jemals angeklagt worden wären. Darum wurde ich nicht zu Elizabeths Helden, als ich das falsche Geständnis ablegte, sondern zu unser beider Verhängnis. Vermutlich war meine Dummheit auch ihre Rechtfertigung vor sich selber, als sie sich schließlich als Kronzeugin gegen mich zur Verfügung stellte. In ihren Augen war ich selber schuld an meiner Misere.

Ohne meinen unbedingten Wunsch, Elizabeths Lebensretter zu sein, wäre der Mord an den Haysoms also heute wahrscheinlich kein international bekannter Kriminalfall, sondern lediglich einer von Hunderten weitestgehend unbeachteten *cold cases*. Wut und Trauer wären der Familie und dem beschaulichen Ort zwar nicht erspart geblieben, aber das Stigma eines Elternmordes womöglich schon. Dann hätte es keinen live im Fernsehen übertragenen Skandalprozess gegeben und keine der Dutzenden Fernsehsendungen, die sich bis heute auf reißerische Weise mit dem Fall befassen. Auch hätte kein Unschuldiger in Haft gesessen, um sein Leben gekämpft und den Fall wieder und wieder in die Medien gebracht. Ohne mich wären im Laufe der Jahrzehnte alle Betroffenen zur Ruhe gekommen. Nein, ich bin kein Held.

In diesen letzten Wochen meines ersten Jahres in Freiheit bekomme ich dann die Gelegenheit, einem Menschen zu helfen, dem der amerikanische Staat jede Aussicht auf eine zweite Chance verwehrt hat. Es geht um einen meiner ehemaligen Mitgefangenen aus der Haftanstalt Buckingham, der nach Jahren sexueller und körperlicher Misshandlung als junger Mann seinen Stiefvater erschoss und zu vierzig Jahren Haft verurteilt wurde. Die Geschworenen hörten nichts über seine attestierte Geisteskrankheit und nur wenig über die tägliche Qual, die er als Kind und Jugendlicher erleiden musste. Erst jetzt, 13 Jahre nach seiner Verurteilung, tauchen Unterlagen auf, die belegen, dass sein Peiniger bereits vor ihm andere Kinder missbraucht und vergewaltigt haben soll.

Zwar droht diesem Mann nicht die Todesstrafe, doch stehen ihm weitere Jahrzehnte in Haft bevor, die er möglicherweise nicht überleben wird. Corona und AIDS sind nicht die einzigen tödlichen Gefahren im Strafvollzug von Virginia. Messer schwingende Mithäftlinge und vor allem Hoffnungslosigkeit und Verzweiflung sind für ohnehin traumatisierte Insassen wie ihn noch bedrohlicher als für andere. Ich befürchte, dass der hochsensible junge Mann, der, wie so viele, eigentlich in eine psychiatrische Anstalt gehört, daran zugrunde gehen wird. Weil seine Verurteilung in eine Zeit fiel, in der in Virginia die Möglichkeit abgeschafft war, Haftstrafen zur Bewährung auszusetzen, bleibt ihm als Ausweg nur die Begnadigung durch den Gouverneur.

Nun, in der Vorweihnachtszeit, ist es mir gelungen, Mitarbeiter einer ehrenamtlichen Organisation, die sich um aussichtslose Fälle kümmert, auf das Schicksal meines Kumpels aufmerksam zu machen. Außer dieser Vermittlungsarbeit und ein paar aufbauenden E-Mails kann ich leider nicht mehr tun, um ihn direkt zu unterstützen, aber ich bin dankbar dafür, dass andere ihm womöglich bald zu staatlicher Gnade verhelfen werden.

Als ich noch im Gefängnis war, fragten mich meine deutschen, aber auch meine amerikanischen Freunde oft, ob ich die USA sehr verabscheute, und jedes Mal antwortete ich, dass ich dem Land trotz all meiner scharfen Kritik immer verbunden bleiben würde. Manchmal wurde mir dann ein Stockholm-Syndrom unterstellt, aber die Wahrheit ist, dass ich für jeden rachsüchtigen, waffentragenden Rassisten mindestens einen warmherzigen, hilfsbereiten Menschen getroffen habe, der genauso an den Missständen in seinem Land zu verzweifeln drohte, wie ich es damals tat. Es waren zwar Amerikaner, die mich einst einsperrten, aber es waren auch Amerikaner, die mich schließlich befreiten.

24

Als ich im Jahr 1990 vor Gericht stand, fühlte ich mich nicht wie in einem Strafprozess, in dem besonnen über meine Schuld an einem Doppelmord verhandelt wurde. Ich fühlte mich wie am Jüngsten Tag, an dem meine ewige Verdammnis besiegelt werden sollte. Diese Nacht ohne Morgen dauerte drei Jahrzehnte, bis vor einem Jahr schließlich doch die Sonne wieder aufging.

Es ist ein verrücktes Leben. Öfter als diesen Satz habe ich in den vergangenen zwölf Monaten wohl nur »Meine Güte, ist das lecker!« und »In welche Mülltonne gehört das?« gesagt. Und es ist tatsächlich ein verrücktes Leben, nicht nur wegen des komplizierten Abfalltrennsystems in diesem Land. Vor einem Jahr saß ich noch in einem amerikanischen Gefängnis und wartete auf meine Abschiebung, die ich 33 Jahre, sechs Monate und 25 Tage herbeigesehnt hatte. Der Höhepunkt jedes Tages waren die Telefonate mit meinen Freunden, Unterstützern und Anwälten, noch immer war ich vom echten Leben ausgeschlossen.

Seit jenen nervösen Tagen in der Haftanstalt Farmville ist viel passiert, vom Silvesterfeuerwerk über den Dächern Hamburgs, meinen ersten Schritten im Internet und einem Drohbrief des vorgeblichen Anwalts meiner ehemaligen Freundin über das Berühren eines echten, lebenden Baums und den Besuch am Grab meiner Mutter bis hin zum Anblick des nächtlichen Berlins durch die Glaskuppel auf dem Reichstagsgebäude und dem Vorlesen von Kinderbüchern für zwei kleine Jungs. Dies alles geschah vor der Kulisse der ersten weltweiten Pandemie und des erbittertsten US-Präsidentschaftswahlkampfs aller Zeiten. Wahrlich, es ist ein verrücktes Leben.

Wenn ich an mir herunterschaue, sehe ich ein Paar gemütliche Hausschuhe, die mittlerweile kleine Löcher haben, so lange trage ich sie schon. Ich habe in Deutschland nicht nur eine neue, alte Heimat gefunden, sondern auch ein Zuhause, das mir, auch wenn ich demnächst flügge werde, immer offen stehen wird. Neben einer Familie umgibt mich eine wunderbare, riesige Wahlverwandtschaft aus alten und neuen Freunden. Im letzten Jahr haben sie alle zusammen ein dichtes Netz gebildet, durch das ich in keiner Sekunde fallen konnte. Die Fallhöhe ist zudem vergleichsweise winzig geworden. Meine größte rationale Sorge ist nun nicht mehr, einsam in einem trostlosen Betonkasten erst seelisch und dann langsam auch körperlich zu verkümmern, sondern eine Schreibblockade. Angst vor dem Runtergucken habe ich darum mittlerweile nur noch, wenn ich Glühbirnen wechsle oder den Weihnachtsbaum schmücke.

Im vergangenen Jahr haben wir das Weihnachtsfest nur rudimentär gefeiert. Es war der ursprüngliche Plan meiner Gastfamilie gewesen, die Feiertage gemeinsam auf Mallorca zu verbringen, deshalb wurde in Hamburg kein Baum aufgestellt, kein Kranz aufgehängt und kein Stollen gebacken. Nachdem wir kurzerhand entschieden hatten, dass ich doch nicht auf die Balearen fliegen sollte, war es zu spät, um die Wohnung weihnachtlich herzurichten. Außerdem empfand ich die Reizüberflutung der ersten Tage nach meiner Ankunft als so überwältigend, dass ich meine Gastfamilie und Freunde bat, auf zusätzliche Feierlichkeiten zu verzichten.

Dieses Jahr hingegen soll alles ganz anders werden. Bereits am 7. Dezember trage ich eine zweieinhalb Meter große Tanne die Treppe hoch, noch am selben Abend schmücken wir sie zusammen. Dabei wird nichts dem Zufall überlassen, die Platzierung jeder Kugel wird erst abgesprochen und dann gemeinsam überprüft. Schließlich stehen wir vor einem weihnachtlichen Meisterwerk mit Teelichtern in Glasbällen, roten und silbernen Kugeln, glitzernden Erdbeeren, Chilischoten und Fröschen. Die Familie kann ihre Weihnachtsbaumspitze im Keller nicht finden, darum besorge ich einen Stern, den ich mit wackligen Knien auf den Baum setze.

Während meine Gastfamilie sich freut, ergreift mich kurz die Wehmut über all die Weihnachten, die ich in meinem Leben verloren habe. In den ersten Wochen meines neuen Lebens hing ich solch melancholischen Gedanken im Angesicht besonders fröhlicher Momente ständig nach, aber das wird nun seltener. Im Lauf der vergangenen Monate konnte ich schöne Erlebnisse immer öfter genießen, ohne sie mir vom Selbstmitleid über meine vermaledeite Vergangenheit zerstören zu lassen.

Meine Entscheidungsschwäche spüre ich noch hier und da, aber ich erstarre nun nicht mehr vor Ehrfurcht, wenn ich beim Einkaufen in die Wursttheke schaue. Anstatt zu kapitulieren, weil ich mich zwischen all den Salami- oder Brötchensorten nicht entscheiden kann, nehme ich von jeder Sorte ein Exemplar, damit ich zu Hause meine Vorlieben testen kann. Also habe ich manchmal nichts als ein Dutzend Joghurts und zehn Äpfel im Kühlschrank, durch die ich mich langsam probiere. Mittlerweile weiß ich, dass ich Schinken mit Haselnussrand mag und Aprikosenmarmelade, beides am liebsten auf Wasserroggenbrötchen, außerdem Boskop-Äpfel, Campari mit Orangensaft, saure Gurken und Holunderlimonade.

In der zweiten Dezemberwoche gelingt es mir zum ersten Mal seit dem Sommer, die gesamten sieben Kilometer um die Alster zu joggen. Fast ein halbes Jahr musste ich pausieren, weder Krafttraining noch Laufen waren wegen meiner Gebrechen an Schulter und Fuß erlaubt. Im Gefängnis hätte ich ohne den Sport psychisch und physisch nicht überleben können, darum lösten die ersten Wochen der Passivität bei mir tief verankerte Ängste aus. Mittlerweile habe ich jedoch verstanden, dass hier niemand meine körperliche Schwäche ausnutzen wird. Und weil ich mich mitten in der Testphase für Weihnachtskekse befinde, trage ich einen klitzekleinen Bauchansatz vor mir her, der mir täglich vor Augen führt, dass ich mein Leben nun gefahrlos auskosten kann.

Am 17. Dezember feiern meine alten und neuen, deutschen und amerikanischen Freunde das erste Jubiläum meiner Entlassung. Weil am selben Tag neue, noch schärfere Corona-Sicherheitsmaßnahmen eingeführt werden, lade ich nur meine Gastfamilie ein und die Nachbarn, die mir im Frühling das Fahrradfahren wieder beigebracht hatten. Zu essen gibt es eine Brokkolisuppe, das leuchtende Grün von frischem Gemüse begeistert mich ein Jahr später immer noch.

Nach dem Essen und auch noch am folgenden Abend feiere ich weiter mit einer Videokonferenz nach der anderen, beginnend mit meiner ältesten Freundin, der Lehrerin aus der Eifel. Nachdem wir jahrelang bis auf wenige Besuche nur telefonischen Kontakt hatten, dachten wir nach meiner Entlassung, dass wir uns nun endlich jederzeit in die Arme schließen könnten. Es ist dem verrückten Leben geschuldet, dass wir auch heute wieder auf Distanz miteinander sprechen müssen. Aber immerhin können wir uns sehen und haben Gewissheit, dass es uns beiden gut geht. Mit meiner Freundin schaue ich zurück auf all die Jahre des Bangens, und wir erinnern uns daran, wie ich die Entlassung auf Bewährung am Ende ablehnen wollte, um auf die Anerkennung meiner Unschuld zu bestehen. Zu all dem, was sie ohnehin schon für mich getan hatte, hielt sie mich schließlich auch von dieser Dummheit ab. Auf digitale Weise verbringen wir fast drei Stunden zusammen, am Ende knallen sogar die Korken, wir stoßen über die Bildschirme miteinander an.

Vor einem Jahr, als jemand eine Flasche Sekt hinter meinem

Rücken öffnete, schreckte ich noch zusammen, weil es in mir die Assoziation von Schüssen weckte. Dieses Jahr löst das Knallen keine solchen Erinnerungen mehr aus, überhaupt denke ich immer weniger an meine Haftzeit. Sicherlich wird sie immer ein Teil meiner Gedanken- und Gefühlswelt bleiben, aber ich merke, dass mein Gedächtnis sich mit frischen Eindrücken füllt, sodass ich bei einem neuen Erlebnis kaum mehr Bezüge zum Gefängnis, sondern zunehmend zu meiner neuen Vergangenheit herstelle.

Am Heiligabend nehme ich an einem neuzeitlichen Weihnachtszeremoniell teil, gemeinsam mit der halben Stadt pilgere ich zum Corona-Schnelltestzentrum am Hamburger Rathaus, damit ich das Fest bedenkenlos mit meiner Gastfamilie feiern kann. Weniger als dreißig Minuten später kann ich das Ergebnis auf meinem Handy abrufen, die Wartezeit verbringe ich auf dem Vorhof der Sankt-Petri-Hauptkirche, wo sechs Blechbläser Weihnachtslieder für die Passanten spielen. Weil Winni auf dem kalten Steinboden friert, hebe ich sie auf meinen Arm und stecke sie vorne in meinen Wintermantel. Nur der kleine bananenförmige Kopf des Bullterriers guckt hervor, als wir gemeinsam andächtig den Tönen von »Ihr Kinderlein kommet« lauschen. Als mir Tränen vor Rührung in die Augen schießen, muss ich selber ein bisschen über die Szene schmunzeln. Da stehen wir nun, der flennende »Doppelmörder« und der zitternde »Kampfhund«, am Ende des Anfangs einer wunderbaren Freundschaft.

Für den Rest der Menschheit klingt in diesen Tagen eines der katastrophalsten Jahre der jüngeren Weltgeschichte aus. Die Kassiererin im Supermarkt, mit der ich in den letzten Monaten das leichte Plaudern über Belanglosigkeiten üben konnte, sagte mir am Morgen des 24., wie froh sie sei, 2020 bald endlich für immer verabschieden zu können. Die freundliche Frau kennt meine Geschichte nicht, darum kann sie nicht wissen, dass für mich das beste Jahr meines Lebens zu Ende geht, ein Jahr ohne Trillerpfeifen, *meat rock* und Einsamkeit.

Vielleicht am schönsten ist, wie normal mein Alltag nach zwölf Monaten geworden ist. Ich arbeite wie jeder andere, zahle Steuern wie jeder andere und feiere Weihnachten wie jeder andere. Auch zwei erste Weihnachtstraditionen habe ich schon, wie im letzten Jahr kommt bei uns auch diesmal am Heiligabend Bœuf Bourguignon auf den Tisch. Und weil das einzige deutsche Gedicht, das ich auswendig kenne, der Text des Liedes »Mit dem Sakko nach Monakko« ist, rezitiere ich unterm Baum eben Udo Lindenberg.

Kurz vor Silvester beginnt unsere schöne Weihnachtstanne zu nadeln, schließlich steht sie schon seit mehr als drei Wochen im Wohnzimmer. Auch ist sie mittlerweile eher gelb als grün, und ihre längeren Äste hängen traurig nach unten. Die Familie und ich sitzen ein letztes Mal wehmütig vor dem liebgewonnenen Baum, der am nächsten Tag entsorgt werden soll.

Am Morgen bin ich früh auf den Beinen und sehe unsere mitgenommene Tanne im Wohnzimmer stehen, als ich einen Entschluss fasse. Kurzerhand rufe ich die Gärtnerei an, die uns den Baum geliefert hat. Wenige Stunden später steht der Lastwagen vor der Tür, zum zweiten Mal trage ich eine Tanne die Treppe hoch. Als der Rest der Familie in die Wohnung kommt, ist der neue Weihnachtsbaum bereits geschmückt.